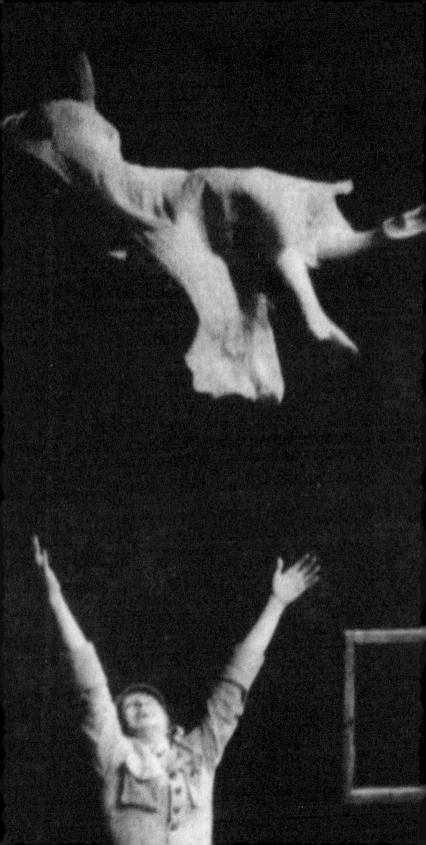

O Teatro da Morte

Coleção Estudos
Dirigida por J. Guinsburg

EDITORA PERSPECTIVA
Equipe de realização: *Tradução:* J. Guinsburg, Isa Kopelman, Maria Lucia Pupo e Silvia Fernandes; *Edição de texto:* Marcio Honorio de Godoy; *Revisão de provas:* Luiz Henrique Soares; *Sobrecapa*: Sergio Kon; *Produção*: Ricardo Neves, Sergio Kon e Raquel Fernandes Abranches

SERVIÇO SOCIAL DO COMÉRCIO – SESC SP
Administração Regional no Estado de São Paulo: *Presidente do Conselho Regional:* Abram Szajman; *Diretor Regional:* Danilo Santos de Miranda; *Superintendentes:* Ivan Giannini (Comunicação Social), Joel Naimayer Padula (Técnico-social), Luiz Deoclécio Massaro Galina (Administração) e Sérgio José Battistelli (Assessoria Técnica e de Planejamento).

Edições SESC SP
Gerente: Marcos Lepiscopo; *Gerente Adjunto:* Walter Macedo Filho; *Coordenação Editorial:* Clívia Ramiro; *Produção Editorial:* Fabiana Cesquim; *Colaboradores desta edição:* Marta Colabone e Andréa de Araújo Nogueira.

Tadeusz Kantor

O TEATRO DA MORTE

textos organizados e apresentados por
DENIS BABLET

edições **SESC**SP

PERSPECTIVA

Título do original francês
Le Théâtre de la Mort
© 1977 Éditions L'Age d'Homme

Dados Internacionais de Catalogação na Publicação (CIP)
(Câmara Brasileira do Livro, SP, Brasil)

Kantor, Tadeusz, 1915- .
   O Teatro da Morte / Tadeusz Kantor; textos organizados e apresentados por Denis Bablet. – São Paulo: Perspectiva: Edições SESC SP, 2008. – (Estudos; 262 / dirigida por J. Guinsburg)

   Título original: Le théâtre de la mort.
   Vários tradutores.
   Bibliografia.
   ISBN 978-85-273-0837-3 – Perspectiva
   ISBN 978-85-98112-00-0 – Edições SESC SP

   1. Happening (Arte) 2. Teatro experimental – Cracóvia – Polônia I. Bablet, Denis. II. Guinsburg, J. III. Título. IV. Série.

08-08488   CDD-792.09438

Índices para catálogo sistemático:

1. Teatro experimental : Artes cênicas   792.09438

SESC São Paulo
Edições SESC SP

Av. Álvaro Ramos, 991
03331-000 São Paulo SP Brasil
Tel. 55 11 2607-8000
edicoes@sescsp.org.br
www.sescsp.org.br

Direitos reservados em língua portuguesa à

EDITORA PERSPECTIVA S.A.

Av. Brigadeiro Luís Antônio, 3025
01401-000 São Paulo SP Brasil
Telefax: (011) 3885-8388
www.editoraperspectiva.com.br

2008

Sumário

APRESENTAÇÃO – *Isa Kopelman e J. Guinsburg* XVII

OBRA DE TODA UMA VIDA – *Danilo Santos de Miranda* XXI

ADVERTÊNCIA.. XXIII

O JOGO TEATRAL E SEUS PARCEIROS – *Denis Bablet* XXV

1. O TEATRO INDEPENDENTE (1942–1944)

1. Credo 1
2. Lá Onde o Drama se Cria 1
3. Ação... 2
4. O Papel Embotante do Teatro 2
5. Concretismo... 2
6. A Exterioridade ou Realismo Exterior 3
7. Notas à Margem dos Ensaios do *Retorno de Ulisses* 3
8. A Ilusão e a Realidade Concreta.. 4
9. O Jogo dos Atores.. 5
10. Deformação da Ação 5
11. O *Crescimento* e o *Reforço* da Ilusão 7

12. Ilusão e Realidade 7
13. Comunicação Interior do Espectador com a Cena 7
14. As Duas Realidades 8
15. Abstração, Estilização, Naturalismo 8
16. Os Pretensos Cenários 9
17. *Páthos* (observação à margem do *Retorno de Ulisses*) 9
18. *O Retorno de Ulisses* – I 10
19. *O Retorno de Ulisses* – II   1944 10
20. *O Retorno de Ulisses* – III 11
21. Resumo 11

2. O TEATRO CRICOT 2

Nascimento do Teatro Cricot 2 15
Partitura de *O Polvo* de S. I. Witkiewicz 17

3. O TEATRAL INFORMAL

Ensaio: "O Teatro Informal" 27
Partitura: *No Pequeno Solar* de S. I. Witkiewicz. Extrato 30

4. TEATRO COMPLEXO

Prefácio-manifesto no Programa do Espetáculo
Der Schrank (*O Armário*) no Theater der Stadt,
Baden-Baden, 1966 41

5. AS EMBALAGENS

Embalagens-manifesto 45
A Primeira Embalagem 49
A Idéia de Embalagem
    1. Da Colagem à Embalagem 50
    2. Envelopes – Pacotes 52
    3. Idéia de uma Exposição no Correio 53
    4. Vestimenta – Embalagem 53
    5. Embalagem Humana 55
    6. Da Embalagem à Idéia de Viagem 55
    7. Guarda-Chuva 56

6. O TEATRO ZERO

Rumo ao Zero...57
Manifesto do "Teatro Zero" 58
Partitura: *O Louco e a Freira* de S. I. Witkiewicz. Extrato........68
Descrição da Ação: *O Louco e a Freira*........................82
Os Ensaios sobre o Teatro Zero:
1. O Teatro Zero 87
2. O Não-Jogo 90
3. Notas Concernentes ao Teatro Zero 91
4. Antiatividade 92
5. Jogo em "Surdina"..93
6. Apagamento...94
7. Absorção da Expressão 94
8. Vegetação. Economia de Gestos e de Emoções 95
9. Automatismo 95
10. Situações Incômodas 95
11. Redução a Zero dos Valores de Significação e de Conteúdo...96
12. Eliminação pelo Uso da Força..............................96
13. O Jogo sob a Coação 96
14. Embalagem..97

7. NAS FRONTEIRAS DA PINTURA E DO TEATRO

Contra a Forma (Ensaios):
1. Crise da Forma 99
2. Observações Gerais 100
3. Evolução...100
4. Objeto e Imagem 101
5. Happening 103
6. Informal 103

Antiexposição...105
Happening – *Cricotagem* (partitura)...........................107
Happening: *Grande Embalagem* (partitura)..............113
A Carta. "Happening-cricotagem".............................122
Happening Panorâmico do Mar (partitura)..............126

8. O TEATRO-HAPPENING

Método da Arte de Ser Ator 135
A Condição do Ator 137
Pré-existência Cênica 139
A Propósito d'*A Galinha d'Água* 139

9. O TEATRO "i"

Explicações 149
As Partituras:
    1. […] 155
    2. O Quarto 155
    3. Cassino 157
    4. As Montanhas 159

10. DO REAL AO INVISÍVEL

História da Cadeira 161
Manifesto 1970 167

11. SOBRE A OBRA DE MARIA STANGRET

Ensaio de Wieslaw Borowski: "A Obra de Maria Stangret,
Colaboradora e Atriz do Cricot 2" 173

12. TEATRO CRICOT 2

A Estrutura e o Conjunto do Teatro Cricrot 2 179

13. O TEATRO IMPOSSÍVEL

(Ensaios) 185

14. O TEATRO DA MORTE

Ensaio: O Teatro da Morte 195
A Classe Morta (Tabela de Matérias) 204

Uma Classe Morta de T. Kantor ou o Novo Tratado
de Bonecos no Teatro Cricot 2 de Cracóvia. Entrevista de
Krzysztof Miklaszewski com T. Kantor 212
Meu Livro de Preces Laicas 220

15. A BARRACA DE FEIRA

Onde estão as Neves d'Antanho?;
   Cricotagem de T. Kantor, 1978 223
Wielopole-Wielopole:
   A Ilusão e a Repetição 238
   O Espiritualismo 241
   Espiritualismo e Espiritualização 242
   O Quarto 243
   Agência de Locação dos Caros Desaparecidos 244
   O Exército – Os Soldados – O Indivíduo Militar 245
   A Memória da Criança 250
   Do Outro Lado da Ilusão, ou a Barraca de Feira 251
   Retorno à Barraca de Feira 252

16. O ARTISTA

   A Morte da Arte 255
   A Situação do Artista 255
   Profissão de Fé 257
   Ó, Senhor! 259

CRONOLOGIA 261
BREVE BIBLIOGRAFIA SELETIVA 265
FILMOGRAFIA 269

Apresentação

A obra teatral de Tadeusz Kantor, nas diversas etapas de sua trajetória, privilegia uma série de intervenções que questionam radicalmente o conceito de representação em estratégias que destacam a questão da organização do olhar e da concretização da ação/atuação/interferência no espaço da cena. Dialogando com os procedimentos modernistas, incorporando-os e avançando para além de suas vanguardas, rearmando-as em posições, proposições, manifestos e espetáculos provocativos, apaixonados, desdobra-os em um corpus de ações artísticas que afetam diretamente a natureza da cena e reconfiguram as possibilidades e a própria autonomia do jogo teatral.

A dramaturgia teatral do teatro Cricot 2, absolutamente singular, é contaminada pelas perspectivas múltiplas da linguagem plástica no seu potencial de expressividade, assim como também do universo mais amplo das obras teatrais e literárias – com especial acento nos escritores poloneses. No entanto, trata-se de uma cena cujo teatro não quer ser a "versão" ou a "visualização" do texto literário. Os espetáculos do Cricot 2 reivindicam a autonomia de sua linguagem, concretude e existência plenas no real exercício criativo de sua teatralidade em cena. Um teatro que se pretende autônomo, irreprodutível e não representativo em relação à realidade circundante.

Afirmando-se na especificidade de suas intervenções, os atores/ *personae* – juntamente com seus objetos – jogam com os fatores de instabilidade, humor e surpresa e funcionam, enquanto dispositivos, como detonadores de um espaço mental imagético, de uma cena irradiante e misteriosa. Nos espetáculos, Kantor propõe a convergência de vetores de força, gerando fricções, estranhamentos. O que acontece em cena refrata a energia geradora; rearticulam-se imagens, distorcidas e derrisórias, em seqüências descontínuas de flashes. Não se trata, porém de mera sucessão que vise produzir um quadro animado por explosivos choques imagísticos. Em seu teatro, Kantor trabalha uma dinâmica tal que exclui a recepção contemplativa da imagem. "A gente não olha uma peça de teatro como um quadro, pelas emoções estéticas que ela proporciona, mas a gente as vive concretamente". O artista, na realidade, organiza, conduz o trânsito entre a ação e o olhar, posiciona estrategicamente os espelhos que devolvem aos espectadores o impulso do gesto, do pensamento e da ação. Em seu teatro, o olhar é um dos elementos constituintes do jogo de manipulações entre autor/diretor e o público, testemunho e partícipe. Em *A Classe Morta* e *Wiepole, Wiepole*, Kantor interfere na dinâmica da cena, na organização do olhar do espectador; ele permanece no palco encarando intensamente o público, enquanto os espectadores entravam no teatro, e, durante o espetáculo, enquadrava seus atores em certos vetores da dinâmica da peça. São criaturas que habitam um espaço irredutível, que não consegue ser apropriado pelo olhar dos espectadores.

O memorial que acompanha o artista, os indícios existenciais de sua criação podem ser rastreados em sua infância no schtetl judiopolonês do pré-guerra, no terror de Holocausto e nos destroços da Polônia ocupada. Contudo, sua poética recusa o consenso do gosto que admite a experiência da nostalgia. Os procedimentos teatrais de Kantor obstruem e fustigam a experiência comum do voyeurismo de nós mesmos, a consolação das formas corretas. Excluindo qualquer concessão, o artista afirma seu teatro como materialização de "uma *atividade*[1] que ocorre quando a vida é empurrada aos limites extremos, onde todas as categorias e conceitos perdem o significado e direito de existir; onde a loucura, febre, histeria e as alucinações são as últimas barricadas da vida antes da chegada das TROPAS DA MORTE e do GRANDE TEATRO da morte"[2]. Essa condição não se restringe ao imediato ou ao completamente visível ou concebível. Estamos aí na redução sintética das condições essenciais da existência às não-existências e de sua pertinência aos lugares de pertencimento a um nãolugar. Os humanos que aí se movem são os que sobreviveram aos humanos, os que restaram depois da destruição do ser humano. Não há mais uma *essência* humana para destruir ou resgatar, somente o ser potencial que aí se reprojeta – uma espécie diferente de teatro.

---

1. Grifo nosso.
2. Tadeusz Kantor, "The Infamous Transition from the World of the Dead into the World of the Living", *A Journey Through Other Spaces*, ed. and trans. with critical commentary by Michal Kobialka, Berkeley, CA: University of California Press, 1993, p. 149.

Contrastes e colisões – amor/humor/terror – elementos de toda natureza se acumulam, se comprimem, são manipulados; seres que "carregam memórias", cortejos de manequins vestidos como personagens vivas, objetos "brutos", funcionalmente neutralizados, compõem-se e decompõem-se em uma atividade de caráter plástico e energético, em uma dinâmica não formalista, porém precisa, como articulações de imagens, "descarnavalizadas" e inadequadas.

A condição inumana das "criaturas" do Cricot 2 reposiciona drasticamente o tradicional pacto teatral entre atores e palco, entre espectadores e atores, provocando, na imediaticidade da situação, questões mais complexas da existência. Permanece o investimento afetivo, mas o ser humano aí figurado está desalojado de sua existência logocêntrica; as ações/intervenções das *dramatis personae* – atos e gestos – funcionam no avesso da ação dramática concebida no plano do *continuum* mental da transformação dramática e do caráter anedótico do texto. Gestos sem mimesis. A efetividade dessa cena, que destrói toda possibilidade de ilusão, só se concretiza por meio da forte presença imediata de um "saltimbanco", da atuação concreta de um jogador que interfere na cena sem revelar uma convenção marcada de jogo.

Recusando radicalmente uma dramaturgia de reprodução ilusionista, explicação ou expressão de uma realidade prévia, o Cricot 2 lida com imagens provocativas e irredutíveis ao olhar do espectador; interferindo direta e intensamente no espaço da cena, a ponto de esvaziá-la, somos invadidos por uma poética que se movimenta na contramão das possibilidades das representações simbólicas e das assertivas numinosas; uma poética que lança o espectador no território da potencialidade e potência, por contragolpe de sua visão de seu não-ser, a introvisão de seu ser. Propondo um Teatro Zero para sua cena, Kantor afirma no *Teatro da Morte* a intensa força da vida, quase em uma resultante simbólica de suas metáforas metonimicamente introjetadas.

Isa Kopelman
J. Guinsburg

Obra de Toda Uma Vida

O artista, longe de ser uma figura enigmática e distante, é o exemplo mais premente de que o ser humano é movido por um impulso de criação cultural, que permite instaurar o novo e a obra de arte lá mesmo onde se pensava existir, em estado de impassibilidade, o desencontro entre poesia e vida. Exatamente por isso, ser artista é ainda favorecer, além desse encontro, a existência de um território ímpar e muito atual de questões sociais ligadas à realidade em perspectiva de transformação; num outro sentido, e por parte de seu trabalho, este não se resume à esfera específica das práticas e concepções pontuais de ação, e nem apenas se caracteriza por ser um elemento vivo, que preserva na criação a unicidade de um momento fugaz. Unindo uma a outra, em meio à sua significação e vigor, a obra do artista compreende a realização do humano e a dimensão fundamental do processo de vida de uma sociedade.

A importância de sublinhar a relação entre poesia e vida, entre artista e obra, coloca-se de imediato nesta apresentação ao leitor brasileiro dos textos do polonês Tadeusz Kantor (1915 – 1990). Fundador da companhia Cricot 2, expoente do teatro autônomo e complexo, de revolução permanente, Kantor tornou-se um dos maiores artistas poloneses e europeus, sendo referência nos dias de hoje para os principais encenadores do mundo. A composição plástica adquirida pela experiência inicial como pintor, o uso do gesto nas apresentações e a maneira de conceber o ator, o texto e o público formavam os elementos-chave de sua obra, que manifestava uma reflexão profunda sobre a condição humana e também sobre a vida e a morte.

Com esse manejo, Tadeusz Kantor propunha um teatro sempre em transformação e, no ardor de seu trabalho, veio a ser estimado – e sem paradoxo – como um "artista clássico de *avant-garde*". Em suas próprias palavras: "A *realização do impossível* / é a fascinação suprema da arte / e seu segredo mais profundo. [...] O que é importante para mim é meu interesse pela realidade que muda e evolui, que se define sem cessar no pensamento, se reforça na imaginação e se realiza, no que diz respeito à arte, na decisão e na escolha. Considero a vida e a criação como uma viagem no tempo físico e interior, na qual a esperança é dada sem cessar por meio de encontros inesperados, provações, confusões, retornos, buscas da estrada certa." Esse pensamento – que coloca em primeiro plano a dinâmica e a poética da vida – pode ser verificado nesta publicação, por meio de manifestos, notas teatrais e comentários analíticos que seguiam a cada novo texto ou happening e a cada nova apresentação.

No Brasil, em 1967, tivemos a oportunidade de receber uma série de quadros de Kantor para participação na Bienal de São Paulo. Na ação cultural do SESC SP, em dois momentos, contemplamos a obra do encenador e diretor. Cabe destacar a homenagem realizada entre março e abril de 2000, na unidade provisória do SESC Belenzinho, de título *Um Réquiem para Tadeusz Kantor*, que, afora uma exposição de fotos, desenhos, objetos e vídeos ligados à carreira do homenageado, contou especialmente com a apresentação do espetáculo teatral *Pequeno Réquiem para Kantor*, assinado pela companhia polonesa Ariel Theatre e dirigida por Zofia Kalinska, que trabalhou no Cricot 2 como atriz por vinte anos, sendo responsável por um *workshop* sobre a técnica de apresentação teatral da companhia.

Com esta publicação, a editora Perspectiva e o SESC SP oferecem a público uma nova oportunidade de conhecimento e disseminação da obra de Tadeusz Kantor, artista que fez de seu *actus purus* – o trabalho contínuo de escrita e criação – um projeto para toda a vida, marcando, assim, a coerência e a unicidade de sua produção, cujo conhecimento gerado e cuja finura de percepção dos contextos humanos indicam a incessante transformação do mundo e, por conseqüência, a necessidade de decisão e escolha para firmar a dignidade humana.

Danilo Santos de Miranda
Diretor Regional do SESC São Paulo

Advertência

Este não é um livro sobre Tadeusz Kantor, mas uma coletânea de escritos. Ao mesmo tempo que pinta, que elabora a realidade cênica para criar seus espetáculos, Kantor precisa a situação, acusa e se explica em uma série de testemunhos – manifestos, partituras de espetáculos e de happenings, entrevistas, artigos – que esclarecem sua *démarche* e afirmam sua originalidade.

Uma edição integral dos escritos de Kantor exigiria vários volumes. Nós procedemos a uma escolha que permite desembaraçar as etapas essenciais da atividade criadora e da evolução de Kantor. Esperamos não tê-lo traído.

Por que dar a esta obra o título de *O Teatro da Morte*? Poderíamos denominá-la tão bem como *O Teatro Zero* ou *O Teatro Impossível*. *O Teatro da Morte* é o título do último manifesto de Tadeusz Kantor, que corresponde à criação de seu espetáculo *A Classe Morta*. Manifesto e espetáculo constituem, indiscutivelmente, um momento capital em sua obra e marcam como que uma ultrapassagem – que não implica o esquecimento – de seu trabalho anterior. Daí nossa preferência.

Quanto ao prefácio deste livro, seu objetivo não é outro senão o de "introduzir", na verdadeira acepção do termo, o leitor à obra de Kantor. Ele simplifica, talvez esquematiza, mas na esperança de ajudar a melhor compreender a obra e a *démarche* de Kantor através de seus escritos: em sua riqueza, sua complexidade e seu rigor. Uma obra rara baseada no risco e na recusa do compromisso.

D. B.

O Jogo Teatral e seus Parceiros

Levar a obra teatral a esse ponto de tensão em que um só passo separa o drama da vida e o ator do espectador.

O teatro é um lugar em que as leis da arte defrontam-se com o caráter acidental da vida.

TADEUSZ KANTOR

Artista polonês nascido em 1915, em Wielopole, voivodia* de Cracóvia. Depois de sólidos estudos na Academia de Belas-Artes, tornou-se pintor, cenógrafo, encenador, criador de "embalagens" e de happenings. Em 1955, funda o Teatro Cricot 2 do qual é animador até hoje. Espírito rebelde, independente, resolutamente anticonformista, é um dos raros artistas atuais a cujo propósito se pode falar de vanguarda sem que o termo pareça falsificado e estragado. Um encontro fundamental em sua vida: a de seu compatriota S. I. Witkiewicz, escritor e dramaturgo, em quem ele descobre, mais do que um autor a "interpretar", um parceiro no interior de sua *démarche* criadora.

Eis uma possível ficha de dicionário para Tadeusz Kantor, mas, como todas as fichas de dicionário, ela é redutora. Sem mentir, deforma, trai porque condensa, deixa escapar o essencial. Mas quem sabe se esse essencial não é inapreensível...

Ouçamo-lo antes:

Nasci no dia 6 de abril de 1915, no leste da Polônia, em um pequeno povoado que tinha uma Praça do Mercado e algumas pequenas ruelas miseráveis. Na praça do mercado erguia-se um pequena capela que abrigava a estátua de um santo para servir os católicos e um poço junto ao qual se desenrolavam, ao clarão do luar, núpcias judaicas.

De um lado, uma igreja, um presbitério e um cemitério; do outro, uma sinagoga, estreitas ruelas judaicas e outro cemitério, mas um cemitério diferente.

As duas partes viviam em perfeita harmonia. Cerimônias católicas espetaculares, procissões, bandeiras, trajes folclóricos em cores vivas, camponeses. Do outro lado da Praça do Mercado, ritos misteriosos, cantos devotos, preces, gorros de pele de raposa, candelabros, rabinos, gritos de crianças.

* Território sob jurisdição de um voivoda. O voivoda, por sua vez, é um comandante militar ou governador de cidade ou província em vários países eslávicos (N. da E.).

Para além da vida quotidiana, esse silencioso povoado estava voltado para a eternidade.

Por certo havia um médico, um farmacêutico, um mestre-escola, um cura, um chefe de polícia. A moda datava do pré-guerra (a Primeira Guerra Mundial).

Deixando-se a Grande Praça, penetrava-se nos campos, campos de trigo, colinas, em seguida florestas e, mais longe ainda, em alguma parte, havia uma estrada de ferro.

Meu pai, professor primário, não voltou da guerra. Minha mãe, minha irmã e eu, fomos para a casa do irmão de minha mãe. Foi lá que fomos criados. Ele era cura. Portanto, o presbitério.

A igreja era uma espécie de teatro. Ia-se à missa para assistir ao espetáculo. Para o Natal, construíam na igreja um presépio com diversas estatuetas; para a Páscoa, uma gruta com cenários em bastidores, em que eram dispostos, em pé, bombeiros de verdade com capacetes dourados na cabeça.

Eu imitava tudo isso em dimensões menores. Confundia o teatro com a estrada de ferro que vi, pela primeira vez, depois de ter feito uma longa viagem num vagão bagageiro. Com caixas de sapatos, vazias, construí diferentes cenas. Cada caixa formava uma outra cena. Eu as ligava como vagões, com barbante. Depois, fazia-os passar por um pedaço grande de papelão com uma abertura (que se poderia dizer cênica): obtinha assim mudanças de cena.

A meu ver foi o meu maior sucesso de teatro[1].

Não se trata, de modo algum, de explicar a "carreira" ou a obra de Tadeusz Kantor a partir exclusivamente do meio-ambiente de sua juventude ou de suas recordações de infância. Mas por que não levantar indícios? Uma paixão pelo jogo teatral que encontramos em muitas crianças, mas que desaparece na maior parte delas quando uma criatividade é maltratada ou esvaecida. No jovem Kantor esse jogo teatral é muito concreto: não apresenta a menor interpretação de um texto, dos locais cênicos, dos figurinos. Um signo talvez... E depois um universo baseado em contrastes verdadeiros, vividos, assumidos, uma realidade que não se limita ao imediato, porém que envolve um mistério como que inapreensível e, no entanto, palpável e diretamente experimentado. Diferentes níveis de presença, diferentes densidades. Um mundo em compenetração. E sobre esta realidade de infância, um olhar jogado, carregado de humor enternecido. Tadeusz Kantor não é um romântico. Ele vive aqui e agora, mas sabe também que este agora vai ao encontro de um futuro e de um passado sempre presente. Ao menos para ele. Basta ver o seu último espetáculo, *A Classe Morta*.

Após Wielepole, Tarnow: lugar dos estudos secundários e lugar de uma escolha. "Decidi ser pintor". De fato, desde o fim de sua passagem pelo liceu, Tadeusz Kantor desenha e pinta diretamente sob a influência dos simbolistas que o fascinam, Wyspianski e Matchevski. Pintura de juventude que hoje ele julga péssima, mas atividade que

---

1. Extraído das notas inéditas de Tadeusz Kantor escritas especialmente para a preparação desta obra. Indicamos a referência das citações unicamente quando remetem a textos que não figuram na presente publicação.

o conduz à Escola de Belas-Artes de Cracóvia, freqüentada por ele de 1934 a 1939: estuda pintura, por certo, mas também estuda cenografia com um dos principais cenógrafos do teatro polonês do século vinte; o discípulo reformador e admirador de Edward Gordon Craig, Karol Frycz. Desde essa época, se lhe impõe a idéia de um necessário radicalismo artístico: a recusa de todo compromisso. Não ceder às tentações. A arte é uma série de *atos* que excluem toda concessão. Dessa atitude ele descobre exemplos manifestos nos russos e nos alemães dos anos de 1920: Taírov e, mais ainda, Meierhold (diz ele ainda hoje que *Das russische Theater* [O Teatro Russo], de Gregor e Fülöp-Miller é um dos livros de teatro dos mais importantes, a seu ver). Piscator e a Escola da Bauhaus também, com Moholy-Nagy e, mais ainda, Oskar Schlemmer, que o inspiram diretamente na criação de um teatro de marionetes durante sua estada na Escola de Belas-Artes de Cracóvia. "Uma tendência começa a dominar todos os meus atos, e ela me influencia ainda hoje: a idéia da necessidade de um desenvolvimento contínuo, de uma revolução permanente em matéria artística, a consciência de que somente as idéias extremistas garantem o progresso"[2].

Será por essa razão que, fascinado, em seus jovens anos, pelos artistas do construtivismo e da Bauhaus, sempre admirador profundo de seus trabalhos e experiências, sentiu muito cedo a necessidade vital de opor-se aos seus pontos de vista? Sem dúvida: lei dos contrastes em Kantor e, concomitantemente, admiração profunda pelo radicalismo na arte, pela autenticidade desejada e realizada da *démarche* artística. Por si mesmo, tomada de posição forte e precisa e, ao mesmo tempo, reconhecimento de sua própria complexidade. É Kantor quem declara:

Sabe, eu não sou frio, não sou um abstrato, jamais. Quando eu o era, no sentido que a arte informal atribuía ao termo, isto era muito caloroso. Sou contra a combinação, o cálculo, a pseudociência, a arte que se defende a golpes de definições científicas. Há muitos artistas que atuam com métodos "científicos", naturalmente isto não é nada!... A arte deve apresentar-se completamente nua, desarmada[3].

É também Kantor quem diz: "Sou *contra* o expressionismo porque no fundo *sou* expressionista. Sei que o expressionismo impelido ao extremo é o fim da arte"[4] Aparentes contradições, mas de fato oposições internas profundamente assumidas que são a condição, na verdade o motor, de uma *démarche* radical, verdadeiramente vivente, capaz de escapar ao esquematismo doutrinário e ao terrorismo intelectual sem por isso perder seu poder de provocação.

2. Idem.
3. Entrevista inédita de T. Kantor concedida a D. Bablet, em abril de 1974.
4. Idem.

A "cultura" de Kantor está longe de ser puramente plástica e até de *origem* plástica. Se sua formação é de início a de pintor, bem cedo o pintor se abre a um universo muito mais amplo, o da criação literária e teatral. Ele é realmente "influenciado"? Kantor não gosta desse termo evocador de laços mecanicistas de dependência, que não lhe parecem corresponder ao desenvolvimento vital de um artista autêntico. Este é fascinado. Nutrido. Ele encontra. As tendências irracionais da arte, o simbolismo de Maeterlinck, o fantástico de E. T. A. Hoffmann, o universo de Kafka e, no campo polonês, além da figura lendária de Wyspianski, três escritores: ST. I. Witkiewicz, W. Gombrowicz e B. Schulz.

Kantor não é um grande admirador do pintor Witkiewicz, embora reconheça nele um precursor do automatismo pictórico e da arte informal; porém o dramaturgo o entusiasma por seu despedaçamento selvagem do naturalismo, sua recusa do psicologismo, seu lado infernal, seu "catastrofismo" e sua satisfação de transtornar as concepções tradicionais de tempo e de espaço, os laços convencionais de causa e efeito que regiam a intriga e a ação, de levar a "negação" e a "destruição" à categoria de métodos artísticos. Kantor, sem dúvida, distancia-se dos princípios de Witkiewicz quando sua própria *démarche* se aproxima do dadaísmo, em 1963 e, sem dúvida, não adere ao sistema teórico da "Forma pura", mas como poderia deixar de sentir em Witkiewicz um parceiro possível? Pouco importa que o humor deles não seja absolutamente idêntico, nem seu grotesco semelhante. Os parentescos são evidentes, ao menos nas *démarches*.

Outros escritores poloneses fascinaram Kantor: W. Gombrowicz e seu teatro do absurdo, porém, mais ainda, um autor menos conhecido do público de língua francesa, Bruno Schulz, que tem sido considerado um Kafka polonês. Schulz atraiu bem mais tardiamente Kantor, mas, apesar das distâncias que este se empenha em sublinhar, a despeito do fato de que *A Classe Morta* toma como ponto longínquo de partida uma peça de Wietkiewicz, *Tumor Cerebral*, não se pode deixar de ver, nesta última criação, de um lado um espetáculo em si, e que é preciso ver como tal, e de outro um duplo diálogo, diálogo com Edward Gordon Craig, autor de "O Ator e a Supermarionete", e com Bruno Schulz, autor do "Tratado dos Manequins". Com sua teoria do mundo-lixeira e dos "objetos-armadilhas", Bruno Schulz marca profundamente o último período de Kantor que vê mui justamente nele um dos primeiros criadores da "realidade degradada" no centro também de sua própria obra. Será um puro acaso se o tema da viagem assinala o começo e o fim do "Sanatório Gato-pingado", de Schulz, e se o tema é onipresente no Kantor de *A Galinha d'Água* e das obras que ele criou na época dessa realização. Constatá-lo não nega nem limita em nada a profunda originalidade de T. Kantor. Isso permite simplesmente salientar afinidades entre criadores oriundos de épocas e domínios diferentes que fios tênues ligam à *démarche* criativa de ambos. Voltaremos ao assunto.

1942. Na Polônia ocupada reina o terror, a vida cultural é destroçada, os laços são destruídos. Uma só solução: as catacumbas. Kantor, com os jovens de 18 a 25 anos, pintores na maior parte, cria, em Cracóvia, um teatro clandestino. Numa época em que a realidade e suas aparências refletem o horror, em que a tradicional perfeição da natureza só pode ser posta em dúvida, esse teatro experimental é colocado sob o signo de uma abstração que não esquece Schlemmer e o Bauhaus. Primeira realização: *Balladyna*, de J. Slowacki. Todo enfeite romântico é excluído. Mas quando Kantor monta *O Retorno de Ulisses*, de Wyskianski, 1944, o estilo muda, o tom e a *démarche* também. Como no caso de *Balladyina*, o local do espetáculo não é um teatro. Em um apartamento, um salão exclui o confronto palco-platéia. Um público de umas quarenta pessoas circunda a área de atuação: matéria bruta, poeira, lama, um canhão, tábuas velhas, caixas empoeiradas... Pela primeira vez, Kantor utiliza os materiais e os meios de um "novo realismo" que ainda não efetuou seu aparecimento na vida da arte, ele anuncia a arte "informal" que irá praticar.

A experiência é importante. Para além das diferenças entre os dois espetáculos, ela testemunha uma *démarche*, ela traduz escolhas que Kantor expõe em seu primeiro escrito teórico: "O Teatro Independente". É certo que Kantor vai evoluir, mas no "Teatro Independente" e em seus vinte e um títulos há um ato de fé, certo número de afirmações e de reconhecimentos que estão na base de sua arte, de seus gestos artísticos. Em primeiro lugar, um credo:

> A gente não olha uma peça de teatro como um quadro,
> pelas emoções estéticas que ela proporciona,
> mas a gente as vive concretamente.
> Eu não tenho cânones estéticos,
> eu não me sinto ligado a nenhuma época do passado,
> elas me são desconhecidas e não me interessam.
> Sinto-me apenas profundamente engajado em relação
> à época em que vivo e às pessoas que vivem ao meu lado.
> Creio que um todo pode conter lado a lado
> barbárie e sutileza, tragicidade e rir grosseiro,
> que um todo nasce de contrastes e quanto mais estes contrastes
> são importantes, mais esse todo é palpável,
> concreto,
> vivente.

A seguir recusa das práticas seculares do teatro, de seus espaços tradicionais, "edifícios de inutilidade pública", de suas poltronas plantadas nesses lugares vazios e fonte de mal-estar, de seus costumes embotados. A recusa de espectadores que não passariam de basbaques e fiéis. Diante desse teatro do hábito e da alienação, um sonho e uma decisão: "criar um teatro que teria um poder de *ação* primitivo, desconcertante!", que expulsaria as miragens da ilusão para afirmar-se em sua *toda*-realidade concreta.

Alguns temas fundamentais entre muitos outros...

Mas era chegado o momento para Kantor poder realizar esse ideal. A criação do *Retorno de Ulisses* ocorreu em 6 de junho de 1944, dia do desembarque das forças aliadas na costa da Normandia. Vale dizer que nem todos os problemas estão resolvidos por isso. O stalinismo deixa aos criadores apenas as vias estreitas que conhecemos. Para o pintor Tadeusz Kantor, nem pensar, então, em viver de sua pintura, nem dobrar-se aos *diktats* da política artística oficial. Nem pensar, tampouco, em criar o teatro que ele projeta. Escolheu, pois, a cenografia, em que as margens de manobra são aparentemente mais largas. Aliás, quando evoca esse período, Kantor recusa-se a considerar sua atividade daquela época como a de um vulgar "cenarista de teatro" a usar receitas e procedimentos, a mudar estilos conforme as peças à mercê de um ecletismo sapiente, a dedicar-se a um hábil trabalho de aplicação. Para Kantor, o teatro não se liga, em nenhum momento – ele não pode e não deve –, às artes aplicadas. Ele trata a cenografia *seriamente*, como pintura, *como uma obra de arte*[5] e, toda criação teatral mesmo se ela se limita à cenografia, corresponde a uma etapa de sua vida profunda como artista, ela se inscreve em sua evolução.

Assim, após uma encenação de *Medida por Medida* de inspiração nitidamente construtivista, próxima de certas realizações de Pronaszko, com o qual colaborou, Kantor varre o construtivismo e substitui a construção por sua antítese, o espaço vazio, o "espaço outro" ou o "espaço mental": no palco de *Santa Joana* três grandes manequins, o Papa, o Imperador e o Cavaleiro, "como buracos nesse vazio arquitetural". Não monumentos, porém imensos bonecos vestidos como personagens vivas"[6]. Para a *Antígona* de Anouilh, ele destrói a arquitetura pelo movimento das formas que corresponde a movimentos psicológicos. Como não descobrir nessa dupla *démarche* o testemunho de uma estética da negação? Como não ver nos bonecos gigantes de *Santa Joana* as primeiras figuras do cortejo de manequins que obsedam o universo e a cena de Tadeusz Kantor? Outro exemplo, enfim, escolhido entre algumas centenas de cenografias de Kantor, *Le Chandelier* (O Castiçal) de Musset. Na época, o artista plástico que ele é concebe as *assemblagens* (encaixes), ele cria a cenografia do

---

5. T. Kantor, em conversa com D. Bablet, "Entretien avec Tadeusz Kantor", em D. Bablet, *Travail théâtral*, La Cite: Lausanne, VI, 1972, p. 51.

6. Idem, p. 53.

espetáculo utilizando as técnicas que presidem à sua elaboração: acumulação de elementos de toda natureza, compressão, manipulação... Um anti-Musset talvez, ou, antes, um Musset despojado de todo romantismo de pacotilha, penetrado por um romantismo do concreto que se situa além do lirismo.

Kantor poderia fazer "carreira" de cenógrafo. Seus trabalhos foram vistos nos palcos de Varsóvia, Lodz, Cracóvia, Opole... Ele poderia prosseguir nas suas viagens e plantar seus cenários de palco em palco. Mas tal escolha não era de molde a satisfazê-lo. Então, fazer obra de encenador nos teatros oficiais? Ele realiza bem algumas encenações a partir de 1956, mas trabalhar para a instituição não corresponde a seus desejos em 1944. Nessa data, Kantor exprime o seu sonho de um "teatro independente" e, onze anos mais tarde, ele o materializa criando o Teatro Cricot 2.

O Teatro Cricot 2: denominação enigmática à primeira vista. Na realidade, de parte de Kantor, uma homenagem *en passant* a uma empreitada de antes da guerra fora do *establishment*: um café-teatro literário animado essencialmente por pintores. Não se trata de um mínimo reconhecimento de uma filiação estética, porém da reivindicação de um relativo paralelismo das situações. O Teatro Cricot 2 declara-se, de pronto, como oposto aos teatros oficiais e convencionais. Eles são "empresas" que "programam", "fabricam" espetáculos que entregam ao "consumo" ao ritmo das temporadas. Tantos produtos por ano! Kantor recusa a engrenagem produtor-produto-consumidor. A criação artística não suporta uma programação contrária à sua especificidade, geratriz de rotina e prejudicial à sua qualidade. No Teatro Cricot 2, a criação nasce de uma intensa necessidade interior e se realiza no trabalho dos ensaios. Aos olhos de Kantor, a separação entre trabalho e resultado, ensaios e espetáculo, é incompatível com a noção mesma de criação artística.

O Teatro Cricot 2 é o oposto dos teatros oficiais porque não é uma instituição profissional a viver de suas engrenagens burocráticas, de suas rotinas e de seus funcionários. É um grupo de artistas que se encontram. Esse grupo comporta, de fato, alguns comediantes profissionais, mas também é formado por atores não profissionais, pintores (originalmente, Maria Jarema, depois Maria Stangret etc...), poetas e teóricos da arte, que partilham, com Kantor, certo ideal.

O teatro dos anos vinte do século XX foi palco de muitas experiências empreendidas por pintores. Basta lembrar L. Schreyer, W. Kandinsky, O. Schlemmer, entre outros. Não se pode deixar de perguntar se tais experiências decorrem da aplicação, no teatro, de procedimentos pictóricos ou se, ao contrário, elas se afirmam na sua especificidade teatral. A questão pode naturalmente ser colocada a propósito de Kantor e do Cricot 2. A resposta nós a encontramos nas declarações, nas profissões de fé de Kantor e nas próprias realizações de seu teatro. Em "A propósito de *A Galinha d'Água*", Kantor declara:

> O Teatro Cricot 2 não é um terreno de experiências pictóricas que são transferidas para a cena. É uma tentativa de criar uma esfera de comportamento artístico livre e gratuito. Todas as linhas de demarcação convencionais são aí suprimidas.

Mas essa tomada de posição não significa que ele cessa de ser pintor quando aborda o teatro ou que ele não é mais homem de teatro quando pinta: "Pintor, tanto quanto homem de teatro, jamais dissociei esses dois campos de atividade". Pintura, happening, exposições, teatro... Há como um vaivém, uma interpenetração entre essas diversas atividades. Através do teatro e da pintura Kantor manifesta seus procedimentos criadores que provêm de uma atitude global e reagem um sobre o outro. Ora o teatro está à frente da pintura, ora sucede o inverso. Mas o ponto de partida de Kantor no teatro é a idéia cênica. Em nenhum momento ele parte da pintura para chegar, por meio de uma pesquisa experimental, à elaboração de uma nova linguagem cênica, mas o contato vivo entre pintores, poetas de vanguarda e comediantes permite-lhe renovar fundamentalmente o método do jogo teatral. Kantor ou: da idéia ao jogo.

Independência, liberdade e, logo, autonomia: outras tantas palavras-chave para definir Cricot 2 e seu animador. Há um outro termo que Kantor não teme empregar: o de vanguarda. Tão logo é pronunciado, suscita reações mitigadas: vanguarda é uma noção vaga, a vanguarda corresponde a uma atitude formalista, as vanguardas estão ultrapassadas, elas estão mortas, o importante não é ser da vanguarda ou trabalhar para o futuro, porém criar aqui e agora... Kantor revaloriza o termo, ele o situa fora de todo estilo definido, arranca-lhe sua aura mística e o fundamento na ética. A vanguarda não se mede pela qualidade do produto acabado, é uma *démarche* indissoluvelmente ligada em Kantor à sua concepção da revolução permanente em matéria artística. À pergunta: "O que quer dizer obrar no sentido da vanguarda?", ele responde: "Ir além da forma já adquirida, não cessar de procurar, renunciar às posições já conquistadas, não se permitir a realização como se diz – de uma suposta plenitude, não cultivar um estilo..."[7]. Eis uma posição que proíbe, a quem a formula, dar lições, transmitir um saber artístico congelado, ler e anunciar um porvir: contrariamente aos pioneiros da vanguarda do começo do século XX, um Craig ou um Appia, Tadeusz Kantor não é um profeta: "Eu não sou um profeta a fixar o porvir do teatro. O futuro é agora, nada mais

---

7. T. Kantor, em "L'objet devient acteur, entretien avec Tadeusz Kantor", por Teresa Krzemien, *Le Théâtre en Pologne*, Varsóvia, 4-5, 1975, p. 37.

me interessa. Em arte só se atinge a Utopia uma vez, mas é esta vez aí que conta"[8].

Contrariamente a tantos homens de teatro de hoje – desde os "maiores" ou os mais adulados – Kantor não "explora" suas "descobertas", ele não tira proveito do prestígio adquirido, ele não aperfeiçoa. A partir do momento em que a obra chega à existência, ela não é para ser aperfeiçoada, ela *é*. Kantor não joga com as formas. Mesmo se lhe acontece ser jogo, a arte é profundamente séria, exige do artista um engajamento vital sem compromisso de nenhuma espécie. A arte é uma aventura permanente que não se pode viver e conduzir sem a aceitação lúcida e a busca deliberada do risco. Jogo, aventura, risco impossíveis sem uma sinceridade absoluta. "O engajamento na arte significa a consciência dos fins e das funções da arte em seu devir"[9].

Fundador e animador do Teatro Cricot 2, Kantor se engaja, portanto, e seu engajamento permanente é um combate.

Suas armas: seus próprios espetáculos e seu poder de deflagração, de pôr em causa, de corrosão; suas tomadas de posição por meio de declarações e manifestos; suas atitudes e seus gestos: o ataque, a provocação, o humor e, por que não, a profanação. Modos de ação que alimentam seu comportamento de artista. Seus adversários: o teatro decadente, o teatro morto, todos os academismos patentes que ele denuncia, mas também os menos evidentes, os que se mascaram sob a maquilagem de aparentes novidades e cujos heróis cansados, *blasés* ou *arrivés*, cuidam de seu conforto em detrimento de toda ambição artística. Nada é pior aos olhos de Kantor que as falsas vanguardas e os que vivem delas (esses devoradores das vanguardas dos anos vinte do século passado que, depois de tê-las mal digerido, reproduzem artificialmente suas *démarches* e imitam suas obras), que todos os pseudos, pseudonaturalistas, pseudoexpressionistas, pseudomodernos etc., todos os surrealizantes, os culturais e os ecléticos, os arrivistas, que conseguem fazer crer na novidade de suas "descobertas" quando na verdade não descobrem jamais senão o já encontrado. Nada é pior do que aqueles que se detêm no caminho porque seu engajamento não é vital, do que aqueles que se congelam nas receitas e nas aplicações, no decorativismo e na esclerose. Olhemos ao nosso redor: Kantor não teme a falta de adversários...

Em Cracóvia, em 1966, Tadeusz Kantor imagina um happening. Seu título: *Linha Divisória*. Uma linha que divide irremediavelmente. De um lado, os que "chegaram lá", bem instalados, assentados, os juízes e os jurados que proferem veredictos, que cuidam de suas linhas e de suas individualidades, a pseudovanguarda, domada e sancionada,

---

8. Declaração de T. Kantor reproduzida no prospecto publicado por ocasião da apresentação de *A Classe Morta*, em Edimburgo, em 1976.

9. T. Kantor, "Notas à Margem", manuscrito inédito comunicado pelo autor.

que explora os mitos e as relíquias de todas as espécies, os xamãs lúgubres, os missionários charlatões prósperos. De outro, o não-cálculo, o não-oficial, os que recusam o prestígio e não receiam o ridículo, aqueles que ARRISCAM de maneira desinteressada e inteira, sem possibilidade de explicar-se e de justificar-se, sem defesa, que tendem para o impossível[10]. É fácil imaginar de que lado Kantor se situa, o do risco e o da revolução permanente.

Ser de vanguarda é, pois, para Kantor, optar pela transformação perpétua, e o presente livro mostra essa transformação através dos espetáculos que ele evoca (de *A Sanguessuga* até *A Classe Morta*) e os ensaios e manifestos que apresenta: "O Teatro Informal", "O Teatro Zero", "O Teatro da Morte" etc... Não tenho a intenção de analisar, nessa introdução aos escritos de Kantor, a natureza e as etapas dessa evolução, nem as criações cênicas que a balizam e a materializam, mas de destacar, ao contrário, alguns princípios mais relevantes fundamentos e constantes.

O Teatro Cricot 2 é, em primeiro lugar, uma certa concepção do teatro, a de um teatro autônomo. Entendamo-nos bem acerca do qualificativo. Autônomo em relação ao sistema da instituição, autônomo com respeito à realidade que nos circunda e que ele se recusa a dar em "reprodução", autônomo em face da literatura da qual em nenhum momento o seu teatro desejaria ser a "tradução" ou a "visualização", quaisquer que sejam os procedimentos utilizados para chegar a esta última. Autônomo enfim na medida em que ele se afirma na especificidade de sua ação, de sua intervenção. Desde a realização de *A Sanguessuga*, Kantor exprime seu desejo: "fazer do teatro o campo de uma ação autônoma [...] torná-lo uma entidade autônoma". Na história do teatro no século XX, esse desejo de autonomia não é absolutamente novo: a revolta contra o naturalismo, copiador de aparências, e a tirania da literatura, homens como Edward Gordon Craig e Aleksander Taírov já a haviam exprimido, mas para chegar a formas de teatro totalmente diferentes. A *démarche* de Kantor é mais radical.

Esse desejo de autonomia é indissociável de uma concepção globalizante do teatro, da idéia de um teatro total. Como se sabe, essa idéia remonta ao século XIX, encontra uma concretização brilhante na *Gesamtkuntswerk* e persegue muitos homens de teatro do século XX, de Appia e Craig a Claudel e Barrault. Mas ela assume em Kantor uma significação particular. A *Gesamtkunstwerk* wagneriana, "a obra de arte conjunta", repousa sobre uma união – senão uma fusão – das artes no interior do espetáculo. E. G. Craig prega uma união dos elementos artísticos (gestos, palavras, linhas, cores, ritmo), enquanto

---

10. Estas últimas linhas são inspiradas diretamente pelo texto de T. Kantor relativo a seu happening *Linha Divisória*.

Appia instaura uma hierarquia entre os diversos componentes do espetáculo: ator – espaço – luz – pintura. Para além dessas diferenças, um elemento fundamental une essas diferentes concepções; a crença na necessária homogeneidade da obra de arte, resultado da atividade criadora do artista, grande ordenador, coordenador e mestre, capaz de impedir que o fortuito se insinue na criação.

Kantor reconhece, ao mesmo tempo, a unidade e a complexidade da obra de arte e desenvolve uma certa idéia do teatro total, mas tanto a unidade quanto a totalidade excluem a seus olhos a homogeneidade. Ele se recusa a estabelecer a menor hierarquia entre os diversos componentes do espetáculo: ator, texto, público e cenografia. Não privilegia nenhum deles. Já em 1957, escreve em seu caderno de notas: "Todos os elementos da expressão cênica, palavra, som, movimento, luz, cor, forma são arrancados uns dos outros, eles se tornam independentes, livres, eles não se explicam mais, eles não mais se ilustram uns aos outros". Em vez da homogeneidade, é, portanto, a heterogeneidade que fundamenta o espetáculo, verdadeira colagem cujos elementos atuam uns em relação aos outros na recusa de todo paralelismo, a afirmação pretendida das tensões que regem suas relações, o desejo, particularmente no tempo do teatro informal, de utilizar o acaso como um fator essencial de criação. Se os espetáculos de Kantor são amiúde fascinantes, essa fascinação não tem nada a ver com o encantamento que a tradicional obra de arte total suscita. Ela é alternadamente projetada, rejeitada e rompida, geradora de um clima de instabilidade. Kantor não deseja "embasbacar", mas os meios de expressão que utiliza são fortes, provocantes, contestadores. Ele joga com o humor e a surpresa. Ele se exprime pelo choque e esse choque é também uma arma no combate que conduz para nos tirar das rotinas nas quais corremos o risco de nos instalar se não tomarmos cuidado.

Em tais condições as relações entre os diversos componentes do espetáculo não têm muito a ver com suas formas tradicionais. Para Kantor, "montar um espetáculo" não é "encenar" uma "obra literária", mas encetar um processo, criar uma realidade cênica, instaurar um jogo. Não se trata para ele de "traduzir" na cena, de "concretizar", de "transcrever" e, ainda menos, de "representar". Não é tampouco questão de "interpretar", de reproduzir, de ilustrar, de explicar ou de atualizar. Kantor não se submete ao texto, ele não o submete tampouco a ele próprio. O texto não é Deus, o Pai, mas não é tampouco simples pretexto. Não se deve negá-lo, mas saber que o objetivo da arte teatral não é, em nenhum momento, o de tornar manifestos partes e elementos de literatura, de materializar o escrito.

Então, o que fazer do texto? Já em 1944, Kantor constata que "ao lado da ação do texto, deve existir a ação da cena. (Que) a ação do texto é algo pronto e acabado". O texto comporta suas próprias tensões internas, é sobre outras tensões entre os elementos do espetáculo e ele que devem basear-se a criação e a realidade cênica em seu devir. O autor mais apresentado por Kantor, St. I. Witkiewicz, recorre, de bom grado, em seus escritos teóricos, ao termo "tensões": a propósito da pintura, ele fala de "tensões direcionais"; falando de teatro, evoca um sistema de "tensões dinâmicas"; Kantor assimila isto e o ultrapassa. Duas idéias fundamentais ajudam a compreender sua posição. A primeira é que o texto existe antes mesmo do espetáculo e de sua preparação, que é "um objeto totalmente pronto" (entendemos a expressão no sentido dadaísta de *ready-made*, objeto pré-fabricado, corpo estranho introduzido na realidade da ação cênica). A segunda, que o texto ou seu autor é na realidade para o criador não em absoluto um amo a servir, porém um "parceiro", não de uma negociação, mas de um *jogo*. Daí a célebre fórmula de Kantor: "*Je ne joue Witkiewicz, je joue avec*. (Eu não jogo [represento] Witkiewicz, eu jogo com [ele]". Tensa partida de cartas, partida de xadrez, da qual ele espera sair vencedor. Kantor não nega a importância do texto, ele não o deforma, mas não o escolhe como ponto de partida. Numa época em que tantos encenadores imaginam libertar-se dele, praticando um teatro do gesto, do silêncio, do ritual ou da improvisação, ele pega o texto e enceta o jogo.

para mim, o texto literário é prodigiosamente importante. Ele constitui uma condensação, uma concentração da realidade, de uma realidade tangível. É uma carga que deve estourar. Não é um suporte para o teatro. Não é nem um aguilhão, nem uma inspiração. É um parceiro.

E Kantor acrescenta, no mesmo encontro com Teresa Krzemien:

[...] Eu sou [...] bem mais fiel ao texto do que qualquer outro, devido ao fato de que eu o trato como uma soma de significações, mas as situações cabe a mim criá-las. Em função da etapa que a minha consciência artística atingiu[11].

Texto-ator, ator-texto. Relações complexas de dois elementos em que cada um está ligado a uma série de outros. Relações que encontram em Kantor uma definição naturalmente inclusa em sua concepção geral do fenômeno, do ato teatral. Quando se aborda o problema do ator hoje em dia, ele é colocado amiúde em termos da encarnação ou da não-encarnação, da identificação e da distância, tomando de empréstimo a Stanislavski e a Brecht seus conceitos, como se fosse admitido de uma vez por todas que o dilema fundamental se situa aí. Kantor não se esquiva dele, mas o seu problema é outro. Desde os

---

11. T. Kantor, em "L'objet devient acteur, entretien avec Tadeusz Kantor", por Teresa Krzemien, op. cit., p. 37.

inícios do Teatro Cricot 2, este exibe a tal ponto a metamorfose do ator que destrói toda possibilidade de ilusão, que devolve o comediante à sua realidade. De fato Kantor tira do ator o "papel", ele lhe recusa o poder e o direito de exprimir, ele o introduz num processo, numa prática, ele o encarrega de intervir. O ator não é mais um imitador, não é mais mestre em ilusão e em psicologia, mas um ser em sua presença imediata e em sua realidade concreta, um viajante vindo a nós. Kantor não gosta da palavra "ator", que conserva bafio de ilusionismo teatral e de interpretação. O ator tradicional interpreta uma ação previamente definida por um texto dramático. Em Kantor, a ação do texto e a ação cênica constituem duas esferas diferentes. O ator é um "jogador" que joga com o texto, se distancia dele, aproxima-se dele, o abandona e o retoma, tira-lhe todo caráter anedótico para revelá-lo em sua abstração concreta. É um jogador que não sublinha a convenção do jogo, mas afirma com força sua realidade de jogador, tal como o saltimbanco ou o *clown* na arena do circo.

Tal concepção implica relações particulares entre Kantor e seus comediantes. Submissão e liberdade ao mesmo tempo. O jogo tem suas regras, mas o jogador conserva seus poderes.

esses atores, eu os conheço, por certo. Seu psiquismo, seu comportamento, seus dons, suas reações. Cada personagem é concebida conforme o caráter do ator. Meu papel em relação ao ator se reduz [ao trabalho de] impor situações que, evidentemente, eu crio. Essas situações determinam o ator deixando-o em liberdade para revelar sua individualidade[12].

E Kantor acrescenta:

O ator que *imita* uma ação se coloca forçosamente *acima* dela. O ator que a executa realmente se coloca em relação a ela em posição de igual. É assim que se modifica a hierarquia fundamental: objeto-ator, ação-ator. O jogo teatral deve decorrer daquilo que se chama a "preexistência do ator". Eu desconfio sempre, até o último ensaio, de uma "programação" completa do ator para o papel. Procuro mantê-lo o mais possível no estado de suas "predisposições" elementares, a criar a esfera dessa "preexistência" livre ainda da ilusão do texto. O ator molda tão pouco o seu papel quanto o cria ou o imita; permanece antes de tudo *ele mesmo* – um *ator* rico dessa esfera fascinante que são as suas próprias predisposições e predestinações. Ele não é nem a réplica fiel, nem a reprodução do papel. Em certos momentos, ele "se empenha" a fundo, de uma maneira inteiramente natural, no seu papel, para abandoná-lo desde que julgue isso necessário, e o dissolver na matéria cênica sempre presente e fluindo livremente. Essa esfera da *liberdade do ator* deve ser profundamente *humana*[13].

Essa presença ativa do ator se insere no processo da prática artística do Cricot 2. Kantor sublinha a individualidade do ator, mas ele

12. Idem, p. 36.
13. T. Kantor, em "Le théâtre autonome de T. Kantor", entrevista de T. Kantor recolhida por K. Miklaszewski, *Le Théâtre en Pologne*, Varsóvia, I, 1973, p. 8.

não nega tampouco, muito ao contrário, a existência e a necessidade da "troupe": a *troupe* do Cricot 2 não é a emanação de regras burocráticas. É um *ensemble*, um conjunto vivo que se recria por assim dizer a cada espetáculo, uma harmonização profunda a tecer entre seus membros uma trama invisível tal que as relações entre atores, entregues ao jogo da atuação, não se situam tanto no plano das situações, das ações e reações, dos estímulos e das respostas, quanto no de uma invisível rede telepática. Nesse quadro a função do ator é considerável, mas Kantor não crê absolutamente na criação coletiva. Contrariamente àqueles que sonham com ela, àqueles que a pregam e se paramentam com sua máscara sem realmente praticá-la, àqueles que mui sinceramente tendem para ela, ele a recusa. Para Kantor, ela não passa de um engodo, sendo a única criação coletiva aquela que se faz muito lentamente através dos séculos, conduzindo à auto-elaboração das cerimônias e dos ritos. Sem dúvida, nossa civilização cria certo número de ritos espetaculares (auto-estradas, tráfego urbano, magazines, televisão etc.), mas o teatro não sai deles, e aqueles que pretendem construir espetáculos-ritos são charlatões.

Kantor não dá mais crédito também à improvisação enquanto modo e processo de criação. Próximo dos dadaístas, acredita nos poderes da "decisão" e do acaso. Esta dupla crença, em nada contraditória, exclui, *a priori*, a desordem da improvisação durante os ensaios, exclusão que não limita os poderes do ator, rica de todas as sugestões concretas que este pode trazer durante o trabalho capital dos ensaios, quase mais importante do que "a obra acabada"; "Marcel Duchamp pensava que não era a obra material que contava, mas a decisão de realizá-la"[14] Kantor afirma:

> Não é a *obra*-produto
> que importa,
> não é seu aspecto
> "eterno" e congelado –
> mas a atividade mesma de criar[15]

Quer dizer que a improvisação está completamente ausente do trabalho de Kantor ou, antes, de seus espetáculos? É no decurso da expansão da matéria cênica que ela surge, quando o jogo teatral se enceta e se desenvolve. Então, por efeito de uma pressão interna, sentindo que lhe compete *intervir*, o ator se apossa de sua parte e pode empreender uma *ação*, com os objetos, por exemplo, como em *A Galinha d'Água*. Mas esta forma de improvisação é totalmente diferente daquela que habitualmente é utilizada no teatro. A *troupe* faz figura de *jazz band*, em

---

14. T. Kantor, em "Tadeusz Kantor, *La Classe morte*", entrevista concedida a Philippe du Vignal, *Art Press International*, n. 6, abril de 1977, p. 24.

15. T. Kantor, "Notas à Margem".

que o ator intervém com seus solos. O Teatro Cricot 2 é um conjunto no qual a comédia possui a autenticidade do *clown* e do *jazzman*.

Desde o início do presente texto, há um termo que retorna regularmente de página em página, o de *realidade*. É que de fato a arte não vive senão de suas relações com a realidade, realidade de sua própria existência, realidade do mundo que ela representa, sacraliza ou tenta transformar, a menos que ela a exclua deliberadamente. Toda obra de Kantor, pintor e homem de teatro, é um diálogo com ela, a expressão – para retomar o título de um de seus textos publicados no programa do espetáculo Les Mignons et les guenons (Os Bonitinhos e os Buchos)* – de uma "Controvérsia entre a realidade e o conceito de representação". Kantor recusa-se a fazer da arte a reprodução ilusionista, a apresentação ou a representação, a explicação ou a expressão de uma realidade prévia, meta da obra de arte tradicional. Ele se apodera da realidade, apreende-a, "anexa-a". Objetos verdadeiros, situações, *entourage* são assim capturados, na verdade presos na armadilha. A obra de arte não é mais um fim. O que conta é a negação da forma e da expressão, a valorização do comportamento, a manipulação e a utilização gratuita e inútil do real. O gesto e o ato.

Kantor sente-se obsedado pelas relações entre a arte e a vida, a arte, a realidade e o objeto:

> O problema da arte é sempre o do objeto. A abstração é a falta do objeto e, no entanto, o objeto existe. Não no quadro, mas fora do quadro. É a razão de ser do quadro abstrato. Na época da Renascença, os retratos de personagens correspondem a essa anexação do objeto ou devem então fazer a réplica absolutamente exata e ilusionista do objeto de tal modo que a réplica pareça mais viva do que o objeto mesmo. Vão ao Louvre, olhem os retratos de Leonardo da Vinci, de Rafael, eles são mais vivos que os turistas que os contemplam. O objeto foi apanhado na armadilha.
>
> [... O objeto] é verdadeiramente, de maneira quase mágica, um 'reproduto', como dizemos hoje, mas de fato não é a palavra. Ele é 'reivindicado', 'captado'. Em nossa época o novo realismo e os happenings fazem a mesma coisa[16].

Mas a anexação da realidade, a "captura" do objeto não constituem o todo da *démarche* artística. Kantor tira do objeto de que se apodera sua significação original, sua função utilitária, seu simbolismo, para reduzi-lo à neutralidade de sua autonomia concreta. Arrancando-o, ele o protege (é aí que reside o significado de suas "Embalagens"), ele afirma sua existência despojada de todos os valores estéticos, mesmo quando *escolhe* de preferência objetos de um grau inferior. A d*émarche* de Kantor vai ter com a de Marcel Duchamp: lembremo-nos da *Fontaine-urinoir* (Fonte-mictório) de 1917, o produto manufaturado escolhido e totalmente desviado de sua

---

* Na falta de uma tradução consagrada do nome desta peça, optou-se por esta (N. da E.).

16. T. Kantor, em D. Bablet, "Entretien avec Tadeusz Kantor", op. cit., 59.

significação primitiva, lembremo-nos dos *ready-made*. No Teatro Cricot 2, o texto é um *ready-made*, o objeto torna-se um *ready-made*. Despojado de toda expressividade original, ele pode entrar no jogo das tensões dinâmicas e tornar-se o objeto das manipulações do ator. Processo de desmaterialização e de reinserção no concreto.

No happening, o objeto penetra a esfera da arte e retorna para a vida.

> O happening, para mim, é a arte no *milieu*, no meio da sociedade. Se um objeto está pintado sobre uma tela, isto não é perigoso, são as condições da tela, da ilusão, mas se o mesmo objeto está em nosso meio, se nós o fazemos gratuitamente penetrar entre nós, na rua ou numa sala, então tocamos no happening, é a arte que ultrapassa o quadro da arte, nós atingimos a fronteira entre a vida e a arte[17].

Kantor nunca aceitou que no teatro penetrasse o "acessório", esse falso objeto que provém das farsas e das esparrelas. Após *A Galinha d'Água*, o objeto autêntico vê seu papel aumentar e sua função diversificar-se. Desde os inícios do Teatro Cricot 2, Kantor se esforçou em nivelar os diversos elementos cênicos, afirmar sua igualdade, condições de tensões que registram suas relações dinâmicas. Em um teatro em que cada elemento é o parceiro do outro, é natural que o objeto seja um parceiro do ator e até um adversário a enfrentar, e mais ainda: "no momento em que o homem anexa o objeto, o objeto torna-se ator"[18].

Tais são as grandes orientações da *démarche* kantoriana, os principais elementos dos espetáculos do Cricot 2. No entanto há um do qual nós não falamos: o próprio Kantor. Em *A Galinha d'Água*, em *Os Bonitinhos e os Buchos* e em *A Classe Morta*, ele está lá, presente, na área do jogo da atuação, com o olho vivo, alternadamente inquieto, feliz, agressivo e às vezes distante. Dirige ele verdadeiramente o *ensemble* do Cricot 2? O que significa, pois, a sua presença? Várias coisas, sem dúvida.

Kantor recusa o ilusionismo. Sua presença cênica, no meio dos atores, é um indiscutível fator de destruição da ilusão. Ela perturba o espectador, ela lhe propõe questões, ela o impede de deixar-se levar às miragens de um alhures possível. De outra parte, Kantor desempenha em parte o papel de um chefe de orquestra, como um chefe de orquestra *ready-made*. Ele não dirige em absoluto o espetáculo, ele segue aqui os crescendos e, lá, os diminuendos, ele imprime impulsos nos momentos necessários. Seus espetáculos não são conservas culturais que são abertas a cada noite, eles foram longamente preparados, mas a partir do momento em que são dados em público, cada noite, eles são *jogados* no sentido profundo da palavra: como se diz "jogar sua vida", como se joga uma partida de xadrez que se pode ganhar

---

17. Idem, ibidem.
18. T. Kantor, em "L'objet devient acteur", op. cit., p. 36.

ou perder. É preciso manter a tensão... É preciso que a cada noite a realidade cênica se desenvolva em seu devir vivente.

Pode-se também emitir uma hipótese. Kantor a aceitaria ou não, pouco importa, por mais que seus fundamentos pareçam justificá-la. Acaba por recusar "a obra da criação" ou, antes, a constatar que ela não pode mais entrar no conteúdo de sua atividade artística, nem testemunhar a respeito de sua natureza. Do mesmo modo, de há muito ele combate o "prestígio artístico", esse prestígio elitizador que é visado por todos os artistas ou pretensos que tentam adquirir, por todos os meios, a auréola do criador que os distinguirá no meio da multidão anônima. Essa auréola Kantor a recusa, recusa que se inscreve perfeitamente na sua estética da destruição, da negação. Então, ele que se engaja no risco, ele que trabalha no e para o impossível, por que permaneceria ele o "criador" misteriosamente oculto atrás de seu espetáculo, ao passo que todos os outros elementos são jogados como pasto ao público e que os espectadores, eles próprios parte do espetáculo, estão igualmente presentes? Exibicionismo? Não. Kantor também está lá. Como os outros, ele é um dos elementos, dos materiais do espetáculo. Vocês podem vê-lo: é ele e não é senão ele; é também sua parte que se joga esta noite.

Uma parte jogada, mas onde e para quem? Bem antes de seu compatriota J. Grotovski, bem antes do Théâtre du Soleil e de Ronconi, Kantor deixou os teatros. Em 1942, por necessidade e por escolha; em 1956, por escolha deliberada. *Démarche* de homem de teatro, mas amplamente *démarche* de artista que recusa os lugares tradicionalmente reservados à cultura, à sua contemplação, a seu consumo mercantil, todos "esses asilos esterilizados da realidade", destinados à percepção das ficções e das ilusões. Credo de Kantor expresso em 1973:

> os sistemas [...] propostos pela arte de hoje
> ultrapassam o quadro
> das instituições
> e dos asilos da cultura
> dos quais, aliás, eles não têm mais necessidade.
> Reclamando o título
> de manifestação da vida,
> tendo à sua disposição
> *a realidade inteira*
> eles devem situar-se
> nessa realidade mesma
> e aí escolher seu ponto de partida[19].

Apartamentos para o teatro clandestino durante a guerra, porão da galeria Krzystofory em Cracóvia desde a fundação de Cricot 2 e tantos outros locais fora do teatro, de Londres e Edimburgo até Nancy e Paris.

---

19. T. Kantor, "Notas à Margem".

Esquecidas as fileiras bem alinhadas de poltronas vermelhas e douradas, Kantor dispõe suas cenografias estouradas nos espaços que as acolhem, e as instalações que ele prevê não são destinadas à "contemplação". "Toma-se inteira responsabilidade entrando no teatro", afirma ele já em 1944 – o que significa que a gente não é espectador, que se torna quando penetra no local do devir cênico, que a gente não deve então contentar-se em olhar e perceber, mas deve engajar-se a fundo.

O teatro clandestino de Tadeusz Kantor podia parecer "experimental". De fato, o qualificativo quase não convém à atividade de Kantor, que não é um pesquisador de laboratório, nem tampouco um partidário da arte pela arte. Ele o sabe: não há teatro sem espectador. Dito isso, qual pode ser a natureza das relações entre o público e a ação cênica? Há transmissão deliberada de uma *informação*? Prática de uma *comunicação*? É preciso criar o espetáculo diretamente *para* o espectador? A resposta de Kantor é complexa e nuançada:

> A percepção (da obra) é uma conseqüência completamente racional. Creio que não se pode conceber o teatro especialmente para o espectador. Creio que se deve fazer o teatro, e que o espectador é alguma coisa pura e simplesmente natural. O criador deve engajar-se pessoalmente, a fundo. O espectador também. Se, quando se trabalha no teatro, a gente pensar primeiro: "Há o texto: o que farei com o texto para *informar* o espectador?", comete-se um erro grosseiro: imediatamente começam todas as operações que procedem para mim do trabalho acadêmico: a "aplicação", a "reprodução do texto", a "interpretação". Creio que a *comunicação*, pois se trata de comunicação, notadamente entre texto e espectador, é uma conseqüência absoluta da obra de arte. Não se pode criar uma obra de arte que seja absolutamente isolada. A obra de arte possui em si uma força de expansão da obra, é o meio, para ela, de assegurar para si a conquista de um público que não vem nem para consumir, nem para deleitar-se, porém, em certa medida, e sob certa forma, para "participar".

Há muito tempo que Kantor não crê mais realmente na participação física do público, mesmo se lhe aconteceu, em *Les Mignons et les guenons*, incorporar os espectadores no espetáculo sob a forma de Mandelbaums. De fato, Kantor tira do espectador sua condição tradicional de espectador bem comportado. Ele pode colocá-lo em situações bastante perturbadoras, incômodas, embaraçosas, inaceitáveis, ele pode humilhá-lo e até ultrajá-lo, mas ele inverte também essas situações por meio do humor. A participação nasce, por conseguinte, de um clima de instabilidade, ela é mental muito mais do que física, e portanto mais sutil, ela não é necessariamente imediata e assume forma de uma sensibilização ao devir cênico que se prolonga além do próprio espetáculo.

Última etapa da concepção kantoriana dessa participação mental: o espectador é um *supporter*, um "torcedor".

> O *supporter* não é um verdadeiro espectador,
> é um jogador em potência[20].

---

20. T. Kantor, no programa do espetáculo *Les Mignons et les guenons*, Paris, Théâtre National de Chaillot, 1974.

Último espetáculo de Tadeusz Kantor: *A Classe Morta*. No plano de fundo, uma presença, um universo, o de Bruno Schulz. "Os Manequins", "O Tratado dos Manequins". Ouçam antes:

> Figuras do Museu Grévin, minhas caras senhoritas – começou ele – manequins de feira, sim; mas mesmo sob esta forma, cuidem-se para não tratá-los com ligeireza. A matéria não é agradável. Ela está sempre cheia de uma seriedade trágica. [...] Vocês compreendem o poder da expressão, da forma da aparência, a arbitrariedade tirânica com que se atiram sobre um tronco sem defesa e o dominam como se se tornassem sua alma, uma alma autoritária e altiva? Vocês dão a uma cabeça qualquer de pano e de estopa uma expressão de cólera e vocês a deixam encerrada em uma maldade cega que não pode encontrar saída. A multidão ri dessa paródia. [...]
> A multidão ri. Vocês compreendem o horrível sadismo desse riso, sua crueldade viva, demiúrgica! Valeria mais chorar sobre vocês mesmas, minhas queridas senhoritas, diante da sorte da matéria violentada, vítima de um tão terrível abuso de poder. Daí deriva a tristeza pavorosa de todos os *golems* bufões, de todos os manequins perdidos em uma meditação trágica sobre suas ridículas caretas[21].

Velhos bancos desgastados, um monte de livros ressecados que se desfazem em poeira, um W.C... Sobre os bancos, velhos cujos olhares, depois os gestos de autômatos, somente podem dizer que ainda estão com vida. Um dedo se ergue, seguem-se dois, depois três, depois toda uma floresta... Lembrança de um passado. Velhos, e logo seus duplos, os manequins das crianças que eles foram, imagens da morte, presença da matéria... Valsa da recordação, diálogo entre a vida e a morte. Olhem bem todos vocês: a Mulher-do-Berço-Mecânico, a Prostituta-Sonâmbula, a Mulher-na-Janela, o Velho-no-Velocípede-de-Criança, o Peão-no-mais-do-que-Perfeito, o Velho-das-Toaletes e o Repetente-Colador-de-Avisos, ei-los os velhos de *A Classe Morta* e a imagem de suas infâncias. Esses velhos, não somos nós, não seremos nós? Seres humanos, manequins, que são os mais concretos, os mais reais, os mais vivos? Poderes da fascinação. Mas uma outra personagem se encontra lá, em atividade incessante: a Mulher-da-Limpeza que, com suas vassouras, vassourinhas e espanadores, com suas pás e baldes, tudo limpa, objetos e personagens. Exatidão, pontualidade, uma máquina humana para um ritual da morte.

Toda a obra de Kantor é bem um diálogo com a realidade, mas, através da realidade degradada, já é uma aproximação da morte. *A Classe Morta* não é nada mais senão um encontro com ela. No plano da arte, no plano da vida. Mas a arte não poderia ser senão vital. *A Classe Morta* não é trágica. Na tensão entre o grotesco e a ternura, ela "traduz a aspiração a uma vida plena e total que abrange o passado, o presente e o futuro". Mas ela marca um momento decisivo na evolução artística: aquele em que o manequim já utilizado em *Santa Joana*,

---

21. B. Schulz, "Fin du traité des mannequins", em *Traité des mannequins*, Paris, Julliard, Les Lettres Nouvelles, 15, 1961, p. 79-80.

em *A Galinha d'Água* e em *Os Sapateiros*, "objeto vazio" e "mensagem de morte", torna-se modelo para o ator vivente. Um modelo, mas de modo algum um substituto. Aquele em que Tadeusz Kantor descobre que somente a ausência de vida permite exprimir a vida. Aquele, enfim, em que ele imagina, instante revolucionário entre todos, o aparecimento do ator:

> *Em face* daqueles que permaneceram deste lado aqui, um *homem* se levantou *exatamente* semelhante a cada um deles e, no entanto (em virtude de alguma "operação" misteriosa e admirável) infinitamente *longínquo*, terrivelmente *estranho*, como que habitado pela morte, cortado deles por uma *barreira* que por ser invisível não parecia menos medonha e inconcebível, tal que o seu sentido verdadeiro e seu *horror* não nos podem ser revelados a não ser pelo *sonho*.
>
> Assim que, na luz ofuscante de um relâmpago, eles perceberam de súbito a *Imagem do homem*, gritante, tragicamente clownesca, como se eles o vissem pela *primeira vez*, como se acabassem de ver a si mesmos.

Palavras extraídas do "Teatro da Morte": um manifesto. *A Classe Morta*: um espetáculo. Num e noutro um duplo face a face: de um lado Kantor e nós. De outro a Morte e o ator.

Esse ator, diz Kantor, "eu o vejo antes como um rebelde, um objetante, um herético, livre e trágico, por ter ousado permanecer só com sua sorte e seu destino". Esse rebelde é unicamente o ator? Não seria também Kantor ou o modelo que ele teria dado a si mesmo, não hesitando em mergulhar na metafísica do concreto para afirmar a realidade do teatro?...

D. Bablet
(*Tradução de J. Guinsburg*)

1. O Teatro Independente (1942-1944)

1. CREDO

Não se olha uma peça de teatro como um quadro,
pelas emoções estéticas que ela proporciona,
mas a gente a vê concretamente.
Eu não tenho cânones estéticos,
não me sinto ligado a nenhuma época do passado,
elas me são desconhecidas e não me interessam.
Sinto-me apenas profundamente engajado em relação
à época em que vivo e às pessoas que vivem ao meu lado.
Creio que um todo pode conter lado a lado barbárie e sutileza,
tragicidade e riso grosseiro, que um todo nasce de contrastes
e que quanto mais esses contrastes são importantes,
mais esse todo é palpável,
concreto,
vivo.

2. LÁ ONDE O DRAMA SE CRIA

Não é senão um lugar e um momento em que nós não esperamos que possa *passar-se* uma coisa na qual creríamos sem reservas. Daí porque o teatro, enquanto domínio tornado indiferente e neutralizado por práticas seculares, é o lugar menos propício para a *realização* do drama.

O teatro em sua forma atual é uma criação artificial, de uma pretensão insuportável.
Vejo-me diante de um edifício de inutilidade pública, preso à realidade viva como um balão inflado.
Antes de eu chegar, ele é vazio e mudo. Depois da minha chegada, ele simula com dificuldade sua utilidade. Daí por que eu me sinto sempre pouco à vontade em uma poltrona de teatro.

3. AÇÃO

Ao lado da ação do texto deve existir a "ação da cena".
A ação do texto é qualquer coisa de pronto e de acabado.
Ao contato da cena sua linha começa a seguir direções imprevistas.
Eis por que eu não sei nunca nada de preciso sobre o epílogo,
a coluna sustenta a arquitrave
o rochedo verde através do qual se esconderá um mastro solitário
uma ponta de sebe sob a qual estará Ulisses,
o arco junto ao qual estará Penélope.
Tudo foi aprestado, pois tudo já existia antes no drama.
Em um instante os atores vão entrar em cena
Em conseqüência o drama se faz reminiscência.

4. O PAPEL EMBOTANTE DO TEATRO

Tudo é responsável por isso. Quer as poltronas voltadas na mesma direção, quer o palco mascarado com presteza por uma cortina que se abre pontualmente para a ritual "basbaquice" dos fiéis.
O hábito torna-se um tique nervoso.
Ele embota a sensibilidade.
Poder criar um teatro que teria um poder *de ação* primitivo, desconcertante!

5. CONCRETISMO

Criar uma atmosfera e circunstâncias tais que a realidade ilusória do drama aí encontre seu lugar,
para que ela se torne possível:
concreta
para que Ulisses, em seu retorno, não se mova na dimensão
da ilusão, mas nas dimensões de nossa realidade, em meio
a objetos reais, quer dizer, que têm para nós, hoje em dia,
certa utilidade definida, que ele viva em meio a pessoas reais,
quer dizer, que estão ao nosso lado no "público".
É tarde da noite. Encontro-me numa sala que poderia ser
uma sala de espera ou um albergue noturno. Tudo em redor, bancos,

neles descansam pessoas de rosto aparvalhado; esperam um trem ou o amanhecer.
Eles poderiam de igual modo esperar Ulisses, que volta.
Em um canto, perto de uma mesa, um candeeiro velado. Sobre a mesa, um grupo de pessoas debruçadas, dispostas ao acaso, desordenadamente.
Talvez estejam jogando cartas.
Ou talvez estejam debruçados sobre o cadáver do Pastor assassinado por Telêmaco.

6. A EXTERIORIDADE OU O REALISMO EXTERIOR

Tratamento agudo da *superfície* dos fenômenos: a gente não a menospreza, mas, ao contrário, detém-se nela, e unicamente sobre ela, sem pretender realizar interpretações e comentários internos ulteriores.
Será uma visão "de fora", um realismo quase cínico, que se abstém de toda análise ou explicação, um novo realismo que eu qualificaria de exterior.
Ulisses está sentado no meio do palco sobre uma cadeira alta – a essência do fenômeno é o fato de que ele está sentado, o estado físico com sua *expressão própria*.
O próprio movimento de estar sentado, sua precisão, sua acentuação, a importância que lhe dão, não constitui o valor essencial, o mais verídico, por ser exterior (exterior não é "platitude").
Os acontecimentos e os fenômenos puros são "eternos". Eumeu não é assassinado, porém *tomba*. A silhueta de um homem que cai, vista de longe, produz uma impressão mais forte do que um semblante torcido pela dor.

7. NOTAS À MARGEM DOS ENSAIOS DO *RETORNO DE ULISSES*

Nos ensaios cria-se às vezes uma atmosfera na qual o que se passa no palco (criação artificial) torna-se realidade, como nossa existência atual, malgrado o fato de que pareceria que tudo concorre, por seu aspecto provisório, para criar uma distância. Mais tarde, no momento da utilização de toda a maquinaria "das estréias", depois que acessórios "verdadeiros" tenham substituído os provisórios, que tenham sido aplicadas todas as falsas lantejoulas dos cenários e dos costumes e prudentemente separado a ação do espectador, então, irremediavelmente e sem retorno, alguma coisa se esvaece.
... Um cômodo estreito, com móveis velhos encostados nas paredes, os que vieram ouvir se instalaram cada um lá onde podia, um refletor tira da penumbra uma ponta de assoalho amarelo, uma parte dos atores instalou-se sobre pacotes, as pernas de um pendem do alto, um

outro se estendeu sobre o assoalho, Ulisses está sentado sobre um tamborete, ao seu lado encontra-se o Pastor, eles falam entre si, os outros atores escutam, observam. O Pastor erra em seu papel, recomeça, os outros fazem reparos e em seguida Ulisses mata o Pastor, ele o faz mal e recomeça.

O texto torna-se palpável; tenho quase a sensação de que ele me toca de muito perto. E quando Ulisses diz: "Eu sou Ulisses, estou voltando de Tróia", eu creio nele, embora *tenha apenas um farrapo jogado sobre o dorso*.

(Fazer durar o peso específico do instante *sem apagar* os reais fortuitos da vida, incorporando a *realidade fictícia* na *realidade da vida*.)

8. A ILUSÃO E A REALIDADE CONCRETA

O drama é realidade. Tudo o que se passa no drama é verdadeiro e sério.

O TEATRO, a partir do momento em que o drama se realiza em cena, faz tudo para dar apenas a ilusão dessa realidade verdadeira: cortina, bastidores, cenários de todos os gêneros: "topográficos", "geográficos", históricos, simbólicos, explicativos, em todo caso capazes somente de uma reprodução secundária, seguida de costumes a fabricar toda uma série de heróis, tudo isso contribui perfeitamente para que o espectador considere a peça de teatro como um *espetáculo* que se pode *contemplar* sem conseqüências morais.

Retira-se dele certa quantidade de emoções estéticas, de experiências vividas, de emoções e reflexões morais, mas tudo isso na posição confortável de um espectador objetivo, com o sentimento de sua própria segurança e a eventualidade de exprimir seu "desinteresse" no caso em que venha sentir-se muito ameaçado.

A gente não *contempla* uma peça de teatro!

A gente assume inteira responsabilidade ao entrar no teatro.

A gente não pode se retirar. Esperam-nos aí peripécias das quais não podemos escapar.

O teatro não deve dar a ilusão da realidade contida no drama. Essa realidade do drama deve tornar-se uma realidade na cena. Não se pode retocar a "matéria cênica" (denomino matéria cênica a cena e sua fascinante atmosfera ainda não preenchida da ilusão do drama, seguida da disponibilidade potencial do ator que possui em si as possibilidades de todos os papéis possíveis), não se pode envernizá-la pela ilusão, cumpre mostrar a rudeza, a austeridade, seu confronto com uma realidade nova: o drama.

O objetivo disso é a criação no palco não da ilusão (afastada, sem perigo), mas de uma realidade tão concreta quanto a sala.

O drama em cena não deve "*passar-se*", mas "*devir*", *desenvolver-se* sob os olhos do espectador.

O drama é um devir.
É preciso criar a impressão de que o desenvolvimento dos eventos é espontâneo e imprevisível.
O espectador não pode sentir detrás de tudo isso uma maquinação e uma elaboração prévias.
Evitar, portanto, os momentos que produziriam essa impressão, e sublinhar, e mesmo acrescentar, momentos que poriam em evidência o *desenvolvimento* espontâneo do drama.
Esse *"devir"* do drama não pode ficar escondido atrás dos bastidores.
Não se pode permitir nenhuma portinhola, nenhuma saída lateral pela qual o drama poderia partir para a esfera "secreta" do alarma e da maquinaria dos bastidores.
A realidade da sala está ligada ao processo do devir do drama e vice-versa.
Antes de compor a cena, é preciso compor a sala.
Será a encenação da sala.

9. O JOGO DOS ATORES

Os atores não se engajam emocionalmente. No curso da primeira fase de sua existência, eles pertencem quase à *realidade da sala*.
Falando simplesmente, eles são quase espectadores.
A partir desse ponto, desenvolvem-se sua independência
                    sua particularidade
                    sua diferença,
e, lentamente, eles atingem um grau mais ou menos grande de *ilusão* das personagens cênicas, permanecendo, no entanto, ao mesmo tempo, apenas formas construídas, atuando pelo *movimento* e pela *voz*.
O corpo do ator e seu movimento devem *justificar* cada superfície, cada forma e cada linha da estrutura da cena. Um movimento verte-se no seguinte, passa de uma personagem a outra. Dessa maneira, forma-se a composição abstrata do movimento.
Não há que temer a *monotonia* e o *automatismo* do jogo, enquanto oposição à expressão e à espontaneidade.
Fugir, como a peste, da expressão paralela das formas (movimento, som, palavra, forma), que não é senão uma ilustração banal, naturalista.
Se o *contraste* possui um poder de ação, ele é sempre justificado, mesmo se está em contradição com o senso comum.

10. DEFORMAÇÃO DA AÇÃO

A deformação plástica é uma hipertrofia de certas partes da forma, que adquire assim dinâmica e movimento.

No teatro, sua equivalência será a hipertrofia da ação, realizando-se, no tempo, por uma desaceleração ou uma aceleração do ritmo, na

esfera psicológica, por exemplo, pela importância desusada concedida aos momentos insignificantes, pela "notação" pedante de cada movimento, de cada pensamento ou reflexão, pelo estiramento das ações em curso até o *tédio* e a *lassidão*.

11. O *CRESCIMENTO* E O *REFORÇO* DA ILUSÃO e da autenticidade devem ser alcançados por meio da gradação: desde a acentuação, o provisório, os tateamentos "à distância" – passando por diferentes etapas – até uma metamorfose completa e um engajamento inteiro, quer dizer: até a *ilusão total*.

12. ILUSÃO E REALIDADE

Afora os objetos utilitários, podem igualmente formar um contraste com a realidade ilusória: homens, por exemplo, maquinistas, ou personagens quaisquer, indiferentes, passando a caminho de metas desconhecidas, da mesma maneira que, no sonho, existem personagens *estranhas*, que não têm nenhuma relação com os acontecimentos, que passam para os planos de fundo do sonho, com um sorriso mudo de significação desconhecida.

13. COMUNICAÇÃO INTERIOR DO ESPECTADOR
    COM A CENA

Embora Ulisses entre ao mesmo tempo que o Pastor, eu *não* "vejo" Ulisses. Os espectadores não sabem e não podem saber que é este homem.

Como *forma cênica*, ele é uma *massa disforme, irregular*, literalmente não se sabe o que é "esta coisa". Virado de costas, curvado.

E, em seguida, o momento em que ele se volta, em que mostra seu rosto humano, deve ser um momento desconcertante. Ulisses é reconhecido pelo Pastor e, ao mesmo tempo – e somente então –, deve ser reconhecido pelos espectadores.

É a isto que eu denomino o liame do espectador com a cena.

Segunda Versão

Embora, segundo o texto, Ulisses entre ao mesmo tempo em que o Pastor, eu não "vejo" Ulisses. No momento, ele é um vagabundo

◄ Balladyna *de J. Slowaki, Théâtre indépendant, Cracóvia, 1942. O mundo sobrenatural do romantismo (a ninfa e dois elfos) modificado em formas abstratas. A forma imóvel de um fantasma e duas formas móveis dos elfos. Foto: J. Stoklosa.*

desconhecido. Será reconhecido somente mais tarde. É por isso que Ulisses não entra em cena. Desde o início, ele aí se encontra, como *massa disforme*, irregular – literalmente: não se sabe o que é "*esta coisa*". Virado de costas, curvado, "ligado" a outros objetos. E em seguida, o momento em que ele se volta, em que mostra seu rosto, deve ser um momento desconcertante. Ulisses é reconhecido pelo Pastor, e, ao mesmo tempo somente então – é reconhecido pelo público.

É isso que eu chamo comunicação do espectador e da cena.

14. AS DUAS REALIDADES

Ulisses é um homem de hoje, nervoso, complexado, com uma psicanálise, com movimentos "de hoje" (procurar gestos, poses e movimentos provenientes das condições atuais da vida, ainda que sejam apenas vestimentas, móveis, instalações etc...) – o resto é a antiguidade tal como nós a imaginamos. Esse resto é a ilusão.

15. ABSTRAÇÃO, ESTILIZAÇÃO, NATURALISMO

No teatro, o naturalismo é artificial e ridículo. Uma árvore naturalista, na cena, nos choca por sua ingenuidade e bobagem. De outra parte, as formas abstratas, aplicadas à construção de um objeto, não passam, sempre, de uma estilização falsa.

Somente as *formas puramente abstratas*, existentes por si mesmas, terão sua própria existência: uma existência *concreta*.

Cada qual as aceitará *sem maiores pesquisas*, da mesma maneira, aliás, que o naturalismo. Entretanto, tanto quanto na cena o naturalismo é estranho e ingênuo, a abstração está soldada à cena.

A imagem naturalista e sua contemplação constituem sério obstáculo para a percepção da obra arte. Nós o compreendemos ao tomar consciência de que as formas naturalistas, objetivas (um castelo, uma floresta, uma poltrona) são captadas pelo mecanismo do cérebro, enquanto que as formas abstratas, não nos lembrando de nada, agem direta e perfeitamente, pois elas nos atingem em nosso subconsciente: isso significa que o espectador as sente em vez de distingui-las e de analisá-las objetivamente.

É por essa razão igualmente que as formas abstratas são capazes de exprimir estados psíquicos; uma é calma, concentrada, isolada, outras são berrantes, dispersas, uma evitando a outra, ou atraindo-se; fugas, escaladas, quedas, esperas, consecuções, fricções, e avisos de precaução têm assim chances de se exteriorizarem.

Nesse sistema, o objeto e o homem atraem sobre si *toda a atenção*.

O olho e o ouvido se concentrarão intensamente aí, ao passo que a esfera das formas abstratas penetrará no subconsciente.

A imagem abstrata (a cena) não é um ornamento, é um mundo fechado, existente por si e onde nascem a vida, a dinâmica, as tensões, as energias, as relações.
Relações de vozes,
de formas, de cores.
(Vermelho dos pretendentes, preto de Ulisses, branco de Penélope.)
Formas embaraçadas dos pretendentes, forma austera de Ulisses.
Forma doce, delicada de Penélope.
Vozes gritantes, sopranos agudos, vozes inquietas dos pretendentes – baixo comedido e possante de Ulisses.
Assim como as formas visuais do mesmo modo se comportam as formas sonoras – umas formam grandes massas imóveis, outras são miúdas, móveis, agitadas.

16. OS PRETENSOS CENÁRIOS

Se renunciamos aos cenários tradicionais, não é por razões formais, há razões mais importantes.
Em seu lugar virão *formas* que exprimirão
a *constituição da ação,*
seu curso, sua dinâmica, seus conflitos,
seu crescimento, seu desenvolvimento,
seus pontos culminantes,
que criarão *tensões,*
que engajarão o ator, que terão contatos dramáticos com ele.
... a escada não leva a parte alguma...
é uma forma *de subida e de queda*
mas antes de tudo é presente.
Os atores arrancam-se dele, desempenham seu papel
e retornam a ele de novo.

17. *PÁTHOS*
(observação à margem do *Retorno de Ulisses*)

Quando os acontecimentos corriqueiros tornam-se símbolos, eles estão, inevitavelmente, condenados ao *páthos* (ainda que esta não seja a única maneira de tornar a realidade patética).

O *páthos* é um maneirismo insuportável. Wyspianski não se contenta em tornar o tema simbólico e patético. Ele "patetiza" igualmente a forma que exprime esse assunto (Ulisses e Telêmaco falam entre si numa linguagem solene).

Se um encenador, que não tem senso de humor, acrescenta a essas duas eventualidades uma terceira, tratada da mesma maneira (a voz e a entonação) e em seguida uma quarta (o movimento e a mímica) e ainda: a forma plástica do costume e do ambiente; e uma

sexta (esta estupidez pode prolongar-se ao infinito): a forma musical – o todo, evidentemente, recheado de *páthos*, nós o teremos seguramente
um fastio total sobre coturnos.

18. *O RETORNO DE ULISSES* – I

Durante muito tempo, fiquei me perguntado se o Ulisses de Wyspianski não era secretamente um canalha.

Pois qual é o balanço definitivo de seus atos, quando se lhes retira todos esses momentos psicológicos que explicam seus atos, afogando-os nas brumas da mística, apagando seu valor real?

A guerra de Tróia foi, de parte dos gregos, uma agressão evidente.

Santificadas por *slogans* rituais imaginários, as ações "heróicas" de Ulisses não são menos homicídios vulgares.

E quando se rejeita o problema da predestinação, o retorno de Ulisses torna-se simplesmente um reide de assaltante: Ulisses volta com corsários para queimar, pilhar sua casa natal, e assassinar seu próprio pai. Nós podemos ainda nos explicar o fato de que Ulisses passe a fio de espada os pretendentes de sua mulher; mas a premeditação do assassinato de seu pai sem razões evidentes, se não que ele é impelido por uma força fatal – a predestinação, ou a maldição que pesa sobre ele – não me convence.

Desmascarar o herói mitológico é algo que me atrai muito.

19. *O RETORNO DE ULISSES* – II   1944

Houve muitos deles. Retornos pouco gloriosos de sob as muralhas de Tróia. Eles estão marcados pelo rasto da desgraça dos homens e dos crimes desumanos, cometidos em nome de *slogans* rituais de selvagens.

Retornos, cobertos de farrapos de falsos estandartes.

Retornos – fugas diante da justiça.

A barca de Caronte passa ao lado de Ulisses perdido na noite do epílogo.

O epílogo não é um epílogo.

Ulisses penetra nas profundezas da história. Ele se torna um de seus atores trágicos.

O caráter atual do *Retorno de Ulisses* se reforçava dia a dia. Era em pleno período da retirada alemã.

No dia da estréia, os jornais trouxeram as primeiras notícias da invasão dos Aliados.

Tornava-se necessário pôr de lado o esteticismo, a composição ornamental, a abstração. Em um espaço definido pelas dimensões

ideais da arte – penetra brutalmente o "objeto" tomado da realidade que assediava por todos os lados.
Levar a obra teatral a esse ponto de tensão, em que um só passo separa o drama da vida, o ator do espectador!

20. *O RETORNO DE ULISSES* – III

Ulisses deve voltar *de verdade*.
Seria desonesto criar, para este fim, uma falsa ilusão de Ítaca. Tudo ao seu redor deve ser grande, deve ser dito seriamente, sem nada esconder. Seria pusilânime arranjar, para a grande tragédia de Ulisses, colunas de papel e um mar de trapos. Eu quero colocar os atores sobre simples pacotes, escadas e cadeiras – tirar-lhes, nos momentos oportunos, seus costumes – renunciar aos valores estéticos – introduzir a *acidentalidade*, e mesmo a *desordem* – para que o retorno seja o mais concreto possível. A volta de Ulisses se dá no palco, em *cena* – e nela, cria-se, com muita dificuldade, uma *ilusão* de Ítaca.

É preciso, de uma vez por todas, romper, no teatro, com a estetização. O teatro é um lugar onde as leis da arte se defrontam com o caráter acidental da vida, e conflitos muito importantes daí resultam.

21. RESUMO

Essas duas encenações (*Balladyna*, *O Retorno de Ulisses*) são orientadas numa direção definida. A linha que passa por elas conduz mais longe.
Uma obra teatral é construída *em torno de uma só forma. Sua descoberta torna-se uma revelação.*
Talvez ela seja apenas a idéia mesma ou a chave para decifrar o drama. Por sua carga interior, ela *faz estourar* todo o drama, mostrando suas entranhas vivas, palpitantes, todas as fibras e os nervos. Ela atrai todas as outras formas de composição.
Sua justeza se verifica no momento em que cada situação encontra nela sua explicação. É em relação a ela que se dispõem e são comentadas as outras formas cênicas.

Em cada obra dramática *palpitam formas teatrais*, é preciso apenas senti-las e exprimi-las.
A disposição das formas é ordenada pelas leis do contraste e do conflito. E são precisamente os contrastes, somente eles, incapazes, em princípio, de uma coexistência pacífica, ligados entre si pela força, são somente eles que poderão criar um novo valor: o *conjunto*, indispensável para que uma obra de arte tome corpo.

No teatro, essa unidade se obtém pelo manejo dos contrastes entre os diversos elementos cênicos; movimento e som, forma visual e movimento, espaço e voz; palavra e movimento das formas etc...
É na esfera semântica que os contrastes devem ser os mais agudos, os mais inesperados e os mais chocantes, eles devem conduzir ao encontro de duas realidade ou objetos distantes, que se excluem mutuamente.
Certa realidade tomará corpo quando for colocada, ao lado dela – ou quando a circundar –, uma segunda realidade, de uma dimensão inteiramente diversa e de outra origem. Não é obrigatório, nem mesmo desejável que os contrastes se produzam em uma única esfera e nas mesmas categorias. Podemos fazer contrastar um quadrado com um círculo, mas também com uma linha sinuosa do movimento e da voz.
Criar "formas cênicas" é sinônimo de "mostrar" uma obra dramática.
   A cena do "julgamento", em *Balladyna*, está cheia até a borda de homens, até o último momento.
   Não obstante, o ritmo interior dessa cena indica que essas pessoas são cada vez menos numerosas. Como uma gradação para baixo, para o essencialmente trágico da heroína do drama.
   Entre a encenação de *Balladyna* e a realização do *Retorno de Ulisses,* há uma diferença fundamental, que provém do desenvolvimento, do crescimento e do amadurecimento do problema teatral.
   A encenação de *Balladyna* era uma irrupção da forma abstrata na realidade do drama e da cena.
   Na encenação do *Retorno de Ulisses*, a vida real fez explodir as formas cênicas ilusórias que são criadas, e as afrontou num conflito dramático.
Será que ela vencerá?
Creio que sim.
Este seria um caminho para o realismo exterior.

1944

(*Tradução de J. Guinsburg*)

2. O Teatro Cricot 2

NASCIMENTO DO TEATRO CRICOT 2

O ano de 1955

A idéia de um teatro de vanguarda surgiu em um ambiente de pintores de tendências extremas, jovens poetas e atores.
O teatro é batizado Cricot 2 para marcar a continuação em relação ao teatro do mesmo nome, anterior à guerra.
De modo contrário ao que às vezes se entende, Cricot 2 não é um teatro que pesquisa unicamente valores plásticos, mas um teatro de atores desejosos de encontrar uma renovação total no método de jogo cênico, no contato com pintores e poetas vanguardistas.
O Teatro Cricot 2 propõe A IDÉIA DE UM TEATRO QUE SE REALIZA NA QUALIDADE DE OBRA DE ARTE
QUE RECONHECE SOMENTE SUAS PRÓPRIAS LEIS E
QUE JUSTIFICA SOMENTE SUA PRÓPRIA EXISTÊNCIA
opondo-se a um teatro reduzido ao papel subalterno, sobretudo do ponto de vista literário, que, aviltando-se cada vez mais como reprodução estúpida de cenas da vida, perde irremediavelmente o instinto do teatro, o senso de liberdade criativa e a força de suas próprias formas de expressão e ação.

 Capa do primeiro programa do Teatro Cricot 2.

Pois este, renunciando à lei de sua existência artística, devia se submeter às condições, às leis e às convenções da vida para se tornar instituição, máquina administrativa e técnica, trabalhando segundo os métodos convencionais e rígidos, em vista de uma produção em série.
O teatro Cricot 2 mostrou AS POSSIBILIDADES DA LIBERDADE NA ARTE, DO SEU FEITIÇO, DO SEU RISCO, DE SUA GRANDE AVENTURA, DO SEU GOSTO PELO ABSURDO E DE SUA ABERTURA AO IMPOSSÍVEL.
O teatro Cricot 2 transformou as relações entre a cena e o público. Um público instalado ao redor das mesas do café, do jazz e do *dancing*, constituindo uma realidade autêntica, viva,
em oposição a um público passivo, neutro, estacionado em assentos dos teatros oficiais.
Essa realidade viva da sala do teatro Cricot 2 tem sido
o prolongamento da rua.
Associada aos eventos da rua, essa realidade
queria reagir e responder ao pé da letra,
criou uma opinião pública instantânea,
impôs-se,
Foi necessário servir-se de meios de expressão muitos fortes, provocantes, incomodativos e contestatórios.
A metamorfose do ator, esse ato essencial do teatro – longe
de ser camuflada, exibe-se explicitamente e expõe-se quase
até à injúria e à zombaria.
Maquiagem exagerada,
formas de expressão emprestadas do circo,
recorrência e perversão de situações, escândalo,
surpresa,
choque,
associações contrárias ao "bom senso"
pronúncia artificial e afetada.

A criação de situações cênicas insólitas, a associação com o disparatado, desemboca-se em um todo, contrário à lógica da vida cotidiana e regida por uma lógica autônoma.
E é o essencial.
A indumentária tem forma movente liberada,
não é mais um acessório convencional e ridículo,
possui sua própria "anatomia" e sua simbólica.
Ao relacionar-se com o organismo vivo que é o ator, adquire
funções novas, sendo ressonador e armadilha,
fio e amplificador, às vezes entrave e freio,
pode ser carrasco e vítima,
existindo ao lado do ator como objeto de sua prestidigitação.
Estilhaçamento da seqüência de acontecimentos cênicos:

palavra, som, movimento, forma, emoções, acontecimentos, situações são projetados para fora dessa massa compacta, que, devido ao seu longo funcionamento, adquire o aspecto de uma unidade indivisível e, conseqüentemente, torna-se inexpressiva, inerte, passiva, assimilada à vida e a um público igualmente inerte.
(É por isso que esse público burguês rotula isso que ocorre em cena de decadência total, de caos e escândalo).
O estilhaçamento das molduras tradicionais produziu uma nova estrutura autônoma e aumentou a sugestividade do teatro.

PARTITURA DE *O POLVO* DE S. I. WITKIEWICZ

Esse texto é uma espécie de colagem. Ele é composto de textos originais, notas e definições da época do nascimento do teatro Cricot 2 e da encenação da peça de Witkiewicz *O Polvo* – que data de 1955 – bem como de certos anexos escritos posteriormente ou até recentemente, no momento em que, com uma dezena de anos de distância, eu desejo entender o caráter das iniciativas dessa época.

Situação em 1955.

A situação dos teatros é desesperadora.
Há muito tempo que uma vanguarda não se manifesta mais no teatro
Tudo se mistura nos molhos temperados ao Deus dará
O ecletismo reina
O radicalismo é proibido como depreciado
Os imbecis, solidamente instalados em sua situação na vida, servem-se cinicamente do prestígio da arte em seus próprios interesses.
Para tudo aquilo que é novo, eles têm uma frase feita: "isso é *déjà vu*".
Eles persuadem todo mundo sobre seu monopólio da verdade e da arte
Fabricam a opinião geral a respeito de seu conhecimento, seu bom gosto, sua sabedoria sublime
São eles que fazem com que o artista – o verdadeiro – seja desprezado, colocado sob suspeita, humilhado e exterminado.

1956 – Teatro autônomo.

Trata-se de um velho postulado, mas raramente realizado de maneira radical. Pior ainda, já que muitos charlatões obstinam-se em nos fazer crer que são justamente eles que se dedicam a isso. Depois da vanguarda dos anos de 1920, restou uma situação privilegiada ao encenador. Como uma herança vergonhosamente abusada. Daí surgem mal entendidos grosseiros.
Espectadores e críticos falam da visão do encenador, da interpretação da peça etc.

Trata-se de termos vagos e suspeitos.
Eles ocultam a ausência de uma idéia clara a respeito da arte, da definição e de uma nova proposição de teatro autônomo.
De um modo vulgar, eles substituem a noção de autonomia do teatro por "idéias".

Imitações e plágios.

Depois dos primeiros espetáculos do Cricot 2, muitos teatros, com uma ingenuidade e placidez extraordinárias, substituem "os elementos chocantes da entidade autônoma" por "idéias" achatadas e estúpidas. Com o tempo, essas "idéias" começam a inchar, a se tornar monstruosas – meramente grafomania banal.

Uma pseudovanguarda oficial.

Era uma imagem triste e equívoca: o fenômeno exemplo típico da *estilização* que é sempre o sintoma de uma imaginação fácil, funcionando mecanicamente, não se traduzindo por
 uma necessidade formal superior
esse fenômeno, portanto, devido à sua popularização, obteve uma aprovação geral e oficial.
Por outro lado, os críticos, privados de uma consciência mais profunda e de um conhecimento de arte, confundem esse fenômeno com as *pesquisas autênticas*
...Depois da representação de *O Polvo*, um crítico conhecido questionava: "A peça de Witkiewicz é uma intensa deformação do mundo... A encenação deforma por sua vez essa deformação...Isso conduz a quê?"
Um encenador conhecido se inquieta: "...As mudanças conseqüentes se realizam na ação do texto. Para se proteger de uma reprodução fotográfica dessa ação – tudo isso em nome de um teatro autônomo –, inventa-se uma nova ação, que não depende de outra, mas que espera do mesmo modo: as reproduções, pois não existe outra solução... isso é autonomia?"

Tais opiniões, de um primitivismo chocante e expresso sem nenhum pudor, revelam e indicam, de um modo gritante, a maneira de pensar convencional a respeito dos pontos mais nevrálgicos.
Daí, por exemplo, a convicção acachapante e naturalista de que tudo que se introduz no espetáculo e que lhe é *estranho*, que não tem a ligação lógica com o texto – que tudo isso *deforma* esse texto, que todos os elementos exteriores ao texto (e isso não é ruim no teatro) devem sabiamente permanecer paralelos ao texto, ilustrá-lo, explicá-lo sem cessar.

Os impotentes qualificam isso de probidade e de conhecimento da literatura.

Essa situação vale a pena ser analisada, apesar de sua mediocridade, pois é aqui que se oculta o nó do problema. Antes de mais nada, as *mudanças* que estão em questão não são mudanças. Elas consistem em uma junção de elementos que entranha a criação da entidade chamada por nós de espetáculo.
Eis os elementos: a ambientação,
　　　　　　　　os objetos,
　　　　　　　　o ator, e suas propriedades exclusivas:
　　　　　　　　－ o dinamismo, a aptidão às transformações psíquicas e emocionais muito freqüentes,
　　　　　　　　－ a faculdade do reflexo e reação em suas nuances mais ínfimas,
　　　　　　　　as ações,
　　　　　　　　as situações,
　　　　　　　　os incidentes e os acontecimentos.

Esses elementos poderiam influenciar a modificação do texto, da fabulação ou da ação – *se tivessem a função de explicar, comentar, ilustrar.*
já que não têm essa função – pois justamente tal é meu princípio – eles são incapazes de mudar o que quer que seja.
eles só criam a ordem da relação.
A convicção que todos os elementos do espetáculo não sejam funcionais e justificados
na medida em que eles ilustram e explicam o texto
　　　　　　provém da
noção de vida real e da lei de *conformidade*
como condição da ordem da vida.

Na arte, e sobretudo no teatro o resultado é: uma ilustração medíocre, uma tautologia tediosa e uma cópia naturalista. Isso priva a obra de arte de sua independência e de seu poder de expressão.
Em um teatro que quer funcionar baseado na arte e na criação, é obrigatório o rigor de leis distintas da vida:
　　　　　das inversões
　　　　　das repulsões
　　　　　dos choques.
é a lei dos elementos e da realidade cujos elos lógicos e vitais são rompidos e são, portanto, infinitamente distantes, onde as aproximações equivalem a um escândalo e transgridem todas as convenções da vida.
Elas se referem não a elas mesmas mas ao conjunto – dessa maneira, elas condicionam esse conjunto que é AUTÔNOMO de sua natureza. Eu não pratico essas "modificações" (do ponto de vista do teatro tradicional) para demonstrar as idéias do encenador e tornar o espetáculo "interessante" custe o que custar – coisa que vários encenadores fazem com uma pretensão particular e onde o público aplaude os encantos superficiais e a sedução.

Nem tampouco elas são feitas por motivos suficientemente obscuros da "necessidade criadora" de expressar minha visão, de "expor minhas vísceras" e de me impor sem pudores.

Meu procedimento decorre do *método* que eu considero como eficaz para fazer do teatro o campo de uma ação autônoma,
para fazer
uma entidade autônoma.

E essa é a grande diferença fundamental.

INDICAÇÕES E EXPLICAÇÕES DO AUTOR

Os comentários e explicações do autor são excepcionalmente detalhados.
Eis a caracterização dos personagens

Paul Perboussol – 46 anos, mas parece mais jovem (sua idade aparecerá no decorrer da ação). Loiro. Muito enlutado.

A Estátua Alice de Ouro – 28 anos, loira. Veste uma roupa justa que sugere uma pele de crocodilo.

O Rei da Hircania, Hircano IV – grande, magro, barba em ponta, grande bigode. Nariz levemente arrebitado. Sobrancelhas grossas e cabelos bem longos. Manta púrpura e boina com uma pluma vermelha. Espada à mão. Sob o mantô, uma veste dourada. (Ver-se-á mais tarde o que há embaixo.)

Ella – 18 anos, casta, bonita.

Dois Velhos Senhores – sobrecasacas. Podem estar vestidos ao estilo dos anos de 1830.

Duas Matronas – com vestes violeta. Uma delas é a mãe de Ella.

Tétricon um lacaio. Libré cinza com botões prateados e chapéu cinza.

Júlio II – papa do século XVI. Vestido como no retrato de Ticiano.

Eis a descrição da cena

A cena representa uma peça de paredes negras ornadas de desenhos estreitos verde esmeralda. Mais à direita na parede do fundo, uma janela com uma cortina vermelha. Em momentos indicados por (X), uma luz sangrenta ascende atrás da cortina; ela se apaga em momentos indicados por (+). Mais à esquerda, um pedestal retangular negro sem ornamentos. Sobre ele encontra-se Alice de Ouro, deitada de bruços e apoiada sobre os cotovelos. Paul Perboussol vagueia de um lado a outro segurando a cabeça. Uma poltrona à esquerda do pedestal. Uma outra mais próxima do centro da cena. Uma porta à esquerda e uma à direita.

REFLEXÕES (À ÉPOCA DA ENCENAÇÃO DA PEÇA: 1955/56)

... Aí iniciam-se as dificuldades que não podem ser resolvidas nem por um teatro convencional nem por um teatro ainda pior porque pretensioso, o da estilização e da "interpretação".

A caracterização das personagens, a descrição da cena, os comentários no texto provêem e pertencem a um teatro convencional típico.

O mesmo vale para os comentários situando o conteúdo da peça, bem como a esfera lingüística, possuindo, fundamentalmente,
 uma fatura naturalista (certamente com numerosas adições).

O que levou Witkiewicz a empregar esse método, paradoxal em comparação com a substância real de um absurdo completo, de uma loucura geral assim como de sua teoria do sentido antivital?
Para mim era um problema importante, porque Witkiewicz não era apenas uma autoridade literária, mas também teatral.

TÉCNICA SURREALISTA EM "TROMPE-L'OEIL"

Pode-se admitir que o método de Witkiewicz resultou da convenção surrealista em que uma imagem ilusória da realidade, sobre o princípio de "trompe d'oeil" (ilusão de ótica), era necessária para poder, em um momento dado, questionar essa realidade, torná-la suspeita, investi-la de um sentido surreal. Isso só podia ser feito pela utilização da técnica radicalmente ilusória, tradicional, da ilusão naturalista (aliás, isso era o que mais chocava naquela época de análise pós-cubista da forma e da expressão pós-fauvista livre – no que concerne à pintura).

Eu mesmo estava inclinado a pensar que o papa, entrando em vestes pontifícias em um salão burguês em estilo biedermayer*, corresponderia às intenções do autor. (Mas isso não era tão certo.)

---

* Em arte, período compreendido entre o neoclassicismo e o romantismo. O termo é depreciativo, uma vez que se baseia na caricatura "Papa Biedermeier", um símbolo cômico do conforto típico da classe média, que enfatiza a vida familiar e as atividades privadas, como *hobbies* e escrever cartas (N. da E.).

A superfície ilusória da verdade, tornada familiar pela tradição de muitos séculos, reconhecida como natural e verídica, possuía, para os surrealistas, as qualidades exigidas para ridicularizar a própria realidade por meio de manipulações não admitidas nessa convenção, para demonstrar que a visão do mundo convencional e reconhecido como "verídico" é uma pura ilusão.

Para desmascarar *o vazio* –
– esse programa era estranho a Witkiewicz.

Para ele, sob a superfície da ilusão nasce a pulsação da carne sumarenta da vida, dos homens vivos, um humor da vida, intelectual e decorrente das situações.
É por isso que Witkiewicz abandonou o surrealismo.

Fora das razões de análise das intenções verdadeiras do autor (aquilo que é antes "honestidade" de pedantes entediantes e de filólogos), o que me desviava da utilização desse método era a convicção de que sua atualidade havia passado. Isso era nos anos de 1955/56.

JOGO DO DISFARCE (IMPROVISAÇÃO)

Creio que as causas dessa fatura naturalista de comentários e de exigências do autor residiam mais na tendência de "disfarce" bem conhecida por Witkiewicz (era, além do mais, uma carcterística da "conduta" dos dadaístas e dos surrealistas), e isso, no sentido mais banal, naturalista, "de cartão postal" e *kitsch*.
Esse disfarce tinha como objetivo enganar o espectador normal, induzido a erro, perturbar a visão "verídica" das coisas. Por isso, ele (o disfarce) não poderia ter uma forma estilizada, pois teria então, como objetivo, os valores formais – *ele devia ser naturalista*.
E então somente o espírito de contradição do disfarce era eficaz.
É por isso que na cena de Witkiewicz evoluem os atores disfarçados de reis, banqueiros, cavaleiros, papas, valetes, baronetes, vampes de cinema, embaixadores exóticos, senhores de sobrecasaca e defensores, cocotes, marinheiros – e é por isso que Witkiewicz descreve minuciosamente aquilo que o palco deve "representar", imagens naturalistas, realidade, quartos banais etc.
Menos é "sério", mais é detalhe.

Esse disfarce não é, em Witkiewicz, o fato de um ator cobrir-se normalmente com uma veste de teatro e transformar-se realmente, nessa vestimenta, em uma personagem dada. Trata-se de um disfarce de "mascarada", de modo que ao "engano" do espectador sucede, ao final de um instante, a descoberta do *falso*.

É por isso que tudo é artificial: barbas falsas, falsas entregas, falsos combates etc...

Acima de tudo isso não há o menor vazio surrealista – há o próprio Witkiewicz e alguns de seus amigos e amigas, seu próprio séquito que ele colocou em movimento. Portanto de fato é ele mesmo e somente ele que se expressa através de todas essas máscaras e esses panos. É um jogo de disfarce típico da "boemia" dessa época, uma espécie de *Commedia dell'Arte* improvisada.

(Lembro que todas essas considerações se referem a essa categoria de arte que envolve o texto, que o explica, tenta situá-lo, oferece proposições para transpô-lo do campo literário e imaginário para as dimensões físicas de espaço e de tempo, ou seja: sobre o palco).

... Tenho igualmente dúvidas importantes no concernente ao tipo de idéia teatral fundada mais sobre um "disfarce" carnavalesco do que no sentido naturalista. Os motivos pelos quais eu rejeitava esse método estavam relacionados:
1) tanto à convicção de que, na realização teatral, ela não possui *uma força suficiente para poder carregar o texto*
2) assim como ao fato de que, na etapa atual da arte de vanguarda, ela envelheceu completamente (o que de resto foi o motivo de eu ter decidido rejeitá-la).

No primeiro caso, é preciso aceitar o fato de que *a realidade literária, imaginária da arte é completamente distinta de sua realização física no tempo e espaço, sobre o palco.*

Na percepção literária – todo esse jogo improvisado de "disfarce" e de descrições naturalistas, traquinas e trocistas, relaciona-se perfeitamente com o texto, já que eles se encontram no imaginário literário.

No palco, pelo contrário, fora da esfera da imaginação, fisicamente realizados, esses jogos perdem sua vivacidade, sua aptidão de levar o texto, e tornam-se um entrave, transformam o drama complicado de Witkiewicz em uma farsa chapada e estúpida.

Tal é a espécie dessa pequena probidade de encenadores das peças de Witkiewicz e de seus decoradores servis.

No segundo caso, é preciso enfim definir a noção de *i m p r o v i s a ç ã o* com a ajuda da qual se polemiza tão ligeiramente. A improvisação é um meio completamente anacrônico. Trata-se de uma criação ocasional da ilusão e ela não tem nada em comum com a problemática atual da arte. É conveniente separá-la, de modo decisivo, do rumo artístico que reconhece *o acaso* como um fator importante que escapa ao controle e à possibilidade de "construção" na matriz e anexação *da realidade*.

Aqui estão ligadas as noções de risco e de um engajamento intenso. A improvisação é uma poetização sentimental e uma irresponsabilidade pitoresca!

É precisamente na seqüência desses mal-entendidos grosseiros que somos testemunhas do triste espetáculo oferecido a nós pelas "idéias" dos encenadores e dos decoradores que não estão absolutamente engajados no movimento radical de vanguarda, que reduzem Witkiewicz à mediocridade do teatro tradicional ou a pretenciosas excentricidades das operetas.

(*Tradução de Isa Kopelman*)

▶▶ O Polvo *de S. I. Witkiewicz, figurinos de Maria Jarema, Teatro Cricot 2, no bar da Galeria Krzystofory, Cracóvia, 1955-1956.*

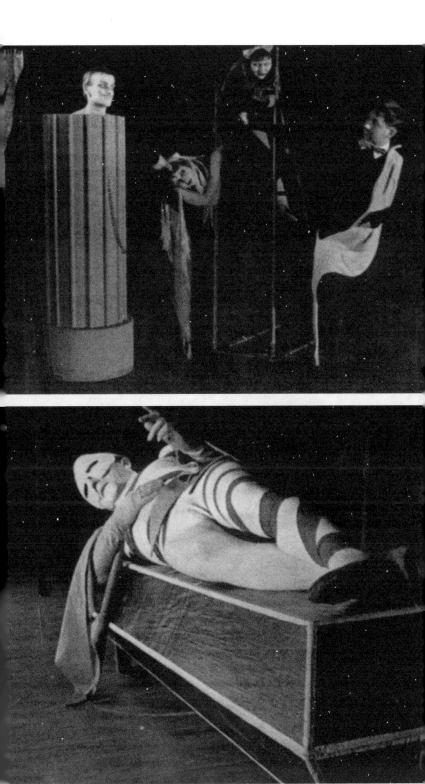

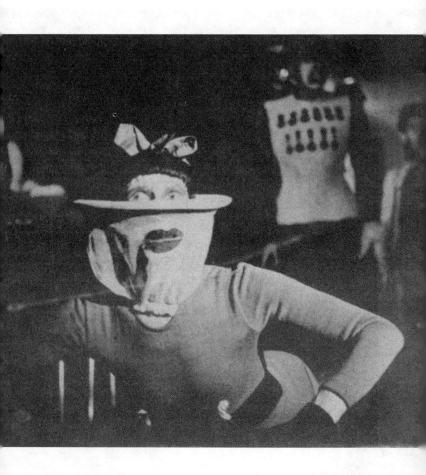

▲ O Polvo de S. I. Witkiewicz, figurinos de Maria Jarema, Teatro Cricot 2, no bar da Galeria Krzystofory, Cracóvia, 1955-1956. Maria Jarema. Foto: K. Jarochowski.

3. O Teatro Informal

ENSAIO: "O TEATRO INFORMAL"
1961. Depois de um longo período de ensaios do novo método de teatro *informal* penetrando toda a estrutura do espetáculo, Cricot 2 realiza a peça *No Pequeno Solar*, de S. I. Witkiewicz (essa encenação será reprisada, com certas modificações, em 1966, em Baden-Baden, no espetáculo intitulado *O Armário*). Assim, em toda "arte informal" daquela época, tratava-se de um contato com a matéria, no qual o gesto humano e a decisão humana recebiam uma nova definição.
Uma matéria não governada pelas leis da construção,
constantemente mutável e fluida,
insaciável por algum modo racional,
dispendendo todos os esforços para moldá-la em forma sólida
ridículos, vãos e sem efeito,
constituindo mais uma manifestação
acessível somente pela força de destruição,
pelo capricho e o *acaso*,
pela rapidez e pela violência da ação
isso foi uma grande aventura para a arte e a consciência humanas.

Algumas precisões sobre esse trabalho cênico:
estados emocionais normais se transformam insensivelmente
em hipertrofias angustiantes, que atingem um grau
de crueldade

de sadismo
de espasmo
de volúpia
de delírio fervoroso
de agonia.

por sua temperatura insólita
esses estados *biológicos*
perdem todo elo com a vida prática,
tornam-se material da arte.
Na *elocução*
chega-se até essa matéria bruta
matéria primeira e primária,
ridicularizando toda convenção clássica,
essa que, minável, se deforma sem cessar
pelo uso cotidiano,
e essa que se amplifica nos instantes ou nos estados emocionais chegando à excitação febril, onde as palavras se chocam com palavras, se misturam, se desfazem, escapando à sintaxe clássica.
A articulação humana se mistura às formas mais distantes
e selvagens (latidos de matilhas de cães)
e às sonoridades cruéis (ossos que se chocam).
Os atores *oprimidos* no espaço estreito e absurdo
do *armário*,
empilhados, misturados aos objetos mortos,
(sacos, uma massa de sacos)
sua individualidade e sua dignidade degradadas,
pendurados inertes como *vestimentas*,
identificam-se com a massa de sacos
(os sacos: embalagem que ocupa a ordem mais baixa na hierarquia dos objetos e torna-se então facilmente uma matéria *não objetual*).
Evita-se a "*construção*",
o processo de "projeção e execução".
Esse procedimento torna-se ridículo!
O ideal, é a tendência ao nascimento *espontâneo* do costume
    pelo uso, usura, pela destruição, aniquilação,
      ao passo que os *restos*,
        os resquícios,
          "o que subsiste, o que sobreviveu",
      tem boas chances
        de se tornar a forma!

▲ *Desenho para* No Pequeno Solar. "*no pequeno solar / os três rivais no armário*".

PARTITURA: *NO PEQUENO SOLAR* DE S. I. WITKIEWICZ. EXTRATO

ATO I

A sala está cheia de banquetas, embrulhos, bancos, dispostos livremente, tudo bem caótico e ao acaso.
As pés da parede, sobre um pequeno estrado de pranchas simples, encontra-se um armário, velho e apodrecido.
Em outra parede encontra-se um grande objeto recoberto por um toldo velho.
Debaixo do toldo, um gaveteiro de rodas toma a dianteira.
É uma cômoda de grandes dimensões, ela pode conter um homem.
No momento, não se pode ver o interior da cômoda.
O toldo possui uma grande abertura no topo, correspondente à abertura desse objeto misterioso, e vê-se, acima do toldo, a borda em ferro de uma abertura arredondada. Sobre a lateral, um pouco abaixo, debaixo do toldo, desponta um enorme parafuso que termina em uma manivela tão grande quanto. O conjunto faz pensar em um enorme e absurdo *moedor de café* ou em uma *máquina de moer carne*;
No momento se desconhece a finalidade dessas enormes proporções.
O *armário* está fechado.
O factótum introduz, em meio ao público, uma *carroça com duas crianças*.
Como é sabido, o *factótum* assume todas as funções. Aqui, como se verá a seguir, ele assume a função de um lacaio que faz de tudo, de uma ama de leite, de um policial, um coveiro, arranjador...
A carroça é uma simples carroça de lixo emprestada, à serviço dos transportes municipais, de ferro rústico, é, antes de tudo, um objeto repugnante.
O factótum cobre seu corpo com uma veste negra, caindo, e uma casaca negra. Há também um grande guarda chuva. As *crianças* na carroça estão cobertas com uma espécie de capa de estrutura semelhante ao corpo humano que, como uma massa, escorre pelas bordas. Ela tem a cor rosada. Somente as cabeças e as mãos aparecem.
O *factótum* introduz a carroça
Ele a coloca no meio.
Aguarda.
Olha para a porta do armário.
Dirige-se para esse enorme objeto.
Esse objeto tem um nome no espetáculo:
                    a máquina de enterrar.
Ele sobe (por uma escada ao fundo).
Está no alto.

Retira retalhos negros da abertura.
Sacode-os.
Retira cada vez mais retalhos.
Sacode-os sem cessar
Quantidades intermináveis de longos retalhos.
Essa limpeza toma proporções absurdas.
Em seguida, ele começa a dobrar esses retalhos.
O faz de um modo espantosamente meticuloso e pedante.
Começa a se apressar.
Cada vez mais inquieto
Espreita a porta do armário.
Cada vez mais rápido.
Subitamente ouve-se
sons de sinos.
A porta do armário abre-se suavemente
Às escondidas, a *Mãe* sai do armário
Ela carrega uma manta, como um móvel.
Ela carrega, com dificuldade, uma grande quantidade de trouxas, igualmente recobertas por mantas. Ela não consegue se safar.
Tudo se espalha, cai.
Ela junta as trouxas, completamente envolvida nessa ocupação.
Conta as trouxas, procura por qualquer coisa, inquieta.
Retorna ao fundo.
Desaparece no armário.
O *factótum* termina rapidamente seu trabalho,
corre até o armário,
abre seu guarda-chuva,
aguarda, endireitando-se.
A *Mãe* surge novamente, sempre ocupada com suas trouxas.
Encaminha-se para frente.
O *factótum* segue-a.
Aproxima-se da *carroça com as crianças*.
Empurra-a diante de si, e tão suavemente quanto todo esse frágil *comboio*
Dirige-se para a
Máquina de Enterrar.
Os sinos não se detêm.
A *Mãe* sobe, pela escada do fundo.
Invisível por um momento, ela aparece no alto, aguarda.
Atrás dela surge o *factótum*.
Por um instante eles permanecem assim, imóveis.
Depois do que, com um gesto resoluto e profissional
ele empurra a mãe nessa abertura
que desaparece de vez.

Enquanto isso ele desce rapidamente e começa, com um gesto habitual, a girar a enorme manivela.
Rangidos e sinos.
Depois de ter realizado essas atividades complicadas, corre para a carroça de lixo, onde as crianças, imóveis, assistiram a toda
essa cerimônia,
e começa e empurrá-la cuidadosamente diante de si.
Os sinos ficam calados.
Enquanto do armário se escuta *monstruosos ganidos e uivos de cães*.
Uma matilha inteira de cães,
Ganidos furiosos, incessantes.
Isso dura por muito tempo.
O armário é preenchido por esses ganidos e berros.
De repente, com violência, abre-se completamente a porta do armário.
Do armário desaba uma quantidade colossal de *sacos*. (Aí deve haver muitos. Todos bem cheios e pesados.)
Eles caem, desabam,
cada vez há mais e mais,
isso se assemelha a uma
 catástrofe ridícula,
diante do armário, há um enorme empilhamento de sacos.
Ao mesmo tempo que os sacos caem, inertes, os *Atores* misturam-se aos sacos
seus corpos flácidos são parecidos com os sacos.

Cena 1: Nibek e a governanta.

Eles não diferem muito dos sacos em meio dos quais eles se deslocam.
Nibek atormenta a governanta,
sacode-a,
arrasta-a,
afunda-a em todos os sentidos,
revira-a,
apressa-a,
ele procede desse modo sem nenhuma paixão,
minuciosamente;
ele trata-a como um objeto,
rasga suas vestes.
O reconhecimento e a "anexação" dessa personagem, quase reduzida ao estado de um "objeto",
faz-se por uma destruição
penetrante e de experimentação.

▲ *Desenho para* No Pequeno Solar. *"No pequeno solar / as vestimentas / o armário / os sacos"*.

A *governanta* se conduz realmente como um "objeto", como se todas essas operações fossem completamente normais, ela se deixa manipular sem vontade própria,
ri de maneira histérica,
inerte como um manequim, como dopada,
seu olhar tem uma expressão imbecilizada,
como em um pesadelo
ela titubeia,
agita os braços no vazio,
fala,
perde a memória,
interrompe sua frase,
de repente fala de um modo completamente lúcido.
Essa pequena cena se passa sobre o monte de sacos.

Cenas 2 e 3

Nesse estado de prostração e decomposição completa, a governanta toma conhecimento das *crianças* curiosas e insolentes que o factótum, apressadamente, transportou na carroça de lixo.

Cena 4

Do fundo do armário se desprende
o *Poeta*
ele se perde no monte de sacos,
cai,
escala,
pendura-se até o topo,
cai,
imerso em seu "interior",
saca de seu bolso um monte
de papel picado,
espalha-os, tenta ler qualquer coisa,
gagueja qualquer coisa.
As crianças tratam-no com condescendência.

Cena 5

O factótum corre para a
Máquina de Enterrar.
Ele puxa o gaveteiro de rodas.
No gaveteiro repousa
a *Mãe defunta,*

com a mesma coberta, e sempre com as mesmas trouxas com as cobertas, porém tudo está escurecido, puído, despedaçado.
Desse triste salseiro destaca-se uma cabeça e mãos.
A mãe está na posição deitada.
O factótum transporta esse gaveteiro, essa caixa enorme, entre os espectadores, puxa-o para si, maquinalmente, servilmente, depois, novamente furioso, cruel, ele despedaça-o, lança-o etc.
A mãe escava em suas trouxas, tenta arranjar-se em seu espaço reduzido, transpõe as trouxas, muda-as de lugar, cercada de espectadores, ela volta-se para eles, dispara ao sujeito seus males, procura alguém entre os espectadores, estende as mãos; todos seus gestos são como sem finalidade, sem acabamento, distraídos. O *Poeta* e as crianças estão imóveis na carroça de lixo, somente suas cabeças e mãos são visíveis. O Primo é um poeta pedante, perdido entre os sacos e em seus estados poéticos e metafísicos.

Cena 7

No turbilhão, (da boca) do armário sai NIBEK se arrastando. O breve diálogo com o poeta é, nessa paisagem de sacos, uma constante procura recíproca, um enfraquecimento, uma queda, ergue-se, torna a cair, luta sem parar contra o elemento dos sacos.

Cena 10

Por sua vez surge, do fundo do armário, *Kozdron, o economista*. Ele está familiarizado com os sacos. Ele os dispõe sistematicamente. Ele está seminu, peludo e vulgar. Além disso, ele é um medroso. Uma muralha de sacos coloca-o ao abrigo do Espectro da Defunta, diante da qual ele demonstra um medo repugnante, animal.

Todo elenco do calmo pequeno solar está completo. O *Marido* legítimo, Nibek, que se diverte muito com os embustes de sua esposa.
O *Primo grafômano*,
pobre como Jó,
esforçando-se para matar
o tédio constante que o possui.
Sobre esse buraco de aldeia recoberto de folhas,
o *Economista*, rústico e lúbrico,
emaranhado nessa atmosfera perversa,
O *Lacaio-chulo*,
que outrora facilitara os amores de sua mulher debochada,
atualmente defunta,

ao mesmo tempo ama de leite das duas crianças da carroça de lixo
e lúgubre agente funerário,
ocupado com "o local de repouso eterno"
da infiel Anastácia, assassinada
    e
a *Governanta*, ferida por um tiro,
vítima seguinte de três rivais,
a *Defunta*, que analisa à exaustão
todas as doenças, seus amores, suas traições,
e os *Dois Órfãos* mimados e insuportáveis, na carroça.
Nibek, Kozdron, o primo poeta e a governanta agitam-se em meio aos *sacos*, parecendo que, cada vez mais, formam com eles uma massa homogênea, disforme.

Cenas 12, 13

A defunta na *cômoda* fúnebre rolante circula entre os espectadores.
As crianças permanecem na carroça de lixo, o factótum empurra tanto as crianças quanto a defunta. Ele se esforça por restabelecer a ordem da massa irrequieta dos sacos e das pessoas que se agitam em meio deles,
ele tem um trabalho enorme,
joga os atores de um canto a outro como se fossem sacos,
lenta e sucessivamente, empurra-os
novamente para o armário.
Ele realiza tudo isso apressadamente,
como se colocasse a casa em ordem.
Resta ainda a Defunta.
Ele a enfia junto com a cômoda
em seu lugar
na máquina de enterrar
sob o toldo.
Ele permanece sozinho,
Ele torna a empurrar as crianças da carroça.

(*Tradução de Isa Kopelman*)

▲ No Pequeno Solar *de St. I. Witkiewicz, Teatro Cricot 2, Cracóvia, 1961. Um ensaio, bar da Galeria Krzystofory. Foto: W. Aleksander.*

▲ No Pequeno Solar *de St. I. Witkiewicz, Teatro Cricot 2, Cracóvia, 1961. O público, bar da Galeria Krzystofory. Foto: W. Aleksander.*

▲ No Pequeno Solar *de St. I. Witkiewicz, Teatro Cricot 2, Cracóvia, 1961. Os atores no armário (Güntner, Kubanek, Rychlicki). Foto: W. Aleksander.*
▶▶ *Cartaz para "Komplexes Theater".*

›der schrank‹
literarischer anlass
ignacy witkiewicz:
»w. malym dworku«

darsteller:
else brückner-rüggeberg
ute remus
maria stangret-kantor
claus jürgen daehn
helmut kempken
jan cornelius meyer
curt reich
hans peter schnicke

die zuschauer werden
gebeten auf der bühne
platz zu nehmen

gemeinsame veranstaltung
des theaters der stadt
baden-baden
und der staatlichen kunsthalle
baden-baden

komplexes
theater
tadeusz kantor
im theater der
stadt baden-bade
montag 7. märz 66
20.15 uhr

4. Teatro Complexo:

prefácio-manifesto no programa do espetáculo *Der Schrank* (O Armário), no Theater der Stadt, Baden-Baden, 1966.

Lista de algumas definições do teatro complexo
("Komplexes Theater")
O teatro não é um aparelho de reprodução da literatura.
O teatro possui sua própria realidade autônoma.
O texto dramático não é senão um elemento
      que se apresenta por si
      totalmente pronto
      fechado
      e indivisível,
é uma realidade de alta "condensação",
que possui sua própria perspectiva particular,
sua própria ficção,
seu próprio espaço psicofísico.
É um *corpo estranho*
na realidade *que se recria*:
o *JOGO*.
Somente a conservação (contra o bom senso)
e o *respeito ao*
caráter estranho,
da separação,
da não-penetração recíproca,
permite e possibilita
a criação

de uma nova realidade autônoma – o teatro complexo.
Ao lado do texto, colocam-se
outros elementos:
>> *objeto*
>> *movimento*
>> *som*

sem intuito de ilustração recíproca,
de explicação...
a integração desses elementos
se faz *espontaneamente*,
segundo o princípio do "*acaso*",
e não é explicável racionalmente.
É portanto
o CIRCO
esse lado vergonhoso do teatro,
puritanamente dissimulado.
Nele, o teatro encontrará
sua força vital, seu início
e sua purificação.
O circo age
de maneira *desinteressada*,
sem compromisso,
ele desmascara,
arranca todas as camuflagens,
as dignidades e os prestígios.

Regra:
A gente pega
um processo real
ao qual se ligam
circunstâncias bem conhecidas e estudadas,
força-o a sair de seu caminho de vida
e de sua destinação,
supera
uma imaginação pequena e estreita,
que rumina sem reflexão e de uma maneira estúpida
experiências miseráveis
e o curso banal das coisas,
provoca o furor
dos conformistas
e atinge a liberdade.

O fascínio do teatro informal
baseia-se no método que se serve
do risco
da negação
e da destruição.

(Tradução de J. Guinsburg)

▲ Embalagem Humana, *com a colaboração de Maria Stangret, Nüremberg, 1969.*

5. As Embalagens

EMBALAGENS-MANIFESTO

...EMBALAGEM! ... EMBALAGEM! ...
Conviria, antes de tudo,
classificar
alguns de seus traços característicos.
Contudo
seria alta imprudência
querer generalizar
ou tentar criar fórmulas.
...EMBALAGEM! ...EMBALAGEM! ...
Porque o fenômeno mencionado
possui
muitas significações
e provoca opiniões variadas,
pior do que isso:
porque é simplesmente ambíguo.
Poder-se-ia, pois, muito bem
Distinguir nele
...EMBALAGEM! ...EMBALAGEM! ...
potencialidades
metafísicas,
mas

– por outro lado –
ele preenche uma função
a tal ponto
prosaica, utilitária,
trivial,
ele está tão totalmente submetido
ao conteúdo que, só ele, conta
que
– uma vez esvaziado desse conteúdo,
inútil,
supérfluo,
miserável vestígio
de um esvaecido esplendor
e de uma importância perdida,
...EMBALAGEM! ...EMBALAGEM!...
difamado e suspeito de ausência de sentido,
ele perde, brutalmente,
seu brilho e sua força de expressão de outrora.
...EMBALAGEM! ...EMBALAGEM! ...
Nesse preciso instante,
nos é preciso
reconhecer
– *sine ira et studio* –
a injustiça
de um destino cego.
Vejam só:
Há pouco, atribuía-se a esse algo
uma importância extrema:
por sua aparência,
por sua força de sugestão,
pela eloqüência de que dava prova
pela precisão daquilo que anunciava
pela compacidade dele exigida,
por sua estanqueidade,
fazia-se depender
eu não sei qual andaimagem de sucesso.
E eis que
– no momento seguinte –
sem a menor piedade,
rejeitam-no e o condenam,
ao desprezo,
ao esquecimento,
à abjeção...
Essa monstruosa desproporção
engrandecida

por um caos geral
de mal-entendidos
e
de contradições
paralisa
toda intenção
de fazer uma classificação
qualquer, um pouco séria.
...EMBALAGEM!...
E eis o nosso fenômeno
suspenso
em uma posição absurdamente falseada,
balançando-se em balbúrdia
entre
eternidade e lixeira.
Nós nos tornamos testemunhas
de uma singular palhaçada
juntando aos vôos
do *páthos*
os tombos mais deploráveis.
...EMBALAGEM! ...EMBALAGEM! ...
Que horizontes
De possibilidades sem termo!...
EMBALAGEM!
A variedade de ações
que ela acarreta
reveste todos os encantos
e todos os mistérios
de uma gratuidade completa,
sobretudo quando se toma consciência
que ela se desenvolve *em direção a finalidades*
que dependem apenas do acaso.
Debrucemo-nos
sobre algumas fases desse rito:
Para começar: a dobradura.
O procedimento – antes complicado e que torna necessário
uma verdadeira iniciação –
assim como o efeito final sempre inesperado,
e sempre surpreendente,
tudo isso tem um pouco da magia
e um pouco do jogo de criança...
Depois: o atamento
em que o conhecimento dos nós
roça quase
tradições sacramentais.

E ainda: a colagem.
em que unção e atenção são igualmente indispensáveis...
Essa acumulação de operações sucessivas,
soma de efeitos imprevisíveis.
Ademais, essa necessidade, muito humana, e nossa paixão de conservar,
de isolar,
de velar,
de transmitir –
tudo isso constitui
um processo quase autônomo.
Que oportunidade!
Não percamos de vista, tampouco,
as possibilidade de ordem emocional.
Nomeemos algumas:
a promessa,
a esperança,
o pressentimento,
a solicitação,
o gosto pelo desconhecido e pelo misterioso.
EMBALAGEM!...
Munido dos signos da precaução,
da urgência,
da hierarquia,
das importâncias de diferentes graus,
EMBALAGEM!...
marcado pelas cifras de seu tempo.
de seu peso,
dos endereços de destinação,
de símbolos de poderes
tendo a força de encantos lançados,
coberto de promessas de eficácia,
de durabilidade,
de perfeição,
ele aparece
– em toda sorte de circunstâncias:
as quotidianas
e as excepcionais,
as mínimas,
as risíveis,
as grandes,
as definitivas
EMBALAGEM!...
quando se quer transmitir
alguma coisa de importante,

de essencial,
de pertinente em particular,
...EMBALAGEM!...
quando se deseja preservar,
premunir para que isso dure,
fixar,
escapar ao tempo,
...EMBALAGEM!...
quando se tende a esconder mui profundamente,
...EMBALAGEM!...
para defender contra
a ingerência,
a ignorância,
a vulgaridade...
...EMBALAGEM!...
...EMBALAGEM!...
...EMBALAGEM!...

Suíça, Chexbres,
1962

A PRIMEIRA EMBALAGEM

Estamos em 1956. Em Cracóvia cria-se um teatro experimental, o "Cricot 2".

Eu pesquisava disposições que fossem artificiais, quer dizer: que tivessem possibilidades de autonomia.

No palco, andar é sem dúvida o que há de mais natural. Natural até o tédio. Acontecia-me perceber sobre o palco nada mais do que pernas. Sem expressão nenhuma. Importa eliminar, "apagar" certas partes em dados objetos, torná-las invisíveis, permitir somente que sejam suspeitadas, que sejam adivinhadas. Os mestres antigos conheciam perfeitamente esse princípio.

A cena toda foi, portanto, ocupada por uma espécie de saco preto, enorme. Todos os atores se encontravam no seu interior, assim como certo número de figurantes. Através de diminutas aberturas eles passavam e só eram visíveis do exterior as cabeças e as mãos dos atores, assim como uma profusão de mãos de figurantes.

As cabeças ora se afastavam umas das outras, ora se aproximavam. Quanto às mãos, elas se mexiam e "viviam" suas vidas próprias e totalmente autônomas.

... Em outra peça não se percebia mais, de modo algum, os atores. Eles permaneciam encerrados no saco.

A capa de tal embalagem, às vezes ondulante, outras vezes esticada, transmitia, com uma força de sugestão enormemente aumentada, os conflitos que se desenrolavam no interior, e sabia como apresentá-los até as nuanças mais sutis.

1963

A IDÉIA DE EMBALAGEM

1. Da Colagem à Embalagem

Desejo apresentar aqui, num breve esboço, a história desse processo e desse método de ação que, a partir do momento em que o descobri, quer dizer, que me dei conta de seu caráter particular e em que eu o *isolei* de sua prática da vida – criou em mim uma fascinação capaz de tornar-se por longo tempo um motor da ação.

Devo confessar que o processo desse procedimento com a concepção de criação durou certo tempo. Esse período é, aliás, sempre o mais criativo: pois é então que sentimos fortemente o gosto daquilo que é proibido e a responsabilidade da *transgressão*. São momentos de paixão violenta, de menosprezo, de decisão, e nesses momentos tanto faz para nós que isso se chame criação ou não.

Tudo isso me permitiu *ultrapassar* a pintura cujos encantos se tornavam perigosos, seguros de si próprios e demasiado profissionais.

1962

...... eu me ocupo, nesse momento, de colagens. Os elementos reais (isso que chamam de realidade bruta ou "pronta"), introduzidos na imagem, fascinam por sua organização e sua estrutura estranhas, independentes – que eu tento, todavia, assimilar à composição formal da imagem –, estrutura de divisões, de manchas, de formas... o que, no entanto, eu reconheço como um embelezamento inútil, um suplemento e uma intervenção formalista.

Por outro lado, contentar-se em fixar o objeto na imagem me parece ingênuo.

Tomo consciência de que devo fazer alguma coisa com o objeto para que ele comece a existir, alguma coisa que não tenha nenhum laço com sua função vital; sinto que um ritual é necessário, que seja absurdo do ponto de vista da vida e que possa atrair o objeto para a esfera da arte.

Encontro um objeto cujas propriedades me resolvem tudo, imediatamente.

Sacos, comuns, amarrotados, pobres sacos, mais tarde pacotes atados por barbantes, enfim envelopes... Os sacos sozinhos atraem o objeto para essa situação requerida, inteiramente desinteressada – pois eles o *cobrem*, o *ocultam*...

Desde o começo condenados ao desprezo, ao esquecimento e à lata de lixo, eles constituem o *bas-fond*, a "escória", na hierarquia dos objetos.

De minhas práticas mais antigas, eu sei que, quanto mais um objeto é de "condição inferior", mais probabilidade ele tem de revelar sua objetividade – e sua elevação a partir dessas regiões de desprezos e ridículos constitui na arte um ato de pura poesia. Os sacos têm suas próprias categorias prontas, decorrente da "dobradura", do "dobramento" e da manipulação de fábrica, acentuadas e articuladas por inscrições, signos e cifras.

Complicando-se e multiplicando-se, a ação de atar, de amarrar pacotes, torna-se um processo apaixonante e quase desinteressado.

Todos os valores ou as funções formais encerram-se na estrutura mesma do objeto, e não no espaço ilusório da imagem.

É preciso apenas atá-los convenientemente.

Sinto ainda certa insatisfação.

Eles me tiraram todo um espaço de minha ação pictórica anterior, que me dava – àquilo que me parecia – uma razão de ser, como artista.

Sinto-me quase inútil.

Mas esse sentimento passa.

Encontro no dicionário a palavra "embalagem", que significa pura e simplesmente o fato de empacotar. Mas na língua francesa isto [*emballage*] soa como colagem [*collage*], que já conquistou o direito de cidadania na terminologia da arte.

......Quero chamar a atenção para o fato de que a embalagem é mais do que um *caráter estranho* e provocante do objeto – como era o caso entre os dadaístas. É um *procedimento* e uma *função*.

Sem dúvida ligada ao objeto.

É uma diferença fundamental que tem conseqüências ulteriores no happening.

A própria ação do *empacotamento* esconde em si uma necessidade muito humana e uma paixão pela conversação, pelo isolamento, pela duração, pela transmissão, assim como um gosto pelo desconhecido e pelo mistério.

Seu cerimonial que se multiplica e se complica tem todas as chances de tornar-se um processo desinteressado, amiúde obsedante.

Sacos de pacotilha, pacotes atados por barbantes, envelopes – bolsas, mochilas, que representam, na hierarquia dos objetos, os "fundos" mais baixos, condenados desde o começo à lata de lixo – já revelavam no limiar do aniquilamento, em um derradeiro fulgor, sua própria existência autônoma objetiva.

Isso nada tem de comum com a *pop-art* que não via, na embalagem, senão fascinação industrial e idolatria.

* * *

Não gosto da definição: obsessão. No entanto, a realidade desse procedimento, que defini mais tarde pelo nome de "embalagem",

devia existir em alguma parte de mim, pois bem mais cedo eu havia anotado minhas dúvidas no que concerne ao objeto;
... o objeto sempre me interessou. Eu me dei conta que somente ele é inapreensível e inacessível. Reproduzido em imagem de maneira naturalista, torna-se um fetiche mais ou menos *naïf*. A cor que se esforça para tocá-lo se embrulha imediatamente em uma aventura apaixonante de luz, de matéria e de fantasmas. E o objeto continua a existir, longínquo e estranho. Não haverá meio de fazê-lo "aparecer" de outra maneira? Pelo negativo, ou ocultando-o – por alguma coisa que o ocultasse...

Em 1957 no teatro Cricot 2, na peça *O Circo*, na cena do festim, eu coloco os participantes do festim em um enorme saco preto cujas aberturas são transpassadas, aqui e ali, por cabeças e mãos.

2. Envelopes – Pacotes

1964, 1965... Um longo ciclo de quadros começa (eu os faço em Cracóvia, Basiléia, Chexbres, Nova York, Estocolmo), nos quais a embalagem toma a forma de envelopes de cartas e de *colis postaux* (encomendas postais), atados por barbantes, munidos de endereços, de timbres, de impressos, todos os tipos de amontoados de diversas dimensões, grandes e muito pequenos.

Muni esses envelopes de um "comentário pictórico" informal ou figurativo, segundo o princípio da imagem ilusória sobre os selos de correio.

Realizo uma série de "empacotamentos" de figuras de museu conhecidas. Envelopo o Infante de Velásquez pela parte de baixo em um desses enormes sacos de couro que os carteiros empregavam antigamente.

Dou-lhes títulos como endereços sobre cartas:
"a P. T. A. Chexbres"
"P. V. (Velásquez/Prado)" etc.

1966. Na minha aspiração de achar uma autonomia completa para o processo de embalagem caio sobre a idéia de um envelope colossal.
Eu o encho ligeiramente de ar, o envelope tem um formato de 3 m. por 1,20.
O envelope é içado sobre um bastão de metal.
Eu o exponho no Kunsthalle, em Baden-Baden, e em Paris, na Galerie de l'Université.
1967. Organizo um happening sob o título *Carta*, em Varsóvia, na galeria Foksal, na qual a carta ou, antes, o envelope, já tem 11 m. de comprimento e 2 m. de largura, e é levado, da Agência dos Correios, através da cidade por oito carteiros autênticos.

3. Idéia de uma exposição no Correio

1965. Esta idéia nasceu durante minha estada em Nova York. Ela se ligava às embalagens, envelopes, pacotes. Além disso, eu havia observado que esta não seria apenas uma saída para além das fronteiras da imagem, mas, em conseqüência, para além dos *quadros da exposição e do local destinado convencionalmente à exposição, isto é, a galeria*. Deviam estar expostos não somente imagens, mas também objetos "prontos" que a gente encontra no correio, *colis postaux*, pacotes, massa de volumes, sacos.

O Correio
É um lugar excepcional
em que estão suspensas
as leis vitais da utilidade.
Os objetos – cartas, pacotes,
        volumes, *colis*, sacos
        e todo seu conteúdo
existente durante um certo tempo
    independentemente,
    sem proprietário,
    sem local de dependência,
    sem função,
    quase no vazio, entre o remetente e o destinatário,
    em que um e outro
    permanecem impotentes,
    sem significação,
    privados de suas prerrogativas.
É um momento raro em que
    o objeto escapa
    à sua sorte.

4. Vestimenta-Embalagem

Anexo, por essa paixão pelas embalagens, um domínio cada vez mais vasto *do vivenciado*.
1963... deparo-me com um modelo incomum:
pessoas errantes, que gravitam fora da sociedade em uma viagem incessante, sem meta nem domicílio, condicionadas por sua mania e paixão de *empacotar* seus corpos em mantôs, cobertas, bonés, mergulhadas na anatomia complicada da vestimenta, nos segredos dos pacotes, dos sacos, das trouxas, das correias, dos barbantes, que protegem profundamente seus corpos do sol, da chuva e do frio.
Seguindo esse modelo, componho, no teatro Cricot 2, o vestuário de Walpurg na peça de S. I. Witkiewicz *O Louco e a Freira*. O costume

de Burdygiel, na mesma peça, é como uma reunião de uma incalculável quantidade de pequenos e grandes pacotes, de diversos formatos, atados de maneira extremamente complicada por um sistema totalmente absurdo de barbantes, de correias, no qual o ator se perde, se embrulha, se agita.

Um outro ator era pura e simplesmente um enorme pacote em aniagem, barbante, com etiquetas postais, inscrições e endereços de destinatário.

Um outro era, a cada vez, embalado em papel de embrulho ordinário e amarrado várias vezes com barbante.

1964 – 65 – 66... as vestimentas, a camisa, o impermeável, o casaco de plástico, dispostos sobre um pano, bem estirados, rasgados, torcidos, modelados, deformados, fixados como amostras, provas materiais.
Partes do corpo humano, "repintadas". Matéria que lembra pasta, indefinida, cor, luz....
Quadros desse gênero foram expostos em 1966 na Kunsthalle de Baden-Baden, na galeria Handschin de Basiléia, na Galeria da Universidade de Paris, em 1967, na Bienal de São Paulo.

1968... Nuremberg. Kunsthalle. No quadro do filme *Kantor Está Aí*, rodado pelo Institut für Moderne Kunst e pela televisão de Saarbrücken, organizo um happening num café – uma espécie de desembalagem:
       de um gordo burguês sentando à mesma mesa,
       comendo com um sadio apetite,
       com um grande guardanapo debaixo do queixo,
       ponho em frangalhos
       colete, camisa, calças...
       até deixá-lo completamente nu...
       com a ajuda de numerosas
       facas, tesouras, garfos
       alternadamente, de um modo pedante, depois com um furor crescente.

1968... Nuremberg. Kunsthalle. No quadro do filme *Kantor Está Aí*, happening intitulado *A Lição de Anatomia segundo Rembrandt*.
Participação de estudantes da Escola de Belas Artes. Disponho o famoso grupo seguindo uma reprodução.
Verifico.
Corrijo.
Com a ajuda de aparelhos cirúrgicos, sucessivamente
fendo camadas de vestimentas
cada vez mais profundas,
mostro as costuras, as junturas,

a anatomia complicada do corte,
chego aos bolsos,
órgãos do instinto humano
de *conservação*,
mostro o conteúdo dos bolsos, defino com precisão os nomes dos detalhes.

1968. Cracóvia. Teatro Cricot 2. Peça de S. I. Witkiewicz.

A Galinha d'Água
Passageiros prontos para uma longa viagem, devidamente trajados, envolvidos em impermeáveis, em fulars, em caixas de sapatos, em chapeleiras, com numerosas valises metidas nas respectivas capas, tudo de um só tecido de uma cor de areia, como se desbotado pelo sol e pela chuva.

5. Embalagem Humana

Embalagem com um "interior" vivente, humano. Realizo várias vezes o ato de embalar.
Maria Stangret participa sempre. Já é um ritual liberto de toda simbolização, um ato puro, *ostentatório*.
Em 1965 no happening *Cricotagem*, em Varsóvia
1966 no happening *Linha Divisória*, em Cracóvia
1967 no happening *A Grande Embalagem*, em Basiléia
1968 no *Kantor Está Aí*, em Nuremberg.

6. Da Embalagem à Idéia de Viagem

A idéia da vida e da arte – eterna *viagem* sem fim – impunha-se por si mesma.
Estou longe da idéia de tirar, para as minhas ações na arte, quaisquer conclusões de minha vida pessoal que, aliás, se organiza de uma maneira acidental e, talvez, inteiramente fora de minha vontade. Nos empreendimentos artísticos, trata-se antes, para mim, de uma questão de tempo "interior". Aspectos psicológicos específicos dessa concepção: aventura, risco, desconhecido, desprezo pela estabilização.
Acessórios: mochilas, valises, trouxas.

1966. Penso em pacotes de diversos tamanhos e de diversos gêneros, sobre carrinhos que são empregados nas plataformas, nas estações de mercadorias.
Realizo a "embalagem viajante", uma enorme mochila de borracha cheia de ar, sobre uma velha roda de bicicleta.
1967. Pinto um quadro com uma verdadeira mochila e uma roda de bicicleta (São Paulo).

1967. Toda a trupe de atores (na minha encenação de *A Galinha d'Água*) é uma trupe de "errantes eternos" cujos costumes, herméticos e complicados, "embalagens" de muitas camadas, estão soldados a uma massa de malas, sacos, mochilas, trouxas.
1968. Em Nuremberg, no happening *Encontro com um Rinoceronte*, falo num café com um homem que transporta sobre as costas uma mochila monstruosa.

7. Guarda-Chuva

1964. Primeiro guarda-chuva fixado na tela.
A própria escolha de tal objeto tinha então, para mim, o sentido de uma descoberta inesperada, e a decisão de empregar esse objeto tão utilitário, e de empregá-lo para fins santificados, artísticos, pictóricos, representava então, para mim, a obtenção da liberdade pela profanação; certamente bem maior do que o fato de colar a uma tela um jornal, um barbante ou uma caixa de fósforos. Eu procurava um objeto não novo para a colagem, e tratava-se para mim, antes, de achar uma embalagem atraente.
O guarda-chuva é uma embalagem metafórica específica, é a "embalagem" de muitos negócios humanos, ele encerra em si a poesia, a inutilidade, a perplexidade, a fraqueza, o desinteresse, a esperança, o ridículo. Esse "conteúdo" diversificado era sempre munido de um "comentário" pictórico "informal" e, mais tarde, figurativo. Eu não me dava conta de que já anteriormente – pois, em 1946-7-8, o guarda-chuva era para mim uma espécie de objeto fetiche – eu colecionava os guarda-chuvas. O guarda-chuva era para mim um objeto obsedante, cujo amontoamento me permitia formar paisagens surrealistas e cuja construção me sugeriu a livre definição do "espaço guarda-chuvoso" (toda uma série de croquis), O guarda-chuva é também o circo, o teatro. Os atores na peça de Mikulski, *O Circo* (Teatro Cricot, 1957), serviam-se de guarda-chuvas para defender sua pobre vida desencaminhada e restos de poesia e de esperança.
1964. Faço o primeiro guarda-chuva em Cracóvia.
1965. Continuo a fazer os guarda-chuvas em Nova York.
1966. Em Baden-Baden, Basiléia, Estocolmo.
1967. Realizo uma série de quadros com guarda-chuvas para a Bienal de São Paulo.
1968. Continuo numa série de quadros destinados ao Prêmio Marzotto.
Produzo uma série de quadros-combinações com guarda-chuvas, em Nuremberg, na exposição *Da Colagem à Assemblage*.
1969. Continuo.
1970. Introduzo o guarda-chuva nos Multipartes.
    Exposição galeria Foksal em Varsóvia.
        Museu Cantonal em Lausanne.

(*Tradução de J. Guinsburg*)

6. O Teatro Zero

RUMO AO ZERO

No desenvolvimento artístico ocorre amiúde um momento em que o ato vivo da criação se transforma na prática de uma convenção, em que a obra de arte, privada de risco, de aventura, de revolta e de "desconhecido" – solidifica-se, congela-se na autoridade, na dignidade e no prestígio.

O reflexo mais sadio é neste caso abandonar o pódio santificado e empreender ações desinteressadas a ponto de serem ridículas, íntimas até o despudor, "dignas de desprezo", de pronto condenadas ao desdém.

Instintivamente meu reparo, logo convertido em paixão, dirigiu-se para objetos de uma "categoria inferior", em relação aos quais a gente se desobriga pela desatenção, pela omissão, pelo esquecimento e, depois, jogando-os simplesmente à lata de lixo.

Eu começava a reunir minhas próprias notas, esboços, papeluchos, rápidas anotações de negócios "candentes", primeiras descobertas no momento em que não se sabe ainda nada com certeza, em que não se está ainda com tudo "ordenado" e que não venha à idéia arranjar as coisas destinadas ao consumo, envernizadas, que demonstram sem pejo a excelência da obra e de seu criador.

No curso dessas atividades, realizadas com uma doidice malsã, verificou-se que esses testemunhos, muitas vezes molestos, de uma atividade inteiramente privada possuidora de sua própria carga de significação, existem por si mesmos, e mais ainda: a convicção de que só a forma elaborada devia lhes dar dignidade me pareceu totalmente envelhecida. Cheguei à conclusão de que a obra de arte não pode hoje em dia ser encerrada hermeticamente em uma convenção estável de conduta. Em seguida, de maneira natural, a "materialização da obra" exagerada e ostentadora me pareceu suspeita. Dessa forma efetuava-se o alargamento da noção da obra de arte – para além da imagem. O próprio termo obra de arte me pareceu demasiado carregado de práticas passadas. O campo da imaginação começou a traduzir-se, não na qualidade de material de construção e de realização na imagem, mas como lugar em que penetram objetos de meu próprio passado em forma de destroços e armadilhas, seja de fatos, de cartas, de pessoas, ou de receitas, de endereços, de traços, de datas de encontros que não são para mim estranhos, banais, esquemáticos, acidentais ou importantes, preciosos ou insignificantes. Era um inventário desprovido de cronologia, de hierarquia e de localização. Pessoalmente, eu me encontrava no meio de tudo isso, sem um papel próprio. Eu não queria, aliás, defini-lo, pois apenas isso já teria produzido certa estabilização. E se tratava principalmente de guardar, por tanto tempo quanto possível, um estado fluente, de efluxo, de atração de todas as coisas menos esperadas.

Esta fixação da ambição pessoal de "criação" na proximidade do ponto zero produziu automaticamente uma relação fundamentalmente diferente com respeito ao passado, com suas relíquias e com suas pretensões concernentes ao objeto. Pois se tratava não de repeti-lo, porém de reencontrá-lo.

A uma atividade confortável e segura de si, sancionada e solidamente presa por todos os lados e a traduzir-se em todas as espécies de maneiras, eu opunha obstinadamente fenômenos e processos que se encontram além dessas regiões e que têm uma tendência totalmente contrária a *contrair-se*. Este termo, fraco do ponto de vista da vida, é capaz, na arte, de acarretar conseqüências inesperadas. A formação "em expansão", exuberante, pictórica, até tornar-se um "retalho" estreito. Não se trata para mim, sem dúvida, de substituí-la pela ascese e pela economia em nome do funcionalismo e da construção. Muito ao contrário! Esta "exuberância" e este "conforto", tão sedutores na aparência, me pareceram suspeitos, mascarando um desaparecimento completo do poder de ação.

O retalho de vida estreita, contraindo-se e "apenas visível", tinha todas as chances de reforçar a tensão interior, a poesia, e não ser apenas um pouco de humor.

MANIFESTO DO "TEATRO ZERO"

TEATRO AUTÔNOMO

Idéia do TEATRO AUTÔNOMO –

Eu já o havia realizado
nas duas encenações
no teatro experimental
clandestino,
1942 e 1944,
depois, após a guerra,
no Teatro Cricot 2,
1956, 1957 e 1960.

TEATRO AUTÔNOMO

É aquele que não reproduz,
isto é, interpreta a literatura
com os meios da cena,
mas que possui sua própria realidade
independente.
Esta idéia,
pelo conceito de unidade
que ela inclui
e sem a qual
a obra de arte autêntica
não pode existir,
é tão impossível
de explicar, no fundo,
por um fenômeno complexo
como o teatro,
quanto o processo mesmo da criação.
O grau de integração
dos componentes do teatro
determina
a coesão de um conjunto fechado.
Mas, uma vez que falar de um grau
"superior"
não significaria estritamente nada
e se prestaria à confusão,
falemos, se vocês consentirem nisso,
do grau zero.

RELATÓRIO: TEATRO-DRAMA

Minha *realização de um teatro autônomo*
não é nem a explicação
de um texto dramático

nem a sua tradução
em linguagem teatral,
nem tampouco uma interpretação
ou uma atualização.
Ela não é a pesquisa
de um pretenso equivalente cênico
que desempenharia a função
de ação paralela
qualificada, por erro, de autônoma.
Semelhante objetivo
é a meus olhos
uma estilização ingênua.
Isso que eu criei
é uma realidade,
um concurso de circunstâncias
que mantêm com o drama
uma relação
nem lógica,
nem analógica,
nem paralela
ou inversa.
Eu criei um *campo de tensões*
capazes
de romper
a carapaça anedótica
do drama.

PAPEL DO CHOQUE

Isto se realizou em um clima
de escândalo.
Mas chocar em arte
é o contrário.
É um meio real
para ferir
o miúdo pragmatismo
generalizado
do homem atual,
um meio de
desentulhar a estrada
de sua imaginação sufocada,
de fazê-lo apreender os conteúdos outros
que não têm lugar
no pragmatismo

e no espírito de cálculo.
Quanto às encantações em todos os gêneros,
às esquisitices superficiais,
que são uma fraseologia vazia e pretensiosa,
elas fazem encalhar
o homem contemporâneo
nos altos fundos da tranqüilidade.

O TEATRO DESMORONANTE

O teatro atual,
apesar do aparecimento esporádico
de talentos reais
e do caráter sério
de que se embandeiram seus representantes oficiais,
está morto, é acadêmico.
Ele faz uso,
no melhor dos casos,
de excitantes
que o empurram
progressivamente
para o ridículo,
para uma brincadeira
de estilos passados,
para a chatice,
para acabar
em um círculo de interesses particulares.
Teatro sem ambição,
que não procura
ser outro,
descobrir sua própria cara
na organização futura do tempo.
Teatro condenado ao esquecimento.

A cena se compõe
de uma superfície
de pequeníssimas dimensões.
Quase todo o espaço é ocupado por um enorme amontoamento
de cadeiras de lona
dobradiças, idênticas,
desbotadas pela chuva e pelo vento,
gastas até o fio,
empilhadas como em reserva,
como tesouras,

como coisas que não funcionam,
grosseiramente ligadas por fios de arame,
de cordéis e postos
em movimento.
Estes movimentos se carregam de traços psicológicos
violentos,
furiosos,
nervosos,
sincopados,
nascentes,
expirantes,
distraídos,
risíveis,
monótonos,
ameaçantes.
O som:
surdo, seco, clicante,
uniforme.
Este enorme objeto
carregado
de numerosas funções:
ele elimina,
expurga,
age sem piedade,
sem reflexão;
automático,
besta,
ele inquieta,
ele é engraçado e trágico,
fascina, atrai e repele.
Utilizei um objeto
excepcionalmente utilitário,
portanto pejado de uma realidade
insistente
e brutal,
numa posição
que choca a prática.
Eu lhe dei um movimento
e uma função
absurda,
em relação à sua própria,
mas por aí eu o transportei
para a esfera
da plurissignificação,
do desinteressamento

da poesia.
O espaço que resta
para aqueles que atuam
nada tem de comum
com esse outro espaço
que fascinava o teatro
até estes últimos espaços.
Reduzido aos arredores do zero,
Ele não existe quase, é tão exíguo e miserável
que os atores têm de lutar
para nele se manter.

CIRCO

Na base deste teatro
há o circo.
Um cômico que não entra
nas conveniências,
violento,
clownesco,
gritante.
O ator,
filtro
das coisas humanas,
as purifica,
as decompõe,
dá-lhes evidência,
impede
que elas se obliterem.

O ATOR

Nesta via
sem compromisso
o ator deve oferecer
seu ridículo,
seu despojamento,
sua dignidade mesma,
aparecer
desarmado,
fora da proteção
de máscaras
falaciosas.

A realização do impossível
é a fascinação suprema da arte
e seu segredo mais profundo.
Mais do que um processo,
ela é um ato
da imaginação,
uma decisão
violenta, espontânea,
quase desesperada,
diante da possibilidade subitamente surgida,
absurda,
que escapa aos nossos sentidos,
risível.
Para suscitar um campo
de atração
do impossível
é preciso uma ingênua
falta de experiência
e uma disposição para a revolta, a negação,
a resistência, a inversão, a insaciabilidade,
para um estado em que a gente se move
em torno do vazio absoluto.
Haverá necessidade de sublinhar
que é preciso antes de tudo possuir
o senso do impossível?
Além desse fenômeno
estranho ao senso comum
não há nenhum desenvolvimento.

O TEXTO

A *técnica da reprodução*
no jogo do ator
e na encenação
é uma convenção tão forte
que ele não imagina nenhuma outra,
ela é considerada como a exclusiva,
a verdadeira, a única,
concordante com o texto.
Em minha realização final
o texto dramático
não é representado,
ele é discutido, comentado,
os atores lêem-no, rejeitam-no,

retomam-no, repetem-no;
os papéis não são
indissoluvelmente ligados
a determinada pessoa.
*Os atores não se identificam
com o texto.
Eles são um moinho
a moer o texto.*
Um moinho deve interpretar?
Eis um gênero de questão e de problema
que oferece uma alternativa incômoda
na convenção antiga,
mas se torna supérfluo
na situação
que proponho.
Basta construir o moinho.

TEXTO E AÇÃO

"A ação" no velho teatro naturalista
está ligada ao encadeamento
dos acontecimentos
acumulados
no texto dramático.
O elemento teatral
"ação"
e o jogo do ator
seguem
trilhos estreitos.
Perder suas viseiras
*desviar-se desta estrada,
basta para que sejamos abocanhados
pela ação cênica pura,
o elemento teatral por excelência.*
Para que o texto
não seja mutilado por essa operação,
é preciso isolá-lo
dos acontecimentos que o acompanham.
Do ponto de vista da exclusiva
prática quotidiana,
é uma impossibilidade.
Em arte, no teatro,
obtemos uma realidade
eminentemente diluída,

mas perfeitamente apta
a tomar forma.
Semelhante *nadificação dos eventos*,
sua "anulação",
sua perda de todo peso
sua submissão ao *jongleur*,
permite estendê-los
na ação teatral pura,
o elemento mesmo do teatro.
Manifestação mais do que método.

O PESO DE UM RADICALISMO EM ARTE

O Teatro Zero
me fascinou no curso da realização
do espetáculo
por suas possibilidades
totalmente novas.
A ruptura
mesmo única
tem uma influência essencial
no desenvolvimento da arte.
Ela purifica a atmosfera
das falsificações,
dos mitos,
das alternativas artificiais,
das querelas vãs
entre tendências
e pretensas soluções.
Ela põe entre parêntesis
                    a imagem
                    do teatro
                    de hoje.
As nuanças estilísticas
do teatro atual
são bastante numerosas:
teatro pseudonaturalista
nascido da preguiça
e do conforto
(na época de Zola sofria-se
o assalto da crítica
em favor do naturalismo),
teatro pseudo-expressionista
do qual após uma autêntica

deformação do expressionismo
resta apenas um esgar
incômodo,
morto, estilizado,
teatro surrealizante
que aplica tristes ornamentos
surrealistas, à maneira
de vitrinas de lojas de moda,
teatro que não tem
nada a arriscar e pouco a dizer,
testemunha medida
cultural
e elegância eclética,
teatro pseudomoderno
que utiliza este ou aquele
meio emprestado
de diversas disciplinas
da arte contemporânea
à qual, pretensiosamente,
ele se apega por artifício.

ZERO

Reduzir a zero
na prática quotidiana
significa negação e destruição.
Em arte, isto pode levar
ao resultado inverso.
Reduzir a zero,
nivelar,
nadificar
fenômenos, acontecimentos, acidentes,
é tirar-lhes o peso
das práticas quotidianas,
permitir demudá-los
em matéria cênica
livre para tomar forma.
Várias formas de nadificação:
a encenação de *O Louco e a Freira*,
indiferença às situações,
aos acontecimentos,
aos conflitos,
aos estados psíquicos,
à sua aparência convencional.

Uniformidade.
Manipulação do tédio.
Eliminação da ação,
               do movimento,
               do discurso.
Economia da manifestação,
               dos sentimentos,
               até a vida
               vegetativa.
Jogo em surdina
Jogo
               do vazio,
               do não importa o quê,
               do desimportante,
do indigno
               de ser representado.

1963

PARTITURA: *O LOUCO E A FREIRA* DE S. I. WITKIEWICZ [EXTRATO]

Ato I
A *Máquina* funciona
Burdygiel
luta pela menor pontinha de lugar
para o jogo e a vida,
perde o equilíbrio,
oscila,
ergue-se,
volta a cair,
ergue-se de novo pacientemente
atropela-se com o movimento incessante das cadeiras
rebatido e rejeitado.
Nessa *luta* tragicômica pelo *lugar*
ele parece um malabarista.
Ele cospe palavras que,
tão logo lançadas, perdem o *encadeamento* ulterior.
A *eliminação* do movimento torna-se
uma *eliminação psíquica*.
Uma vaga *apatia crescente*
submerge Burdygiel.
As pausas de uma duração *penosa* tornam-se insuportáveis.
Burdygiel mergulhado de repente na meditação.
Burdygiel desanimado

fecha-se num silêncio desdenhoso.
Ainda uma palavra ou uma frase
Dissolução do texto
Decomposição total
Ele enuncia as últimas frases
como do além
rapidamente, com pressa e *não importa como*.

A Freira

Trava a luta pelo lugar, encarniçada, cômica e desesperada.
Junto com isso, atos de submissão e de docilidade.
Todos os esforços para guardar a dignidade espiritual são vãos,
acompanhados de uma
perda constante do equilíbrio,
de saltos pouco sérios etc.
Tudo isso contribui seriamente
para a decomposição moral da Freira.

Walpurg

que se mantinha até então de costas,
vira-se.
Seus gestos são pequenos, miúdos, nervosos.
Ele conta nervosamente as cadeiras.
É como seu estado elementar
Contar desesperadamente as cadeiras.
Uma desintegração absoluta,
à qual ele retorna em seus *bas-fonds*.
Ele observa a Freira.
Mas, logo em seguida, finge não vê-la.
Conta obstinadamente.
Um pequeno poema muito lírico…
Quase com soluços.
Depois disso, somente, ele "arde de desejo" pela Freira.
Luta contra as cadeiras,
abre uma passagem.
A fúria dos gestos e a fuga das palavras, crescente como uma
avalanche, reforçam-se.
De súbito (após o "O senhor não está vendo meu hábito?")
ele cai no "buraco psíquico".
Como se o ar se lhe escapasse.
Toda uma pantomima
Tenta retomar o equilíbrio
ante a massa "inflante" de cadeiras.

Faz gestos cômicos.
Seus movimentos tornam-se cada vez mais prudentes.
Um mínimo de gestos, de movimentos.
Economia de forças
Deve-se ter a impressão
que toda emoção mais forte
é um perigo de morte,
que nesses signos e traços de vida mínimos encontra-se a única possibilidade de durar.
Essa economia vital
(desde "Eu, não...", até "prematuramente de sofrer")
passa a um grau quase *vegetal*
(como se o tempo se alargasse)
Relaxadamente que compromete
quer a *decomposição* do discurso, quer o seu sentido,
transformando-se em um gemido que se estira.
Este deve ser uma obra-prima sonora.
À lembrança do doutor Burdygiel
uma onda de raiva e de expressão
infla-se em Walpurg.
Sons inarticulados.
O cimo dessa onda
apresenta-se ainda antes do início da questão (de Walpurg).
A questão nada por um momento sobre esta onda
para acalmar-se progressivamente.
Ele conta de novo
A expressão se reforça,
como por uma soma.
A redução a zero
consuma-se numa súbita extinção
da voz e da emoção,
sempre mantendo
movimentos desenfreados
que se tornam inteiramente vazios.
Mas sua manifestação como sentimentos vivos não se dá impunemente.
Essas paixões desmedidas
comunicam-se ao amontoado de cadeiras
que começa a "agir".
Sua atividade eliminadora
semeia o vazio.
Walpurg perde o equilíbrio.
Estamos quase ao limiar de uma catástrofe.
A "massa" das cadeiras acalma-se.
Entram dois *servidores*.

Eles são ao mesmo tempo
gatos-pingados, *clowns* lúgubres, informantes,
instrumentos obtusos, imbecis.
Os servidores,
sem se apressar, metodicamente,
trazem cadeiras,
depositam-nas sobre o amontoado,
saem,
trazem cadeiras,
depositam-nas,
saem.
Fazem esse trabalho com precisão,
solidamente e sem pensar
não prestam atenção a nada.
Gestos destros, estudados.
Os dois entram, saem,
trazem, depositam.
O amontoado de cadeiras cresce,
há cada vez menos lugar.
Os atores não dão atenção
ao amontoado crescente de cadeiras,
no qual eles se afogam lentamente,
ocupados com o diálogo e com as confidências.
Os servidores apóiam neles as cadeiras,
penduram-nas nos braços que gesticulam.
Essa atividade insensata
assume dimensões de absoluto.
Eliminação total.
É importante que os atores não a reparem
e que aqueles que se entregam a essa atividade manifestem ausência
total de reflexão.
Os atores encontram ainda um último
"refúgio".
Repelidos de toda a parte,
começam a atuar em surdina,
recitam rapidamente seus papéis,
para ter tempo de tudo dizer e de tudo transmitir,
enquanto resta ainda uma última "migalha" de tempo.
Durante esse tempo, os *clowns* lúgubres
prosseguem sua atividade, mas desta vez no outro sentido.
Quer dizer que eles tiram as cadeiras.
Walpurg e a Freira,
fatigados, sentam-se a uma certa distância um do outro.
Os dois servidores tomam lugar
no meio, entre eles.

A partir desse momento
o diálogo de Walpurg e da Freira
tem seus Intermediários,
seus Intérpretes e seus Cérberos.
Walpurg: "Fale agora de você". Quem era ele?
O 1º servidor franze as sobrancelhas,
        tenta refletir,
        vê-se que ele tem dificuldade,
        tenta analisar.
        "Fale agora de você",
        ele repete isso várias vezes,
        com entonações e intenções
        diferentes, examina,
        tenta apreender alguma coisa nessas palavras,
        sem resultado.
Fatigado e resignado,
transmite a questão "quem era ele?"
a seu colega,
encarregando-o de continuar a análise.
Este é ainda mais estúpido.
Ele revira a questão em todos os sentidos,
desanimado,
apavorado com a responsabilidade,
repete,
balbucia.
No fim, os dois se consultam,
chegam visivelmente a uma conclusão,
uma vez que de repente
o segundo servidor volta-se para a Freira
        "Quem era ele?"
A Freira, simplesmente e rápido
        "Ele era engenheiro"
O segundo para o primeiro, misteriosamente
        "ele era engenheiro"
O primeiro repete, analisa sem convicção,
transmite a informação não decifrada a Walpurg,
o qual estoura em risada.
O primeiro não compreende por que,
mas começa ele próprio a rir,
ri cada vez mais forte,
considera isso como uma distração.
Desorientado, o segundo o acompanha servil e estupidamente:
Ri e depois "se esquenta",
ri
segura os flancos de tanto rir,

ruge a plenos pulmões,
detém-se de repente,
pois reparou que era o *único* a rir.
Fazendo boa cara para mau jogo,
mas com receio,
pára de rir.
Essa situação equívoca e absurda,
não encontrando lugar na situação de serviço dos dois,
os faz perder o equilíbrio.
Daí por que
quando o Louco, irritado, dispara
        "Bom, e depois?"
o primeiro, em um tom extremamente oficial,
transmite-o ao segundo,
que, consternado com a cacetada dessa pergunta tão oficial,
volta-se nos dois sentidos e a propõe ao público.
A rápida e agressiva réplica da Freira: "por que você está rindo?"
só faz aumentar o seu completo embaraço.
Ele repete automaticamente
        "por que você está rindo?"
O primeiro, crendo que a pergunta lhe é dirigida,
surpreso,
infla-se de uma dignidade desmedida
        "por que você está rindo?"
gorgoleja ele, furioso
        "por que você está rindo?"
Walpurg, rapidamente
        "não estou rindo em absoluto"
Esta afirmação convém muito bem ao primeiro,
Ele afirma com autoridade
        "não estou rindo em absoluto"
Ele censura oficialmente de maneira pedante:
        "por que você está rindo?"
        "não estou rindo em absoluto"
O segundo, estupefato com a censura,
que ele toma à sua conta,
e com a mentira evidente de seu chefe,
repete com zelo:
        "não estou rindo em absoluto"
Dando-se conta da injustiça da censura:
        "não estou rindo em absoluto"
com amargura:
        "não estou rindo em absoluto"
Lacrimoso:
        "não estou rindo em absoluto"

acompanhando o tom hipócrita do chefe:
   "não estou rindo em absoluto"
queixando-se ao público:
   "não estou rindo em absoluto"
confiando-se à Freira:
   "não estou rindo em absoluto"
Walpurg continua:
     "simplesmente, ele me causa inveja.
     Ele era uma das rodas da engrenagem da máquina,
     e não um pedregulho entre os dentes de metal".
O primeiro repete lentamente, com dificuldade,
para não cometer erro nesta informação importante.
Mas isso dá certo apenas
até a metade da frase.
Ele reflete
Ele repete, mas já nervoso
por ter esquecido a outra metade.
Ele confunde a ordem.
Cada vez mais nervoso,
porém cada vez mais encarniçado
Com obstinação ele se confunde horrivelmente:
    "uma rodinha perdida
    numa máquina dentada,
    pedregulho dentado,
    pedregulho de metal
    dentado
    perdido..."
desesperado e ridicularizado.
Quando Walpurg convida a Freira
a novas confidências:
   "E depois?"
o primeiro grunhe, como que possuído:
   "E depois!?"
O segundo, desde o primeiro instante,
desiste de tomar aí qualquer parte.
Depois, quando seu superior
se atrapalha e se confunde,
ele manifesta uma satisfação evidente,
ele toma como testemunha a Freira
e os espectadores.
Hipocritamente, por meio de mímicas,
desculpa-se com a Freira
daquilo que ele não lhe explicará nada desta vez.
Mas quando o primeiro grunhe: "E depois!?"
muda de repente sua relação solidária com a Freira:

ele ruge com ainda com mais zelo: "E depois!!"
ele a insta.
A Freira confia-lhe:
"Ele só amava a mim,
mas não podia romper com uma dama.
Ele precisava dar um fim a isso,
meteu uma bala na cabeça.
Eu entrei no convento"
O primeiro ainda está acabrunhado
com sua derrota precedente.
Daí por que repete com indiferença:
    "ele só amava a mim..."
até
    "ele meteu uma bala na cabeça"
De repente, tendo voltado a si,
grita: "uma bala"
Ele se sente agora seguro de si.
Ele começa a funcionar.
Ele repete sem erro.
O segundo, completamente desmoralizado
e, por conseqüência, descontraído,
decide-se por um tom
condescendente e quase lírico
Ele repete essa informação
como uma cantiga de ninar.
Somente o grito do chefe: "uma bala", o chama à ordem.
Desconcertado, repete idiotamente
    "ele meteu uma bala"
e depois
sem nenhum sentido
    "mas ele não podia romper...
    ele meteu uma bala com uma dama"
Enquanto a Freira repete gemendo:
    "eu entrei então no convento..."
O segundo ao primeiro, com pressa: "ela entrou no
convento"
O primeiro, em um tom de futrica, para Walpurg: "ela entrou no
convento"
Walpurg observa com concupiscência
o objeto vivo dessa futricagem.
Seu desejo cresce,
ele se comunica igualmente ao primeiro.
Sentindo o isolamento da Freira,
o segundo brada com ardor e se diverte à larga:
    "no convento!"

Entrementes Walpurg se anima cada vez mais,
começa a excitar-se.
O primeiro observa esses sintomas com inquietação,
cada vez mais atentamente
Ele não faz mais do que repetir e transmitir como um autômato
as palavras de Walpurg.
O segundo, ao contrário, não se dando conta de nada,
estuda essas "informações",
analisa-as,
interessando-se, ao mesmo tempo, cada vez mais pela Freira.
A questão transmitida
"Por que eu, já não a encontrei antes?"
ele a dirige à Freira
como se a pergunta viesse dele.
Ele se excita visivelmente.
Após a imprudente alusão da Freira
"você teria me atormentado como o outro".
Walpurg se irrita terrivelmente.
Ele explode em palavras.
Um acesso de loucura se aproxima
A situação torna-se ameaçadora.
O primeiro sente que se acha diante de um traço do passado do Louco.
Irritado,
repete as frases. Busca uma explicação.
ora junto ao Louco,
ora junto à Freira.
O segundo começa a entrar em pânico,
repete balbuciando.
Posto em pânico pelo Louco,
não renuncia ao mesmo tempo
aos ataques eróticos
contra a Freira.
Ele repete maquinalmente suas palavras:
"Queira me chamar de 'minha irmã', peço-lhe."
A irmã se desprende.
O segundo a retém com todas as suas forças,
repetindo em tom implorante
as palavras do Louco.
De repente tudo começa a misturar-se absurdamente
O Louco está agora totalmente enraivecido.
O primeiro tenta a todo custo
acalmar
seu "objeto" de análise.
O "objeto" se desprende convulsivamente.

A situação passa a ser catastrófica.
Razão da existência do primeiro e do segundo,
a Loucura e a Freira
podem a todo instante
"tornar-se independentes",
tornar o primeiro e o segundo inúteis.
O Louco "desabafa" todo o seu passado.
Entrementes, o primeiro e o segundo fazem esforços desesperados
para levar de volta o Louco e a Freira aos seus lugares
e os acalmar.
Luta generalizada.
Últimos esforços do primeiro e do segundo
para reparar e manter
a ligação cortada
e o "canal de informação" cortado.
O primeiro luta com o Louco
que quer a todo custo
"entrar em contato direto" com a Freira.
Agarra-se a ele desesperadamente,
puxa-o da cadeira,
repete, transmite não importa como,
para guardar ainda que sejam apenas as aparências
de sua utilidade e de seu funcionamento.
O segundo faz a mesma coisa com a Freira,
esforçando-se para "dominá-la".
Não se sabe
onde acabam as funções de "intermediário"
e onde começam os excessos eróticos
cada vez mais monstruosos.
O segundo já está montado
sobre a Freira,
ele a incita,
atormenta-a,
grita na sua cara.
Loucura geral,
orgia,
novelo de corpos.
Os funcionários da "informação"
transformam-se em esbirros.
Eles encerram o Louco, por baixo,
em um enorme saco negro,
mas de tal maneira
que eles próprios se encontram no interior.
Turbilhão.
Do saco sai

uma torrente de confissões do Louco genial.
Ora sua cabeça aparece em cima,
ora volta a tombar dentro do saco
em que se debate com seus algozes.
Enfurecido, ele grita:
    "Minha irmã, segure minha cabeça entre suas mãos"
Após uma luta interior
emerge a cabeça do primeiro,
e desaparece rapidamente
em seguida a cabeça de Walpurg.
Malabarismo macabro de cabeças.
Suplicante, a cabeça do Louco
volta-se para a Freira
para que ela desate a camisa de força.
A Freira satisfaz
o desejo do Louco,
entrando ela mesma no saco.
O diálogo amoroso
do Louco e da Freira
dessa embalagem trágica,
que recobre
a loucura,
o amor,
o pecado
e a crueldade.

▲ *O* Louco e a Freira. *Vestimenta dos dois* clowns. *Desenho*.

▼▼ O Louco e a Freira *de St. I. Witkiewicz, Teatro Cricot 2, Cracóvia, 1963. Walpurg (J. Güntner) e Irmã Ana (A. Szymanska). Foto: J. Borowiec.*

◄◄ O Louco e a Freira. *Walpurg, dois* clowns *(Kwinta e Bednarczyk), Irmã Ana. Foto: J. Borowiec.*

▲ *O Louco e a Freira. Dois* clowns, *Walpurg, Irmã Bárbara (M. Stangret), Dr. Grün. Foto: J. Borowiek.*

DESCRIÇÃO DA AÇÃO: *O LOUCO E A FREIRA*

Teatro
Cricot 2

Teatro Zero

S. I. Witkiewicz

O Louco e a Freira

peça escrita
em 1923

Estréia
8 de junho de 1963
Cracóvia

Personagens: – Walpurg
O Louco
O poeta   Jan Güntner

Irmã Ana   Hanna Szymańska
Irmã Bárbara, superior   Maria Stangret

Burdygiel, psiquiatra   Stanislas Rychlicki

Grün, psicanalista   Tadeusz Korlatowicz

Walldorff, professor   Bogdan Smigielski

Guarda, animais selvagens Zbigniew Bednarczyk
                                  Tadeusz Kurinta
                                  Josef Wieczorek

A ação desenrola-se numa cela de loucos.

Fabulação ou descrição dos acontecimentos que se passam na peça, mas cujo conhecimento *não permite*, de modo algum, compreender o conteúdo da peça.

Ato I

Cela em um asilo de alienados
número 20

placa com a inscrição
dementia praecox
Nome do paciente
Walpurg
poeta conhecido,
numa camisa de força.
Burdygiel, psiquiatra,
tradicionalista,
apegado aos velhos
métodos
de envenenamento lento
dos incuráveis,
reconhece
sua total impotência.
A última tábua de salvação
é a psicanálise
freudiana,
que o psicanalista *Grün*
professa.
A enfermeira
Irmã Ana
recebe vagas instruções
para detectar,
graças à sua intuição feminina,
o complexo
do *acontecimento*
esquecido
que causou
a ruína mental do paciente.
Depois disso,
ela fica a sós com o louco
até o fim
do ato I.
A realidade,
que se manifesta
em um diálogo
cheio de surpresas,
analisada superficialmente
por médicos sabichões e pedantes,
revela-se
muito mais interessante
e viva.
O paciente outrora *martirizou*
uma mulher que ele
amava.

Segundo relato do paciente,
as circunstâncias que acompanham o fato
absolvem-no
até certo ponto.
O paciente tem mesmo
certo remorso em relação a essa mulher,
de sorte que, após a sua morte,
ela, por seu turno,
o martiriza e o mata sistematicamente.
À parte disso o paciente
seria um *artista genial*,
possuído
pela *mania da criação*.
O sentimento de ser *estranho*
à sociedade prática,
a satisfação incessante
de uma *paixão* exigente,
raramente aprovada
pelos que o cercam,
estados de obsessão,
o *sofrimento*,
uma *excitação*
constante acima da normal,
a loucura como conseqüência
de uma temperatura emocional
muito elevada,
são
sintomas autênticos.
o *exibicionismo* do paciente,
específico, afetado e estilizado,
manifestando
sintomas que acompanham
a criação,
tem apenas o gosto
de uma época finda.
O paciente é
igualmente um *ator* sugestivo,
que faz malabarismos com a forma do *jogo* puro,
do *escândalo* intelectual
e do chocante.
No curso do diálogo
trocam confidências
de parte da irmã Ana também,
que, após ter vivido uma *tragédia* pessoal,
entrou no convento.

Aproximados por suas confidências
e uma sorte comum,
chegam à convicção
de que são feitos um para o outro.
Irmã Ana livra
Walpurg
de sua camisa de força.
Tudo se passa,
de repente, rápido,
nos termos de uma *Commedia dell'Arte*.

Ato II

Irmã Ana reveste de novo
Walpurg com a camisa de força,
Entra uma junta
de médicos
e a superior.
Irmã Ana
faz um relatório
sobre a melhoria do estado
do doente.
A discussão da junta
termina por um triunfo
da psicanálise
e do doutor Grün
que, cheio de confiança
na eficácia absoluta do método,
libera o paciente
e lhe prediz
uma rápida *cura*.
O paciente,
com um golpe de lápis na têmpora *esquerda*,
mata ali mesmo
o doutor Burdygiel
por quem ele sentia
uma antipatia constante,
e que naquele momento
ele suspeita
de *flertar* com a irmã Ana.
Pânico geral,
só o psicanalista
conserva sua fé
numa cura próxima do paciente,
tratando-o,

sem mais aquela,
como uma amostra
que logo contribuirá
para a sua *carreira* científica.

Ato III

Irmã Ana
desata a camisa
de força.
A cena de amor íntima
entremesclada
de uma *poesia* caricatural do paciente
termina
com a irrupção inesperada
da junta médica
e da superior.
Explode uma disputa.
O paciente,
tomado de Loucura Furiosa,
enforca-se
após diligências técnicas *complicadas*.
Pânico geral,
altercação
e indignação.
De repente
a porta se abre.
Entram
o *defunto*
em roupa de passeio,
assim como
sua vítima,
o doutor Burdygiel,
em *sobrecasaca preta*.
Gritando:
"nós vamos para a cidade"
eles levam
a irmã Ana.
Depois deles, retira-se
o professor.
Agora a ação
precipita-se.
Aqueles que permaneceram na cela
assim como os guardas
do hospital

atiram-se uns sobre os outros,
rolam pelo chão,
batem-se.
Nessa massa de gente que luta
encontra-se
o cadáver do paciente,
que cai
no meio deles
com inércia.
A cortina desce lentamente.

A continuação dentro de uma semana.

OS ENSAIOS SOBRE O TEATRO ZERO

1. O Teatro Zero

Autonomia do método artístico que, longe de reproduzir a vida, visa eliminar os princípios e as normas da vida, por conseqüência não admite ser interpretado nos termos da vida e segundo sua escala de valores.
Até agora se construía a ação dramática orientando-a para que ultrapassasse o passo normal da vida, isto é, elevando-a acima do nível real na zona dos sintomas intensificados, das paixões veementes, dos conflitos, das catástrofes, das reações exageradas de expressão.
A idéia de crescimento exagerado e de intensificação torna-se finalmente uma fixação ingênua.

Reorientar a ação dramática,
dirigi-la abaixo do passo normal da vida
por meio do relaxamento
dos laços biológicos,
psicológicos, semânticos,
pela perda da energia e da expressão,
por um "resfriamento" da temperatura
indo até o vazio –
eis o processo de desilusão
e a única chance
de reencontrar o real.
Os sintomas que acompanham esse processo
são significativos:
As normas práticas da vida cessam de ser
válidas de maneira natural.
A realização formal perde seu caráter de tabu não sendo
mais a única função criadora,
que se tornou aliás demasiado pesada.

O objeto se desembaraça de sua significação ingênuamente sobreimpressa e de seu simbolismo que o camufla,
revelando a autonomia
de sua existência vazia.
O processo de criação se faz
realização do impossível!
O teatro que chamei de teatro zero
não apresenta
uma situação completamente zero.
Sua essência é
o processo
orientado para
o vazio
e as zonas zero.
Eis o corte desse processo:
Relaxamento dos laços de conteúdo.
Desprezo pela marcha
dos acontecimentos (texto),
criação de uma zona de atividade livre
acima do texto,
prestidigitação com
o acaso,
restos,
"detritos",
coisas fúteis,
nadas desdenhados,
coisas vergonhosas,
incômodas,
com não importa o quê,
com vacuidade.
Subestimação
da importância dos acontecimentos,
da significação dos fatos,
das emoções.
Anulação.
Eliminação de impulsões
e de sintomas de uma atividade enérgica.
Descarga
("distensão")
da energia,
Resfriamento da temperatura
e da expressão.
Utilização
de um monótono incômodo

e de inércia
Deslocamento de
toda organização que se forma.
Decomposição geral
de toda forma.
Desarranjo de todo mecanismo,
que se bloqueia,
fica mais lento,
perde seu ritmo.
Repetição automática,
Eliminação pelo barulho,
por fatores exteriores
automáticos,
pela asneira,
pelo clichê,
pelo terror.
Desinformação.
Deformação da informação.
Decomposição da ação.
Moleza no jogo.
Os atores trancam seu jogo.
O jogo imperceptível.
O jogo
fazendo o jogo de não-jogo.
Essas atividades são acompanhadas
de estados psíquicos bem determinados.
E, no entanto,
elas não são condicionadas
elas não são provocadas
por estes.
Elas criam apenas
a aparência
de tal ou tal estado psíquico.
Portanto não é
uma psicologia
calcada nos fatos da vida,
com seu caráter causal.
Os estados psíquicos são
isolados,
gratuitos,
autônomos
e enquanto tais
podem ser fatores artísticos.
Ei-los:
apatia,

melancolia,
embrutecimento
esgotamento
amnésia
associações desorganizadas
depressão profunda
falta de reação
desalento
vida vegetativa
distração
tédio
excitação
impotência completa
choradeira
infantilismo
esclerose
esquizofrenia
delírios maníacos
miserabilismo
sadismo

2. *O Não-Jogo*

O estado do não-jogo é possível,
quando o ator se aproxima
de seu próprio estado *pessoal*
e de sua situação,
quando ele ignora
e supera a ilusão (o texto)
que o arrasta incessantemente
e o ameaça.
Quando ele mesmo cria
o seu próprio curso de acontecimentos,
de estados, de situações,
que
ou entram em colisão com o curso dos eventos
da ilusão do texto,
ou estão completamente isolados.
Isto parece
impossível
E, no entanto, a possibilidade de transgredir esse limiar
do *impossível*
fascina.
De um lado a realidade do texto,
de outro o ator e seu comportamento.

Dois sistemas sem ligação,
independentes,
que não se ilustram.
A "conduta" do ator
deve
"paralisar" a realidade do texto.
Então a realidade do texto se tornará
concreta.
É possível que seja um paradoxo,
mas não no que concerne à arte.

3. Notas Concernentes ao Teatro Zero

Tentemos reunir
manifestações da atividade da vida
com forte carga emocional:
    Amor
    Ciúme
    Desejo
    Paixão
    Avidez
    Astúcia
    Covardia
    Vingança
    Homicídios
    Assassinatos
    Guerra
    Heroísmo
    Sofrimento
    Medo...
Este *considerável* material explosivo
serviu por longo tempo ao teatro
para inventar uma fabulação literária,
ações dramáticas,
complicações,
conflitos
e sensações.
Ele produziu em conseqüência toda uma série
de meios formais que lhe são próprios:
    construção
    forma
    ilusão
    caráter figurativo
    caráter reprodutivo.
Estes valores e estas ordens obrigatórias

imutáveis (pareceria)
e que endurecem
por seu turno as coisas, todo esse imponente
arsenal de manifestações da vida,
transformou-se, no fim,
em uma loja de acessórios vazia.
O "objeto"
tornou-se uma armadilha "empolada", nobre
da *realidade*.
Se rejeitarmos os meios formais usados,
a ilusão, o aparelho de reprodução automática,
o caráter figurativo (no teatro:
curso de acontecimentos reais e vividos),
se pusermos em discussão
as concepções de forma e construção,
deveremos ignorar radicalmente
essas manifestações da vida
infladas,
providas de garantias,
e... deixá-las para sempre.
Se com isso admitirmos
que a arte não é uma expressão
e nesse caso uma expressão
de estados "máximos",
aceitaremos facilmente os estados e as manifestações
tais como:
    aversão
    apatia
    perda de vontade
    tédio
    monotonia
    banalidade
    ridículo
    indiferença
    estado vegetativo
    vazio...
São estados desinteressantes
e é isto que importa.

4. Antiatividade

É preciso criar toda uma "partitura"
de nuanças, de passagens,
de gradações.
Os atores manifestam uma *aversão* pelo jogo de atuação.

Essa aversão se aprofundou.
Eles manifestam um "desinteresse"
em relação ao texto, aos espectadores.
Displicência,
menosprezo,
fastio, malícia de macaco.
Eles são presa do *desânimo*,
da *apatia*, da *melancolia*, do *tédio*.
Eles *renunciam*.
Eles caem em *depressão*.
Eles mergulham em profunda *meditação*,
no *torpor*.
A meditação pode ser o sintoma
de um pensamento intensivo,
de devaneio,
de hebetude,
de vazio.
Tudo isso
escandalosamente privado.
De uma maneira incômoda.
Não se leva em conta o público.
Olhares fixos no espaço.
Lembranças súbitas de alguma coisa.
Interesse repentino
por detalhes, por bagatelas
(os atores esfregam uma mancha,
observam atentamente um cordão,
qualquer coisa mínima),
e de novo meditam.
Esforços desesperados
para recapturar o fio rompido...
E de novo resignação,
e assim ao infinito,
até o fastio
e a loucura...

5. Jogo em "Surdina"

Opor ao jogo do ator "aberto" que, por seus clichês,
torna-se descarado –
o jogo *"em surdina"*.
Os atores atuam no lugar
que menos convém.
Eles são ocultos pelos eventos
"de primeiro plano",

ruidosos,
convencionais,
idiotas.
Os atores estão como que enxotados,
abatidos,
atuam como por espírito de contradição
sem direito, ilegalmente.

Outra situação:
Eliminados pelos
acontecimentos, pelas situações
do "primeiro plano",
insolentes,
"oficiais",
os atores recuam,
buscam um último refúgio.
E então se esforçam para
exprimir-se rapidamente, o mais depressa possível,
para terem tempo antes da liquidação
final.

6. Apagamento

Na obra de arte aplica-se amiúde
o método do *apagamento*,
de esfumação de um certo papel.
Isto dá uma sugestiva sensação emocional.
Não é apenas uma questão
de procura do vazio e do "silêncio".
É antes de tudo uma
    decisão,
    um gesto,
que tem em si algo
    de secreto,
    de oculto.
Montar um modo de ação tal
que esse ato de apagamento se torne
visível, manifesto.

7. Absorção da Expressão

Os estados "expressivos" aparecem
de repente, provocados
por uma "arranhadura".
Eles crescem.

Excitação, inquietude,
fúria, furor, raiva.
Súbito, eles se interrompem,
como se tivessem sido engolidos.
Não restam senão gestos vazios.

8. *Vegetação.*
   Economia de Gestos e de Emoções

Imobilidade enquanto defesa.
Os atores se esforçam em guardar
e adaptar-se a um mínimo
de condições vitais,
economizando suas forças,
fazendo um mínimo de movimentos,
não mostrando suas emoções
(como um homem na montanha, aferrado
aos rochedos, sobre uma senda muito estreita).
Economia de movimentos ridícula.
Prudência.
Cada reação é avaliada e "medida".
Tensa atenção.
Consciência que cada manifestação mais brutal
da vida é um perigo de morte.

9. *Automatismo*

A realidade de uma atividade automática
é uma repetição invariável.
Essa invariabilidade
Chama, após um certo tempo,
a fascinação, após um tempo mais longo,
o êxtase e a loucura.

10. *Situações Incômodas*

Substituir o choque por uma situação
incômoda:
Uma situação incômoda é alguma coisa a mais
que chocante.
É preciso para isso muito mais
audácia,
risco
e decisão.
Uma situação incômoda destrói

de maneira muito mais eficaz
a experiência de vida do espectador
e sua existência convencional, legalizada,
coloca-o " mais baixo".

11. Redução a Zero
dos Valores de Significação e de Conteúdo

Reduzir as significações a
valores puramente fonéticos,
fazer malabarismos com as palavras,
dar-lhes vários sentidos,
"dissolver" o conteúdo,
afrouxar os laços lógicos,
repetir.

12. Eliminação pelo Uso da Força

A "Máquina Aniquiladora"
(massa informe de cadeiras), por
movimentos brutais, automáticos
martela os atores, atira-os "no além",
elimina-os.
Resta para a vida e o jogo um espaço ridiculamente pequeno.
Os atores esforçam-se
para impedir que os enxotem por completo,
para guardar o equilíbrio, agarram-se
como pessoas que se afogam, lutam desesperadamente,
tombam.

13. O Jogo sob a Coação (O Louco e a Freira)

Os atores são coagidos a atuar,
    incitados,
    instruídos,
    castigados,
    torturados,
    aterrorizados.
O papel do exercício da coação é realizado
por duas personagens "suplementares",
tipos inteiramente negativos,
obtusos e estúpidos,
tristes *clowns*,
um pouco vigilantes, um pouco esbirros,

carrascos cruéis,
instrumentos brutais e obtusos,
autômatos sem pensamento,
que se metamorfoseiam facilmente, se necessário for,
moralizadores zelosos, mentores severos,
intérpretes estúpidos,
agenciadores,
gatos-pingados
e sádicos.

14. Embalagem

Uma Enorme "embalagem" negra
é um último meio radical
para liquidar tudo.

(*Tradução de J. Guinsburg*)

7. Nas Fronteiras da Pintura e do Teatro

CONTRA A FORMA (Ensaios)

1. Crise da Forma

A forma não é o único indício e critério da individualidade.
Em um passado secular extinto, um sistema rígido de relações,
de restrições, de pressões,
        de submissões e de hierarquias
aplicava à arte, de modo mecânico, convenções formais obrigatórias, gerais, como formas-espartilho rígidas, aprisionando o organismo humano vivo.
A obra viva foi cercada por um cordão de convenções
        de estilos
        de fantasmas históricos.
Criaram-se locais-panteões especiais: museus
        para as pedras sepulcrais assim preparadas.
Escreveu-se enfim uma história bem organizada, bem catalogada.

Desconfio também que a forma era
        um biombo,
atrás do qual, por um lado os artistas se escondiam de sua *época*
e de sua intolerância,
através do qual, por outro lado, esta *época* se precavia contra o fenômeno inexplicável, existente para além das normas, que é a criação.

Eu não desconfio mais, mas estou certo de que a forma, ao mesmo tempo que sua função precípua *isolante*, perdeu sua razão de ser.

2. Observações Gerais

A arte é uma manifestação da vida. A coisa mais preciosa é a vida, alguma coisa que voa, que passa. A vida é uma corrida. Aquilo que fica para trás, mesmo que se transforme em mitos, atrapalha esta corrida. Apenas aquilo que acompanha a vida, esta corrida do instante, aquilo que *passa*, apenas isso é precioso.

Não se trata absolutamente para mim de revelar meu interior e sua topografia. Esforços nesse sentido acabam geralmente em maneirismo e coqueteria. Considero ridículo incensar sua própria forma e criar sua própria silhueta. São atitudes grandiloqüentes voltadas à posteridade.

O que é importante para mim é meu interesse pela realidade que muda e que evolui, que se define sem cessar no pensamento, se reforça na imaginação e se realiza, no que diz respeito à arte, na decisão e na escolha.

Considero a vida e a criação como uma viagem no tempo físico e interior na qual a esperança é dada sem cessar por meio de encontros inesperados, provações, confusões, retornos, buscas da estrada certa. E a esperança não é um motor qualquer. Persuadir-se e persuadir os outros de que nos orientamos de acordo com uma linha conseqüente, conhecida, seria um pedantismo fatal para a criação. A linha é um traço!

O passado se torna facilmente uma sobrecarga. É preciso fechar implacavelmente suas etapas sucessivas, só guardar dele aquilo que, em uma situação nova, se transforma também, aquilo que modifica sua atualidade e isso de um modo inesperado.

E apenas uma tal interpretação do passado é admissível na evolução criativa.

Somos hoje testemunhas de uma "crise da forma", isto é desse valor que exige que a obra de arte seja o *resultado* supremo das *atividades* do artista, tais como: formação, construção, manejamento da forma, aplicação de uma impressão.

Há muitas décadas, as diversas etapas do desenvolvimento da arte questionaram sucessivamente: a convenção do caráter estático da obra de arte, de seu sistema formal escolástico e repleto de *a priori*, seu caráter fechado e imutável, seu caráter unívoco.

Essa crise da forma e de sua função isolante provocou e facilitou a intrusão, na obra de arte, da *realidade*.

3. Evolução

A evolução do artista, tão importante para que ele possa manter sua vitalidade, não é um *aperfeiçoamento* da forma. O aperfeiçoamento,

tão apreciado e adorado pela opinião convencional, torna-se com o tempo uma *aparência* de criação e um meio que conduz a aprovação, a aceitação,
e para o próprio artista
　　um abrigo
　　uma paz preguiçosa
　　mas também o prestígio.
A evolução é uma adaptação constante do artista à sua época, até o final de suas forças intelectuais (ai de mim!)
Se eu mesmo ou outra pessoa, vendo as coisas do exterior, não compreender a evolução da minha criação, por não perceber homogeneidade nela, posso alimentar a esperança de que esse desenvolvimento é vivo, porque uma das propriedades da vida é a de trazer surpresas constantemente e de ter um curso imprevisível.
Minha evolução é outra e diferente dos outros. Eu só poderia compreendê-la por analogia com outras evoluções acabadas que conheço. Seria no entanto falso e estúpido (contudo é precisamente dessa maneira que agem muitos críticos ingênuos).
A questão é que cada um tem uma homogeneidade diferente, que só aparece quando todos os fatos, ou sua maioria, foram concluídos.
Nesse momento podem ser fixadas as intenções e a direção. Nesse momento o que era vivo, o que era uma aventura e uma surpresa perde o charme e a força do *imprevisto* e adquire a importância das causas e dos efeitos. Evidentemente é pior se essas práticas duvidosas acontecem ao longo do processo de criação.
Pessoalmente, minha própria evolução me aparece como uma viagem no tempo físico e interior
no qual a esperança é dada
por meio de encontros completamente inesperados,
provações que antes eu não teria podido imaginar,
pela espera de alguma coisa inesperada,
por confusões, retornos, buscas do caminho certo.
E a esperança é sem dúvida o motor principal.

4. Objeto e Imagem

Parecia que a relação entre a realidade, ou, se se preferir, o objeto e o quadro limitado da imagem, estava fixada de uma vez por todas e imutável. Os papéis e as competências estavam divididos com autoridade. O objeto era um modelo, esse quadro era o campo de ação que se esforçava em reproduzir o objeto, em repeti-lo e em dispô-lo em um esquema total realmente obrigatório.
Com o objeto em si mesmo, em diferentes épocas, realizaram-se manobras diferentes.

Ele foi fixado em um espaço ótico de perspectiva, na dependência do ponto estático do olho, rígido e mantido definitivamente. Esse aparelho imponente e por muito tempo fascinante tornou-se um *panóptico* sem nada a ver com a vida. A realidade, que aí não encontrava mais lugar, exigia um procedimento mais arriscado. Ela começou a penetrar o espaço em todos os seus pontos. Uma tal atitude acarretava pesadas conseqüências e apresentava resultados surpreendentes. Resultou disso que apenas têm importância as *relações* entre os objetos e o espaço. Não poderia ser diferente. Era essa a única oportunidade de se aproximar da verdade. Mas a imagem de fachada do objeto se revelou uma ilusão. Ela foi abandonada em meio a maldições gerais, a invectivas indignadas. A verdade real era rigorosa e exigia um grande esforço.

Sobre a imagem apareceu um objeto, que parecia quebrado, mas soldado inseparavelmente pelo espaço, de modo fragmentário, em perfis intermináveis, em cortes, em planos distantes e próximos.

Uma leitura simplesmente visual dessa imagem nova tornou-se impossível. Pela primeira vez na recepção da imagem aparece a necessidade do pensamento e da imaginação. Apenas sua presença ativa poderia organizar experiências puramente visuais.

Mais anteriormente ainda, antes dos cubistas, os impressionistas aceitaram toda a herança desse esqueleto de espaço, de perspectiva, como um mal necessário.Todos os seus esforços tendiam contudo a dar a entender que ele não é importante. Reconhecendo apenas o valor da *experiência*, eles diluíram, dessa maneira infinitamente móvel e efêmera, os contornos sólidos do objeto, sua consistência igualmente sólida, os planos e todo o espaço. Tentou-se em seguida ver o reflexo do objeto na esfera interior do homem, na qual ele se deformava, fermentava, gargarejava, vacilava nas "entranhas do eu" alucinatórias, medonhas. Os surrealistas o reivindicavam em seu reflexo equívoco no subconsciente e a realidade do sonho, no qual, liberado de suas funções reais, ele erguia uma ponta do véu de seu mistério.

Ele foi totalmente afastado para criar um mundo sem objeto, campo da sensação pura e do sentido metafísico da criação.

Entretanto em meio a todas essas peripécias existia sempre aparentemente uma *distância* natural e evidente entre o objeto, a realidade e a imagem, esse terreno reservado ao próprio ato e ao cerimonial da criação.

O momento no qual os dadaístas reconheceram que esse local saudável do ato de criação (isto é, a imagem) estava muito carregado por práticas cada vez mais complicadas, uma vez que eles as ignoraram sem piedade e fizeram do *próprio objeto* uma obra de arte – apenas pela escolha e o nome – esse momento foi uma verdadeira revolução.

O ato de criação se transportou para outros domínios: os da decisão, da iniciativa, da invenção, na esfera mental. O objeto e a realidade reais e brutos fizeram irrupção na esfera dos valores estéticos, no terreno da ficção imagética, modificando completamente suas funções, ditando seus direitos e sua própria organização.

5. Happening

O happening foi engendrado naturalmente por esses estágios precedentes. O campo de ação exclusivo se transportou desse domínio reservado que era o objeto, para a própria realidade, com seus objetos, seus temas, seu material, seus homens. Nessa situação seria ridículo tentar "construir" alguma coisa, opor valores estéticos ilusórios. Era necessário aceitar a realidade, encontrada, "pronta". Para não se confundir com ela, guardar seu estado de "possessão criativa", era necessário liberar os objetos de suas prerrogativas vitais, utilitárias, impor os direitos desinteressados da arte; se fosse necessário "construir" alguma coisa, seria apenas as dependências entre os objetos.

Essa ligação *consciente* entre a funcionalidade racional da vida e o mecanismo da arte, que agia segundo um princípio totalmente diferente, o da imaginação livre, ilimitada, provocou oposições as mais violentas.

Além disso os malentendidos apareciam, no mundo inteiro, na continuidade da confusão entre as atividades artísticas *conscientes* e seus efeitos, de um lado, e, de outro, os efeitos similares que apareciam na vida uma vez que a realidade, no momento do encontro de circunstâncias inesperadas opostas, torna-se simplesmente absurda.

Na exploração incessante da realidade pela arte, o happening teve um papel colossal. Suas peripécias foram refletidas nitidamente na pintura pictural. Pessoalmente, não acho que essa pintura deva desaparecer. Tal juízo seria ingênuo e estreito. No entanto, a pintura deixou de ser um terreno fechado pela técnica e pelos preconceitos acadêmicos.

6. Informal

Retornando uma vez mais à época da arte dita informal dos anos de 1956-1962, quero chamar a atenção para o fato de que essa tendência, que deixa uma grande parte, na criação da imagem, à espontaneidade, ao acaso e ao automatismo, questionando toda ingerência do artista, preparou o momento favorável à irrupção na imagem da realidade metaestética.

Reconhecendo o valor da imagem como vestígio da ação, ela fez emergir o processo artístico vivo do quadro rígido da imagem.

▲   *Antiexposição. 30.11.1963. Galeria Krzystofory, Cracóvia.*

ANTIEXPOSIÇÃO

Antiexposição ou exposição popular
1963.
Organizo minha exposição de 937 objetos; eu a chamo de exposição popular.
Era o resultado do trabalho de um ano de preparações, de "manobras", de todo um processo de mudanças que se produziam nesse momento em minhas concepções da obra de arte, de sua função e de seu destino.
Era, entre nós, a primeira *ambiência*.
Ela tinha características do happening, de uma realidade "pronta".

1963. Manifesto da antiexposição ou exposição popular
A obra de arte,
fatia da criação
isolada, enquadrada,
tornada imóvel
e fechada
na estrutura e o sistema,
incapaz de transformações e de vida –
é uma *ilusão* de criação.

A característica da criação
é o estado fluido,
mutante,
não durável
efêmero –
como a *vida* em si mesma.

É preciso reconhecer como criação
tudo o que ainda não virou
o que se chama uma obra de arte,
o que ainda não foi imobilizado,
o que contém diretamente as *impulsões* da vida
o que ainda não está "pronto"
               "organizado"
               "realizado":
as anotações dos problemas urgentes,
das idéias,
das descobertas,
os planos,
os projetos,
as concepções,
as partituras,
os *materiais*,

as ações colaterais.
Tudo isso
misturado
(até então artificialmente separado)
com a polpa da vida:
    os fatos
    os acontecimentos
    as pessoas
    as cartas, jornais, calendários,
    os endereços, as datas,
    os mapas, os bilhetes de viagem,
    os encontros...

Uma *MUDANÇA DA CONDIÇÃO DO*
    ESPECTADOR
      e
uma *MUDANÇA DO SENTIDO DA EXPOSIÇÃO*
tornam-se necessários.

Não há "imagens" –
    esses sistemas formais imóveis.
A presença da massa fluída e viva
de pequenas cargas
de reflexos, de energia,
modifica as percepções do espectador:
a co-presença analítica e contemplativa torna-se uma co-presença
fluida e quase ativa, nesse campo da realidade viva.
A EXPOSIÇÃO
perde sua função habitual, indiferente, de apresentação e de
documentação,
    torna-se uma
AMBIÊNCIA ATIVA
conduzindo o espectador em peripécias e emboscadas,
recusando-lhe e não satisfazendo
sua razão de existir
enquanto espectador
        observador
        e visitante.
A exposição
possui uma realidade "pronta":
minha própria criação e um passado estranho
objetivado pela mistura
com a matéria da vida.

Lista dos 937 objetos expostos

Esboços
desenhos
projetos
planos
idéias
definições
análises
manifestos
álbuns
preceitos
receitas
notas
descrições
jogos
diversões
paisagens
batalhas
metáforas

metamorfoses
exemplares únicos
perspectivas
panoramas
relíquias
pausas
aniquilações
bric-à-brac
encontros
cartas
documentos
comentários
assemblages
colagens
embalagens
e
assim
por diante

1963

HAPPENING – *CRICOTAGEM* (partitura)

Primeiro happening realizado na Polônia, em Varsóvia, na sala da Sociedade dos Amigos das Belas-Artes, em dezembro 1965. Ele durou uma hora. Participaram: Hanna Ptaszkowska, Maria Stangret, Agnieszka Zolkiewska, Erna Rosenstein, Tadeusz Kantor, Edward Krasinski, Alfred Lenica, Zbigniew Gostomski, Wieslaw Borowski, Mariusz Tchorek.

Uma sala cheia de pessoas amontoadas.
Em uma cadeira no centro está sentada uma mulher.
Ela se mantém muito rígida.
Ela olha para frente.
Concentrada.
De vez em quando ela se anima,
se levanta
e diz:
estou sentada.
Ela faz isso em tons diferentes,
convencional,
persuadida
imperativa,
iluminada pela descoberta
desse fato imperceptível
e capital,

tom seco e quase gramatical,
analítico e investigador,
com um ardor crescente,
ela chega à excitação furiosa
graças às possibilidades
crescentes e imprevisíveis
dessa modesta posição.

No canto de uma mesa
está deitada uma moça nua,
os braços jogados de qualquer jeito
como um manequim,
os olhos arregalados,
o sorriso morto,
ela fica imóvel o tempo todo.
Um homem quase nu
traz carvão,
coberto de poeira de carvão,
exausto
ele anda pesadamente,
ele espalha carvão
sobre a moça nua,
sistematicamente
e sem alma,
sem parar,
ida e volta,
ele traz carvão,
ele o espalha sobre o corpo da moça,
que no final
está quase inteiramente coberta.

Em uma mesa estão sentados
três homens elegantemente vestidos.
Em cima da mesa
espelhos, pincéis de barba,
toalhas, velas,
bacias de fazer barba.
Os três homens tiram
sistematicamente
seus paletós, coletes, gravatas,
dobram as toalhas,
ajustam os espelhos,
se endireitam,
abrem os cotovelos,
se olham com grande atenção,

começam com cerimônia
e lentamente fazem espuma nas bacias.
Lenta e cuidadosamente
um por vez eles ensaboam as partes do rosto.
A partir desse momento a evolução
dessa ação começa
a se diferenciar.
Um deles retira de repente
a camisa,
começa a ensaboar sucessivamente
os ombros, os braços, o peito, o ventre.
O outro, rapidamente retira
a camisa, depois a calça.
A ensaboação toma proporções
cada vez maiores.
As pernas, os pés, o corpo todo.
Transgridem-se todas as
possibilidades vitais.
Com o terceiro o processo de ensaboação
passa automatica
e espontaneamente
às peças de roupa,
camisa, calça, meias, sapatos.
Em seguida eles começa a ensaboar
a mesa, a toalha de mesa, os objetos sobre a mesa,
as toalhas, as velas, as bacias, o espelho,
o encosto das cadeiras, as cadeiras.
Depois todos passam sabão
no assoalho,
com um detalhamento extraordinário,
taco após taco,
e para terminar nos espectadores mais próximos.
Tudo se torna uma espécie
de escultura complicada
esbranquiçada, escorregadia, ensaboada
e em movimento.

Dois homens estão sentados numa mesa
sobre a qual está colocada
uma mala grande, muito grande,
muito velha,
estragada,
amassada e suja.
No interior está cheia até a borda
de uma enorme massa de macarrão preparado.

Dois homens
sentados face a face
começam a comer o macarrão,
mergulham no macarrão,
levam-no à boca,
enchem a boca,
espalham macarrão no rosto, cabelos,
roupas,
enchem os bolsos,
a refeição se transforma
em uma verdadeira orgia,
o macarrão se transforma em
uma massa independente e móvel,
ele se espalha pela sala inteira,
gruda,
cola,
na fase final,
esmagado,
ele se torna uma matéria viscosa,
uma massa.

Diante do telefone está uma mulher,
ela telefona,
sem parar.
Através de palavras isoladas,
pedaços de conversa,
afirmações e negações,
interjeições,
interrogações
reconstitui-se uma situação
que se passa em qualquer lugar, fora de nós,
longe, em um outro lugar,
à medida em que se desenrola a conversa obstinada
ela revela detalhes,
ela se define cada vez mais nitidamente,
mas sempre fictícia
e fugitiva.

Em algum lugar na multidão está
uma mulher e
sem parar
ela repete
eu descosturo, eu descosturo,
eu descosturo a casa inteira,
e no seu interior

as pessoas, as crianças, as mulheres,
as velhas e os velhos,
eu descosturo, eu descosturo a casa inteira...
Ela diz isso de maneira muito sugestiva,
como uma advertência,
liricamente,
ou de modo monótono,
objetivo,
laborioso,
paciente,
automático,
sem trégua,
cada vez mais obsessivamente,
avidamente,
ela atrai toda a atenção
para essa atividade destrutiva
e totalmente desinteressada.

Um homem
tenta constantemente tomar a palavra
e impor sua opinião
sobre uma obra de arte
desconhecida
ou talvez conhecida,
ele tenta em vão
ligar e reunir
definições
convencionais,
incompreensíveis, científicas,
pseudocientíficas,
pseudoprofundas,
sem significação,
oficiais,
conformistas,
pouco claras,
confusas,
ele volta para trás sem parar,
ele mistura,
ele falsifica,
ele tergiversa,
ele enrola.

Através da multidão compacta
abrem passagem na sala,
indo e vindo sem parar,

pessoas que carregam
pesos indefinidos,
elas abrem passagem
com o maior esforço,
sem prestar atenção em ninguém,
inteiramente ocupadas, absorvidas
por sua carga,
elas carregam cofres enormes,
trouxas, velhos colchões furados,
móveis, tapetes enrolados,
candelabros, lustres,
porta-chapéus, roupas, pacotes de roupa,
elas trazem, elas levam
sem parar,
laboriosamente, mecanicamente,
cansadas, suando,
sem fim, sem esperança,
conhecendo apenas esse único caminho
nessa mudança interminável
e desconhecida.

Em um canto sobre uma caixa
está uma mulher
em uma imobilidade completa.
Um homem com um rolo de fita branca
enrola o corpo da mulher,
cuidadosamente,
numa tensão extraordinária,
com muita precisão,
sem parar,
ele enrola,
ele envolve com bandagens,
tudo em volta,
lugar depois de lugar,
os pés, as pernas, as coxas, o ventre,
o torso, os braços, a cabeça,
as camadas se tornam cada vez mais espessas,
a forma humana desaparece lentamente,
no final só resta
a louca e inútil
ação de envolver,
embalar,
envolver,
embalar.

HAPPENING *GRANDE EMBALAGEM* (partitura)

Local em ruínas.
Teto destruído,
do alto ainda tomba o entulho.
No meio, escombros.
Toda uma montanha de reboco, de tijolos, de cal.
Sobre esses escombros uma massa de cadeiras.
Apertadas, atravessadas, em desordem, viradas em todas as direções,
cercadas de pranchas.
Ao longo das paredes, em círculo
marcham os soldados,
com o equipamento completo,
mochilas pesadas,
cascos,
carabinas,
eles marcham
levantando alto as pernas,
como autômatos.
Eles gritam
ordens militares:
um dois três
um dois três
em frente mar-char! cabeça à ... direita!
um dois três
meia-volta,
sem parar,
automaticamente.
As janelas estão hermeticamente veladas por farrapos,
em parte fechadas com pranchas.
Inscrições:
não se debruçar para fora!
Luz fraca de uma lâmpada
sobre os escombros
e as cadeiras.
Na parede
caixa com fios elétricos,
envolvida com panos brancos, só se vê a inscrição:
– perigo de morte!
 alta tensão!
Um buquê de andorinhas secas
pende do teto.
Os soldados gritam sem parar,
inscrições nas paredes
da sala de espera:

"silêncio"
"favor aguardar"
"aguardar"
"silêncio"
"não sair de seu lugar"
Um guia de barba preta, mudo,
obriga os que entram
a ocupar os lugares,
balbucia,
faz sentar,
corrige,
muda os lugares.
Ele dispõe as pessoas
como modelos
ou manequins.
No final, a sala de espera está cheia.
Massa compacta de pessoas
nas cadeiras,
nos escombros,
em poses absurdas.
Imóveis,
elas esperam,
elas esperam,
os soldados marcham, gritam.
Depois de dez minutos,
quando a sala de espera já está
completamente cheia,
todos passam
aos outros locais.
Começa uma circulação
que dura uma hora
Inscrição na porta:
sala de leitura

Pequeno local escuro.

todo o chão está semeado
de massas de jornais.
Os jornais pendem em cordas
como roupas,
do teto até o chão,
sobre o chão,
em desordem, montes de jornais,
no meio uma banheira de ferro.
Água fervente escorre,

molha os montes de jornais.
Barulho da água,
ondas de vapor,
nuvens inteiras de vapor.
Na frente da mesa,
uma mulher gorda
passa a ferro os jornais molhados.
Ela verte baldes de água,
a água escorre em todo lugar,
ondas de vapor.
A mulher gorda mergulha
os jornais na banheira,
passa os jornais,
grita, soletra,
escancara a boca,
sílabas,
vogais,
consoantes,
todo o alfabeto
a b c d ...
em seguida os números
1 2 3 4 ...
em seguida as notas de
solfejo dó ré mi...
ela grita
verte a água, canta,
passa,
ondas de vapor,
De um alto-falante,
barulho confuso,
entrecortado
de informações,
notícias
políticas
locais
esportivas
criminais
jurídicas
da bolsa
previsões do tempo
enterros,
casamentos,
nascimentos,
inquéritos policiais,
arte.

Cada vez mais vapor,
Gritos da gorda analfabeta.

Sala das suspeitas

local sombrio,
estreito.
Cheio de caixas
    deitadas,
    de pé,
    retas,
    enviezadas,
    umas sobre as outras,
    hermeticamente fechadas.
Um homem fecha, com um martelo,
uma última caixa,
com pregos muito compridos.
Ele o faz mecanicamente
e sem parar.
Caixas,
entre as pranchas,
vazam dos panos brancos
que parecem transbordar;
mangas de camisa
estão caídas no chão;
tiras de roupas
pendem,
rasgadas.
No canto,
sobre um tamborete
se desenha uma forma envolvida
hermeticamente,
imóvel.
Volumes se desenham vagamente,
como os de um corpo humano,
salientes,
imóveis.

No canto, enorme
monte de carvão
poeirento,
pastoso,
duas pás,
os carvoeiros estão quase nus,
sujos de carvão,

com sacos nas costas.
Golpes violentos
vêm das caixas.
Os carvoeiros começam
a recolher o carvão com suas pás.

No meio
desse interior sombrio
há uma privada branca,
de porcelana,
da qual provém uma
risada suave.

No canto, encima da mesa,
encontra-se uma mala grande,
fechada,
demolida,
esmagada,
com etiquetas velhas,
muito grande.
Perto dela,
um na frente do outro,
estão sentados dois homens,
como numa sala de espera de estação,
com toalhas em volta do pescoço.
Muito lentamente, puxando cada um para o seu lado,
inclinados,
eles abrem a mala.
Todo o interior está cheio
de uma enorme massa
de macarrão cozido;
Entre as caixas
está uma moça nua,
imóvel.
Um homem
com um rolo de bandagens brancas
envolve com elas o corpo da moça
com precisão,
com uma tensão anormal,
com muita precisão,
com perfeição,
sem parar,
ele enrola, ele enrola
essas bandagens
a moça está imóvel,

pouco a pouco ela fica coberta de bandagens,
ela está escondida.

Os carvoeiros quase nus,
com os sacos de carvão nas costas,
sobem pesadamente a escada.

Grande sótão.

No meio,
uma *cama* de ferro,
colchões velhos,
sujos,
cobertos de camadas de poeira,
rasgados.
Dos buracos do colchão sai crina,
sai poeira.
Sobre um lençol
branco
estão deitadas duas
moças nuas,
os braços abertos como manequins,
os olhos arregalados,
sorriso morto,
imóveis.
Os carvoeiros quase nus
vertem
lentamente
e com precisão
o carvão
sobre o corpo
das jovens.

No canto, uma *mesa.*
Sobre a mesa,
espelhos quebrados,
velas acesas,
bacia para dissolver o sabão,
toalhas de mão,
pincéis de barba.
Na mesa estão sentados três homens,
elegantes,
roupas pretas,
camisa branca.
Eles retiram seu paletó,

penduram-no no braço das cadeiras, arregaçam as mangas,
levantam os espelhos quebrados,
se ajeitam,
afastam os cotovelos,
se examinam
com grande atenção.
Começam
com cerimônia,
lentamente,
a dissolver a espuma
nas bacias.

Ao lado:
entre os farrapos de meias
está um homem descalço,
perto de uma mesa de restaurante,
com louça branca.
Ao lado, uma mesa com pratos brancos.
O homem começa
a engraxar, uma depois da outra,
as meias,
colocando-as de maneira pedante
sobre uma toalha branca.
Com uma faca
ele as besunta de
banha,
depois as coloca sobre os pratos.
Ele faz tudo isso
como um conhecedor experto.

Sobre uma escada
está
um homem careca,
em uma pose de estátua,
com uma expressão patética no rosto,
e gestos patéticos,
vestido com um terno preto.
Com auxílio de uma faca pontuda,
ele começa a rasgar sua roupa.

Sobre o chão se encontram
oito pequenos pacotes pintados de branco
Como cadafalsos.
No alto, um grande tecido branco
com abertura para as cabeças.

O espaço acima do tecido é invisível.
Sobre um dos pacotes está
um homem.
Só se vêem suas pernas e seu tronco
em uma camisa branca,
bastante longa;
ele está descalço.
Do tecido branco
escorre um fino filete de sangue
em um grande balde ali colocado.
As pessoas sobem nos pacotes,
passam a cabeça nas aberturas.
Sobre o tecido se cria
uma realidade completamente diferente:
sobre a extensão branca
aparecem cabeças "cortadas"
algumas bem perto,
outras longe.
Cheio de cabeças.
No meio há uma,
deformada,
coberta de sangue.
O sangue corre sem parar
no grande balde.
De baixo, só se vêem as pernas
e os corpos,
sem cabeça.
Sobre o tecido, inscrições:
"liberdade, igualdade, fraternidade"
A luz, sem parar,
acende e apaga.

HAPPENING *GRANDE EMBALAGEM*
DESENVOLVIMENTO DA AÇÃO

Do Primeiro ao Décimo Minuto

A gorda analfabeta grita, soletra, conta e passa, muito vapor, muito calor, os soldados marcham todo o tempo, notícias radiofônicas ininterruptas e monótonas, a moça nua já está quase toda coberta de bandagens brancas, alguém bate no interior das caixas, o velho ainda está parafusando as últimas caixas, a privada de porcelana emite um riso suave, os carvoeiros quase nus carregam seus sacos nas costas, o barulho indistinto nas caixas torna-se mais forte e obsessivo, a privada continua rindo, os dois tipos na mesa começam a comer macarrão, desconhecidos transportam aqui e ali enormes pacotes suspeitos, sobre a cama de ferro duas moças nuas imóveis com os olhos arregalados, os carvoeiros sacodem mecanicamente o carvão sobre seus corpos nus, três homens elegantes fazem pretenciosamente uma massa de espuma de sabão nas grandes bacias, depois começam a se ensaboar, primeiro normal e convencionalmente, um homem descalço vestido passa banha nas meias, o homem patético corta suas roupas com uma grande tesoura, o sangue escorre sem parar da superfície branca no grande balde, as pessoas sobem nos cadafalsos e colocam suas cabeças nos buracos, os soldados marcham perfilados, a gorda analfabeta soletra, os carvoeiros sacodem o carvão sobre as moças nuas, a privada explode, um homem rasga suas roupas, o sangue escorre, as pessoas circulam.

Do Décimo ao Vigésimo Quinto Minuto

A gorda analfabeta soletra como uma louca o alfabeto inteiro, ela grita, canta as notas do solfejo como uma possuída, passa, nuvens de vapor, vozes monótonas no alto-falante, faz cada vez mais calor, quase não se vê mais nada, a moça nua está completamente enfaixada de branco, o homem com bandagens brancas corre em volta dela, a privada ri como uma soprano *coloratura*, dois tipos comem macarrão saindo da mala, remexem, tiram o macarrão da mala, o enrolam em volta de seus dedos e de suas orelhas, enchem de macarrão os cabelos, o rosto, todas as roupas, os carvoeiros continuam carregando seus sacos.

As duas moças nuas sobre o colchão estão quase completamente cobertas de carvão, os três homens que se ensaboam estão no ápice da excitação, eles se ensaboam cada vez mais rápido, como se estivessem em pânico, quase com raiva, como em êxtase, tudo, suas roupas, camisas, calças, cabelos, tudo é uma massa de espuma, o homem patético em cima da escada rasga suas roupas numa euforia feliz, o sangue escorre de maneira monótona no balde, os soldados marcham e gritam, o velho continua parafusando as caixas, o barulho nas caixas torna-se insuportável, os desconhecidos continuam transportando pacotes enormes, o homem descalço passa incansavelmente banha em novas meias, a camada de bandagens sobre a moça nua torna-se cada vez mais espessa.

Do Vigésimo Quinto ao Quadragésimo Quinto Minuto

Tudo se acelera agora como num sonho, os soldados marcham muito rapidamente, a gorda analfabeta canta o solfejo, às vezes com exaltação, às vezes desesperada, todas as nuances, lírica, cansada, automático-patética, as informações do rádio tornam-se quase incompreensíveis, um barulhão caótico, o vapor invade tudo, a água fervente apita, uma massa de água, vapor, canto, a moça com bandagens já tem o ar de uma enorme "embalagem", a privada sorridente engasga de rir, no final o riso torna-se quase um soluço,

nas caixas, o barulho e os golpes cada vez mais fracos, esporádicos, apenas a privada ri, os comedores de macarrão atingem os ápices mais absurdos, fazem pasta dele, amassam-no, jogam macarrão no ar desenfreadamente, formam uma massa de macarrão, os carvoeiros, completamente negros, continuam transportando seu carvão, eles estão no fim das forças, eles sacodem o carvão muito apressadamente sobre as moças nuas, as moças nuas estão quase escondidas pelo carvão, os três homens estão agora cobertos de espuma de sabão da cabeça aos pés, eles começam a ensaboar tudo o que está em volta deles, a mesa, as cadeiras, o chão, finalmente todo mundo, o homem em cima da escada está no cúmulo da euforia – da dilaceração e da destruição, só há os farrapos de costume, ele corta ainda, quase nu, em sua pose monumental ele parece um herói antigo, o homem descalço continua passando banha em inúmeras meias, o sangue escorre, sob a superfície branca se vêem muitos corpos e pernas, os soldados marcham perfilados, a privada ri, os carvoeiros descarregam o carvão, os desconhecidos carregam enormes pacotes, a analfabeta berra, vapor em tudo, soletramento, canto, riso, golpes, embalagem viva, carvão, banha, macarrão, água, vapor, muito vapor.

A CARTA, "HAPPENING-CRICOTAGEM"

Esta carta
tem catorze metros de comprimento
dois metros e meio de largura
uma espessura conveniente
e seu peso chega a 87 quilos.
Ela está carimbada, selada e
endereçada.
A carta se encontra na agência do
correio,
Rua Ordynacka – Varsóvia.
É 21 de janeiro de 1967.
A difícil função de entrega da
carta
é exercida por
sete carteiros,
funcionários da agência do correio
vestidos com uniforme obrigatório de
serviço.

Os carteiros levam a carta pelas
ruas.
Ao longo do caminho
os informantes transmitem por telefone ao público reunido
na Galeria Foksal
as informações
relativas às etapas específicas
do itinerário da carta.
A galeria é apertada,
o local está pintado de preto,
as pessoas aguardam
umas de pé, outras sentadas ou
deitadas no chão,
em um canto, um homem de paletó
de couro preto
não desliga o fone.
Ele recebe as informações dos informantes
e as transfere por megafone ao
público.
A espera se torna cada vez mais
nervosa,
as informações rápidas,
alarmantes.
A carta se aproxima do seu destino,
ainda um momento de espera retendo o
fôlego
e eis que na entrada
um tumulto de repente explode.
Não sem dificuldade, os carteiros
trazem a carta.
Pouco a pouco, a gigantesca massa
branca da carta
aparece no local.
Pela porta
os carteiros fazem passar à força
o corpo branco enorme
em meio à multidão compacta;
o corpo penetra
no interior negro do quarto
e o preenche quase totalmente.
Ele vacila
se move dos dois lados, se infla.
Os carteiros

vestidos de casacos forrados de algodão
as mãos dentro de grossas luvas,
calçados com grandes botas de feltro
com bonés de carteiro nas cabeças
andam desajeitadamente
completamente isolados
afastam brutalmente a multidão
eles levam a carta
a seguram
gritando em voz alta.
Agora, o público é lançado
contra a parede
amontoado
maltratado pela carta.
A fita de gravador transmite
o monólogo
do destinatário desconhecido da carta,
Agitado por todas as paixões:
a desconfiança,
o medo,
o pânico,
a loucura,
ameaçado pela mensagem da carta
que sem parar se torna cada vez
mais monstruosa,
diante da qual
continuamente
passo a passo
se cede
até o aniquilamento
total.
Alguns
em meio à multidão
tiram cartas
muito antigas
e também recentes
íntimas
cheias de detalhes,
nomes próprios,
sobrenomes,
acontecimentos comprometedores
que são convencionais.
Eles as lêem... eles as lêem...
A massa vacilante da carta,
sua presença obsessiva...

As pessoas lêem as cartas
as suas
as de seus parentes mais ou
menos próximos,
de seus amigos,
de desconhecidos,
de servidores,
de prostitutas,
de mestres
de mães aos filhos,
de abades,
de meninas,
de amantes,
de canalhas.
O monólogo do destinatário desconhecido
se aproxima do final.
Os carteiros
permanecem plantados na multidão
como corpos estranhos.
O homem com casaco de couro preto
informa sem parar
sobre o estado agravado
do destinatário desconhecido da carta.
Eis que o momento final chega:
o do aniquilamento da carta.
As pessoas se jogam no chão,
eles a jogam no chão
eles pisam nela,
eles se jogam de novo sobre a massa caída
de costas,
eles a despojam,
rasgam,
cortam
e a colocam em farrapos.
Num frenesi quase ritual
de destruição final
se efetua
a catarse formal deste acontecimento.

(Tradução de M. Lucia Pupo)

HAPPENING PANORÂMICO DO MAR (PARTITURA)

O happening chama-se *Happening Panorâmico do Mar*. Ele se passa sobre uma praia do mar Báltico na localidade de Lazy a quatro quilômetros de Osieki e a 27 quilômetros de Koszalin a porção de praia utilizada mede cerca de mil metros de extensão a presença do mar deve se impor por um movimento, um ritmo e uma textura sonora que, no entanto, não deve ultrapassar as possibilidades da percepção humana.

CONCERTO MARINHO

partes do concerto:
ouverture pausa geral fuga *passacaglia arioso cantabile con fuoco finale*
as cadeiras são colocadas sobre a areia algumas centenas em filas regulares as primeiras fileiras submergem progressivamente no mar o público ocupa o lugar ele forma uma massa compacta de pessoas sentadas as fileiras são alinhadas em seguida com a maior precisão deslocam-se cadeiras repõem-se pessoas alinham-se ajustam-se infinita
pedante e minuciosamente verifica-se novamente sem cessar corrige-se e alinha-se novamente
em todas as direções entende-se bem a importância desse ordenamento absurdo e obsedante em si mesmo desse ajustamento penal dessa construção dessa verificação dessa subordinação um quadrilátero sedentário sobre a areia inteiramente voltado para o mar no qual ele afunda lentamente.
um barco a motor traz o maestro em uniforme de gala – veste – até um pódio de longe do mar o maestro prepara as marchas encobertas pelas ondas ele se encaminha ao púlpito diante do mar ergue a mão o concerto marinho começa o auditório quadrado coercitivamente formado submergido pelas ondas o maestro à vontade em veste negra parece distanciar-se cada vez mais gestos sugestivos e hipnóticos de seus braços o maestro ergue o braço esquerdo bem alto de longe ao longo da água surge uma motocicleta a toda velocidade ela afunda em meio ao público transbordando água com todo gás atrás dela uma outra uma terceira uma quarta de outro lado aproxima-se de um enorme trator ronco de motocicletas zumbido pesado de trator salpicos ruído ritmado das ondas espumantes o maestro volta-se para o auditório ele tira peixes mortos de um grande balde e joga-os sobre o público metodicamente em seguida com uma fúria crescente arranca bruscamente sua roupa e segura-a pelas pontas

das mangas   as abas suspensas   ele se cobre e   mantém-se nessa posição.

A JANGADA DA MEDUSA

25 de agosto de 1967
3 grandes pontões amarrados estão ligados por pranchas, que os operários colocam umas ao lado das outras para formar um largo estrado   mas as ondas são tão altas que encobrem todos os pontões no momento   eles são muito pesados para que se possa deslocá-los   é preciso desmontá-los, retirar a água com baldes e pás, depois disso são deslocados, depois são remontados, é desesperadoramente longo   uma multidão cada vez maior se amontoa sobre a margem   um destacamento de soldados vem em socorro.

18 de junho de 1816

A fragata "Medusa", acompanhada de três outras naus, a corveta "Eco", o cargueiro "Loire" e o brigue "Argus", deixaram a França para levar a Saint-Luís do Senegal o governador e todos os funcionários dessa colônia. Cerca de quatrocentas pessoas, marujos e passageiros, estavam a bordo. A 2 de julho a fragata encalhou sobre o banco de Arguin e depois de cinco dias de esforços vãos para desencalhar as naus, construiu-se uma jangada sobre a qual foram colocados cento e quarenta novos náufragos, enquanto que os outros se precipitavam às barcas. Pouco depois as chalupas romperam as amarras que puxavam a jangada, abandonando-a em meio às águas abissais do oceano. A fome, a sede e o desespero atiçaram então essas pessoas umas contra as outras. Finalmente, depois de doze dias de sofrimentos desumanos, o "Argus" recolheu à bordo quinze agonizantes...
Charles Clément, "Géricault"

1818

Com a alma inquieta e atormentada por remorsos, Géricault empreendeu a obra de sua vida, "A Jangada da Medusa".
Antoine Etex, "Os Três Epitáfios de Géricault"

25 de agosto de 1967
Jerzy Berés – escultor varsoviano nascido em 1930 – enterra profundamente na areia um pouco de lenha   ata-a com uma espessa corda   ele coloca o nó corredio da extremidade ao redor de seu pescoço envolto por um pano de lona preso assim ele gira em círculo

ao redor do poste como em um picadeiro   é a preparação do seu processo   ou então a liberação de sua personalidade   de exibicionismo desinteressado e puro   ou então um engajamento temerário e arriscado em uma situação extrema que ultraja o prestígio convencional   B. deve fazer algo que será uma escultura e ao mesmo tempo uma jangada e portanto   não será nem uma nem outra   algo que esteja além da obra de arte e além do "objeto"   portanto um puro   fato talvez exclusivamente uma ação   um acontecimento   os fundamentos já tinham sido estabelecidos por outros parecia que ele os aceitava   permaneceu aquilo que devia ser um mastro, um pano, os cordames   B. ajusta e junta os segmentos   ele junta-os com as cordas e corta-as grosseiramente com o machado   ao final permanece ainda o momento de elevação.

1967
O happening é para mim uma espécie de "dominação do objeto", uma tentativa de apreendê-lo em flagrante delito, isso requer uma grande precisão na procura de suas particularidades, seus erros, delitos, peripécias, detalhes ocultos e mascarados. É necessário possuir intuição para descobrir a boa pista e ao mesmo tempo uma perseverança inaudita para reunir com grande dificuldade os detalhes e informações pouco significativos. O processo todo é semelhante a uma instrução judicial que reúne provas materiais.

T.K.

1818

Com o amor pela precisão tão característico de nossa época, ele fez um relatório desse caso (a catástrofe da Medusa) com um rigor, uma perseverança e uma precisão digna de um juiz de instrução. Estabeleceu um verdadeiro dossiê cheio de documentos autênticos de todos os tipos. Ele entrou em estreito contato com os Srs. Correard e Savigny, os principais atores do drama ainda em vida.
Ele se encontrou com o carpinteiro da Medusa, um dos quinze sobreviventes, e encomendou a ele um modelo de jangada reproduzindo com uma precisão minuciosa todos os detalhes do trabalho de carpintaria, e sobre essa jangada ele colocou figuras de cera.

Charles Clément, "Géricault"

1967
Debrucei-me sobre a passagem precedente depois da realização do "happening marinho", no qual a "Jangada da Medusa" era o elemento principal. O excepcional encontro de idéias confirmou a justeza da escolha desse tema.

Géricault criou na "Jangada da Medusa" um tipo de relato de acontecimentos em estilo jornalístico. No entanto é muito mais interessante o seu método de trabalho, onde sua paixão se exerceu, sobretudo no estágio da preparação, das pesquisas e da coleta de documentos materiais e provas; ele descobriu o passado com a paixão de um autêntico detetive.

T.K.

25 de agosto de 1967 (continuação)
Coloca-se agora sobre a praia uma mesa longa coberta com uma toalha branca. Sobre a mesa encontram-se megafones, reproduções da "Jangada da Medusa", papéis, creions apontados. Diante dessa mesa, assento ocupado pelo júri composto de críticos conhecidos e apreciados. O presidente abre solenemente a sessão.

"A reconstrução da 'Jangada da Medusa' que vai estrear em um instante não deve ser uma cópia fiel e sem alma da obra-prima romântica. Encorajamos todos a utilizar todo tipo de objetos retirados do material turístico moderno: colchonetes das cores mais berrantes, botes salva-vidas, biquínis, lenços esponjosos, objetos de plástico, transistores etc... Isso evidentemente não dispensa ninguém da fidelidade aos movimentos, gestos e sentimentos. Pedimos a todos que participem em massa".
Com o objetivo de permitir uma participação geral no processo criativo e provocar um momento de responsabilidade coletiva, imprimiu-se numerosos exemplares das reproduções da obra de Jean Louis André Théodore Géricault intitulada "A Jangada da Medusa" e distribuiu-se ao público, que pode desse modo seguir tranqüilamente o curso dos acontecimentos, corrigi-los e até julgá-los.
Os jurados organizando as poses, os gestos, comparam-nos com o original, explicam, discutem, concentram-se nos mais minúsculos detalhes. Eis alguns extratos gravados em fita magnética: ... Homem adormecido de costas no canto esquerdo do quadro,... ainda muita vida... relaxe seu corpo todo... é preciso estar desmoronado... os olhos e o ventre cavados... a cabeça para trás... um pequeno esforço... imagine o esforço sobre-humano do autor... durante alguns meses o ateliê de Géricault foi uma espécie de morgue, onde ele conservava os cadáveres por tanto tempo quanto possível até que eles entrassem em decomposição até que eles não se decomporem... você é um deles... eu pediria a meus colegas do júri que se abstivessem de julgamentos apodíticos... eu voto pelo desaparecimento... passemos ao número dois... o velho sentado em estado de beatitude completa... venham apoiar seu cotovelo direito sobre o joelho direito e apoiar sua bochecha sobre a mão... mais próxima da orelha... será que eu devo ainda lembrá-los que vocês perderam seu filho? Serrem os dentes... curvem-se mais intensamente... isso reforça a expressão de desespero... eu protesto contra esses

excessos de psicologia... o fato de estar curvado oferece simplesmente uma curva ideal juntando o peito e a cabeça perpendicularmente à mão que sustenta... não nos deixemos ser tentados por falsos atrativos do formalismo... eu afirmo enfaticamente que nessa personagem o autor não ultrapassou ainda os cânones em desuso do classicismo... essa personagem é simplesmente banal e convencional... sou partidário dessa opinião... se nos dermos conta que sobre essa jangada aconteceram fatos de gelar o sangue, inclusive o canibalismo... esta figura idílica, quase sibilina... lembremos o filho nos braços de seu pai... coloquem um sapato no pé esquerdo, por gentileza... em nome da verdade eu exijo que o filho morto esteja inteiramente nu... repito... eu voto pela agonia... um sapato! ... uma calça! ... eu os acuso de pudicidade ridícula... não temos o direito de depravar as crianças! ... senhores! Como estamos distantes da grande e audaciosa época romântica! ... passemos ao grupo seguinte... número cinco... por gentileza, tombe sobre a jangada, com o olhar em direção às pranchas... os braços para frente... os ombros... todo o desespero nos ombros... não é inútil mencionar que o grande Delacroix em pessoa posou para essa personagem... a personagem que forma o topo da pirâmide é um negro... com a mão esquerda você segura sua camisa... brande-a... a camisa ondula ao vento... você avista um navio à distância...

AGRICULTURA SOBRE A AREIA

Sobre a areia despeja-se toda uma montanha de papéis velhos   jornais   periódicos   são distribuídos à multidão   instrutores especiais colocam as pessoas em filas   espaçando-os regularmente   a um dado sinal todos se inclinam   cada um cava um pequeno buraco   planta um jornal   na forma desejada   amontoa areia ao redor   tomando cuidado para respeitar a altura prescrita acima do sol   os instrutores instruem   corrigem   velam pela regularidade dos espaçamentos   das formas prescritas   uma fila avança depois da outra   inclina-se ritmicamente   planta nos espaços mensurados   enterra   dá alguns passos   e inclina-se novamente   planta   ao infinito   a coluna toda percorre a praia inteira   depois de sua passagem restam sobre a praia centenas de jornais plantados   um campo inteiro semeado.

MELECA ERÓTICA

Composição da pasta utilizada   molho de tomate   misturado com alguns baldes de óleo   junta-se uma boa dose de amido diluído em pasta de cola   mais a quantidade de areia necessária para dar uma consistência geral de pasta firme   densidade desejada dessa massa   caráter grudento oleoso   cor "comestível"   o local em que deve acontecer a meleca erótica é em uma espécie de bacia circular   enorme com cerca de oito metros de diâmetro   nesse lugar deve-se encontrar uma certa dezena de corpos nus   de moças   se estendendo continuamente com os corpos nus em posição horizontal   movimentos previstos   estremecimentos   requebros   fricções   inversões   fricciona-se a pasta grudenta e gordurosa em plena euforia   sob um ritmo compulsivo   o ideal seria um ritmo epilético   o todo deve dar a impressão de uma matéria não identificável em movimento   os contornos e as formas se perdem no conjunto total   a um dado momento   os corpos devem se separar da massa geral e se misturar ao público.

(*Tradução de Isa Kopelman*)

▲ *"Happening Panorâmico do Mar". Primeira Parte, "Concerto do mar", 25.08.1967, à beira do mar Báltico.*

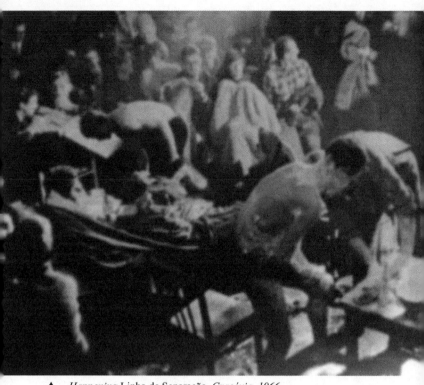

▲ *Happening* Linha de Separação, *Cracóvia, 1966.*

▼ *Happening* A Carta, *22.01.1967, Varsóvia.*

8. O Teatro-Happening

MÉTODO DA ARTE DE SER ATOR

Até o final dos ensaios eu continuo desconfiado daquilo que concerne a uma PROGRAMAÇÃO completa do ator.

Quero reter, no maior tempo possível, a etapa de suas "PREDISPOSIÇÕES" ELEMENTARES.

Fazer brotar suas possibilidades e suas atividades "inatas", "primeiras", criar essa ZONA DE "PRÉ-EXISTÊNCIA" DO ATOR, que não está ainda encoberta pelo universo ilusório do texto.

Isso não resulta nem de uma hostilidade a respeito do texto, nem de uma intenção de relegá-lo ao segundo plano. Pelo contrário.

QUERO QUE A REALIDADE REIVINDICADA PELO TEXTO NÃO SE CONSTITUA FÁCIL E SUPERFICIALMENTE, QUERO QUE ELA SE AMALGAME, QUE SE UNA INDIVISIVELMENTE COM ESTA PRÉ-EXISTÊNCIA (PRÉ-REALIDADE) DO ATOR E DA CENA, QUE ELA SE ENRAIZE E QUE SURJA.
Eu considero esse método essencial, decisivo para a autonomia do espetáculo.

Eis um método que não tem nada em comum com o que é geralmente aceito e aplicado hoje em dia e que não penetra e não analisa senão o espaço do texto dramático e, desse fato, sejam quais forem seus meios e seus truques, se reduz unicamente à reprodução.

O ator não representa nenhum papel, não cria nenhuma personagem, nem a imita, ele permanece antes de tudo ele mesmo, um ator carregado de toda essa fascinante BAGAGEM DE SUAS PREDISPOSIÇÕES E DE SUAS DESTINAÇÕES.

Longe de ser uma cópia e uma reprodução fiel de seu papel, ele o assume, consciente sem cessar suas destinações e sua situação.

ESSA ZONA LIVRE DA ARTE DO ATOR DEVE SER PROFUNDAMENTE HUMANA. ENTENDO ISSO COMO A UTILIZAÇÃO DAS ATIVIDADES RUDIMENTARES (ELEMENTARES) E DAS MANIFESTAÇÕES MAIS GERAIS E MAIS CORRIQUEIRAS DA VIDA.

Esse ponto de vista exprime meu sentimento pessoal sobre a arte mas também OS PRINCÍPIOS QUE ANIMAM AS ATIVIDADES DO TIPO HAPPENING.

Como no happening eu tomo A REALIDADE "COMPLETAMENTE PRONTA" (*ready made*)*, os fenômenos e os objetos mais elementares, os que constituem a "massa" e a "pasta" de nossa vida de todos os dias, eu me sirvo, eu brinco com, eu subtraio-lhes de sua função e de sua finalidade, desloco-os e mergulho-os, permitindo-lhes uma existência autônoma, de dilatação e desenvolvimento livre e sem objetivo.

Entretanto NÃO SE DEVE CONFUNDIR essa zona da realidade teatral pura, da arte do ator liberada, com a improvisação.
Seria uma simplificação grosseira. Pois as práticas e as atividades dos atores possuem a estrutura e a textura dos happenings.
Elas abarcam toda realidade, as coisas, as situações e as pessoas.

NÃO POSSUEM UM CARÁTER OCASIONAL, ELAS SÃO MANIFESTAÇÃO GRATUITA DA POSIÇÃO ADOTADA.
AO OLHAR DO REAL,
ELAS SÃO AUTÔNOMAS COMO TODA OBRA DE ARTE.

E no que concerne à própria técnica e ao agenciamento e ao conjunto de suas atividades, o essencial é desenvolver "O ESPÍRITO DE EQUIPE", formar os elos invisíveis entre os atores a ponto de uma regulagem quase telepática de diversos elementos.
Essa interdependência interior se faz possível e determina o fato de que se o ator, por causa de uma decisão interior imperiosa, intervem

---

* No original, *realité toute prête*, que corresponde à forma inglesa *ready made*, isto é, realidade já pronta, completamente acabada. (N. da E.)

em tal ou tal momento, é porque sua vez de atuar precisa se manifestar antes de dar a vez a um outro ator. As possibilidades são infinitas.

Uma "programação" e uma encenação muito precisa são impossíveis, e mesmo incompatíveis com a própria idéia dessa ATIVIDADE COMUM.

A CONDIÇÃO DO ATOR

A queda da moral burguesa do século XIX, quando somente os maiores talentos obtinham, não sem tristeza, direito de cidadania, permitiu enfim que o ator ascendesse a uma posição social normal.
A revolução social dos anos vinte fez dele um trabalhador da cultura de vanguarda. São os anos em que o construtivismo, liberando a arte dos vestígios do idealismo, fascina o mundo por sua doutrina de uma arte concebida como fator de organização dinâmica da vida e da sociedade.
À medida que se desenvolve a civilização industrial e técnica, a arte perde em numerosos países sua posição de vanguarda e seu dinamismo, o teatro se transforma cada vez mais em uma instituição e o ator, como conseqüência, em funcionário afetado por esta. Os direitos que ele obtém desmoronam ao contato com uma sociedade de consumo cuja existência e cujas idéias estão fundadas sobre um pragmatismo radical, sobre o culto da eficácia e um senso de automatismo hostil à toda intervenção subversiva da arte.
A assimilação a essa sociedade conduz à surdez artística, à indiferença e ao conformismo.
Essa decadência é acelerada pela extensão dos meios de informação de massa: cinema, radio, televisão.
Nessa etapa final encontram-se as atitudes sempre próximas uma da outra, a saber o conformismo moral, uma indiferença absoluta à evolução das formas bem como a esclerose artística.
Uma certa laicisação e a democratização do ator têm contribuído para sua emancipação histórica, mas o tornou paradoxalmente medíocre.
A assimilação e a recuperação do artista e de sua arte pela sociedade de consumo encontram no ator um exemplo típico.
O ator-artista tem sido desarmado, domesticado. Sua capacidade de resistência, tão importante para si mesmo como para o papel que ele tem na sociedade, foi quebrada, o que o leva a obedecer a todas as convenções e às leis que regem o bem-estar na sociedade de produção e de consumo, a perder sua independência que somente lhe permite, situando-o fora da comunidade, agir sobre ela.

A reforma do teatro e da arte do comediante deve acontecer em profundidade e atingir os fundamentos do ofício.
Durante um longo período de isolamento social, a atitude e a condição do ator são profundamente marcadas por traços naturalmente

procedentes de seu psiquismo mais secreto, que o distinguem da sociedade bem pensante e fazem nascer, por sua vez, formas autônomas de ação cênica.

Esbocemos uma imagem dessa personagem:

- O ATOR

- retrato nu do homem,
- exposição a toda venalidade,
- silhueta elástica.
- O ator,
- feirante,
- exibicionista descarado,
- simulador fazendo demonstração de lágrimas,
- do riso,
- do funcionamento
- de todos os órgãos,
- de auges do ânimo, do coração, das paixões,
- do ventre
- do pênis,
- o corpo exposto a todos os estímulos,
- todos os perigos
- e todas as surpresas;
- ilusionista,
- modelo artificial de sua anatomia
- e de seu espírito,
- renunciando à dignidade e ao prestígio,
- lançando o desprezo e os escárnios,
- mais próximo do lixo do que da eternidade,
- rejeitado por quem é normal
- e normativo em uma sociedade.
- Ator
- não vivente
- a não ser na imaginação,
- conduzido a um estado de insatisfação crônica
- e de insaciabilidade diante de tudo,
- o que existe realmente
- além dos universos da ficção,
- que o empurra
- a uma nostalgia espiritual
- constrangindo-o
- a uma vida nômade.
- Ator feirante,
- eterno errante

- sem eira nem beira,
- procurando o porto em vão
- com suas bagagens
- todos seus bens,
- suas esperanças, suas ilusões perdidas,
- isso que faz a riqueza
- e a carga,
- uma ficção
- que ele defende ciosamente até o fim
- contra a intolerância de um mundo indiferente.

PRÉ-EXISTÊNCIA CÊNICA

O texto (o drama)

E seu desenrolar imperioso

desembocam necessariamente na formação,

no desenvolvimento e **na acumulação de ilusão**.

De ilusão dramática (trama da intriga)

e literária.

Por instinto necessito **dissolver essa ilusão** que se propaga parasitariamente.

Para não perder **contato com o fundo** que ela encobre

como **essa realidade elementar e pré-textual**,

com essa **"pré-existência" cênica que é a matéria primeira da cena**.

A PROPÓSITO D'*A GALINHA D'ÁGUA*

Eu não considero o teatro como um terreno isolado e profissional. *OS PROCESSOS que se cumprem na arte atual, as revalorizações radicais, que explodem, destroem, atraem o ódio, os anátemas, a indignação, que parecem absurdos, que são ridicularizados, humilhados, interditos, formam UM CONJUNTO DE IDÉIAS E FATOS que renovam sem cessar a consciência da condição humana.* É preciso conhecer esses processos e perceber seu mecanismo complicado. Além disso, é preciso ter participação nisso, criar e assumir os riscos. Sem o que não se cria nada de essencial, somente coisas convencionais e não engajadas.

O teatro atual, penetrado pelo conformismo, ignora esses processos pelas razões conhecidas, sob a máscara da ciência acadêmica do teatro que, frente aos processos citados acima, torna-se cada vez mais estreito, escolástico, provinciano e ridículo.

É unicamente para enganar a opinião que o dito teatro realiza de tempos em tempos fugas fracassadas em um sentido proibido e transforma as formas *vivas* em acessórios pretensiosos.

Apesar das opiniões dos oportunistas de todo tipo, de personagens estabelecidas, *a vanguarda no teatro é possível e ela existirá.* O Teatro Cricot 2 não é um terreno de experiências pictóricas que se transfere para a cena. *Ele é uma tentativa de criar uma esfera de comportamento artístico livre e gratuito.* Aí todas as linhas de demarcação convencionais são suprimidas.

Não se trata do artista transformar a realidade cotidiana, *ele simplesmente agarra-a e abraça-a.*

Ele mesmo se transforma nesse processo sem exemplo, mudando de condição e de função, tornando-se por sua vez e ao mesmo tempo *vencedor e vítima.*

É assim que todas essas nuances, tais como: a expressão, a interpretação, a metáfora etc. foram desvalorizadas em uma única tacada. Em meu espetáculo, *A Galinha d'Água*, evito muita elaboração. Eu introduzo "os objetos prontos" e mais as personagens e acontecimentos "prontos" (formados antecipadamente, sem minha intervenção). Quero que se apreenda o objeto, que se apodere dele, e não que se mostre e reproduza! (Que diferença formidável!). *São os acontecimentos e fatos, pequenos e importantes, neutros e cotidianos, convencionais, tediosos, são eles, que criam o impacto da realidade. Eu os afasto do caminho do encadeamento cotidiano, eu lhes dou autonomia (na vida, isso se chama inutilidade), eu privo-os de motivo e de conseqüências, eu os viro e reviro, e nessa ação repetida eu os estimulo a levar uma vida independente.*

Por isso a questão: "isso já é arte?" ou "não se trata ainda da vida?" não tem importância para mim.

O texto literário é também "um objeto pronto", formado antes, fora da esfera da realidade do espetáculo e dos espectadores. Ele é "objeto encontrado" condensado ao mais alto grau, que possui sua própria ficção, sua ilusão, seu espaço psicofísico.

Ele está submetido às mesmas leis dos outros acontecimentos e objetos do espetáculo.

Depois de algumas dezenas de anos o ambiente venerável que acompanha a criação de uma obra de arte está sistemática e conseqüentemente *minado pelo* MOVIMENTO, *pelo* AUTOMATISMO, *pelo* ACASO, *pelo* INFORME, *pelo* EQUÍVOCO DO SONHO, *pela* DESTRUIÇÃO, *pela* COLAGEM *etc.*

Daí resulta *uma* CRISE *da* FORMA, ou seja, desse valor que exige que a obra de arte seja efeito integral do esforço do artista, que deve modelar a forma, imprimir aí sua pegada, ao extrair o interior, estigmatizar, construir etc.

Um pouco de tudo isso sendo ridicularizado, a participação exagerada do artista na criação de sua obra tem facilitado uma nova revelação do objeto.

Nessa longa viagem através da informe e gaguejante matéria, roçando o vazio nos arredores do zero, chega-se ao lado inverso do objeto, onde nenhuma divisão entre realidade e arte existe mais. No momento em que a arte contemporânea reencontrou o objeto e pôs-se a mexê-lo como uma bola inflamada e ardente que tinha à mão, as questões: como *exprimir*, *evocar*, *interpretar*, tornaram-se, nessa situação excepcional, muito loquazes, pedantes e ridículas. O objeto É simplesmente, eis tudo!

(*Tradução de Isa Kopelman*)

Nota: o leitor encontrará a partitura cênica de *A Galinha d'Água*, de Tadeusz Kantor, em *Travail théâtral*, n. 6, Paris: Hiver 1972, p. 73-96.

▲ O Louco e a Freira. *Desenho para o figurino de Dr. Grün.*
... *possuidos por uma paixão da embalagem de seus corpos com ajuda de mantas de toldos, de capas que os protegem profundamente do sol, da chuva e do frio...*
...*eles não se separam de suas bagagens, valises, mochilas, nem de seu conteúdo misterioso e protegido.*

▶▶ A Galinha d'Água. *Desenho.*
Galinha d'Água
. . . .
ator feirante eterno errante sem eira nem beira, buscando...

▲ A Galinha d'Água *de St. I. Witikiewicz, Teatro Cricot 2, Cracóvia, 1968, Edgar (Kwinta). Foto: J. Stoklosa.*

▼ A Galinha d'Água. *O apache com seus manequins*. Foto: J. Stoklosa.

▲ A Galinha d'Água. *O pai (Gronkowski)*. Foto: J. Stoklosa.

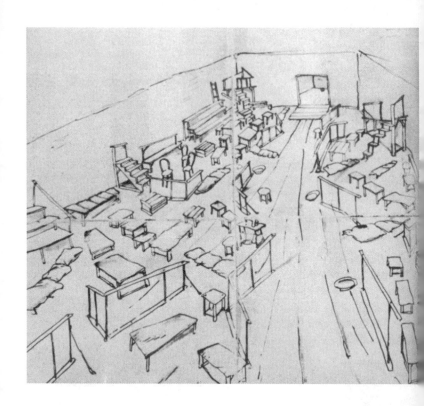

▲ A Galinha d'Água. *Esboço para a organização do espaço público-ação dramático.*

◀◀ A Galinha d'Água. *Ato I, nona seqüência: O escândalo de Korbowski, a dança do apache. Foto: J. Poplonski.*

▶▶ A Galinha d'Água. *Ato I, primeira seqüência: Edgar e a máquina de torturas. Foto: A. Bellavita.*

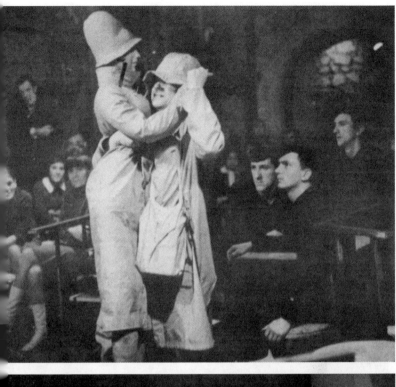

▲ *Maria Stangret (criança) em* A Galinha d'Água *de Witkiewicz, Teatro Cricot 2. Cracóvia, 1968. Foto: J. Stoklosa.*

9. O Teatro "i"

EXPLICAÇÕES

...depois de muito tempo (1957)

(*O Circo* de K. Mikulski, teatro Cricot 2)

O armário

O armário
tinha no meu teatro
um papel importante.
Como no circo
ou num jogo surrealista,
o armário
era
o catalisador
de grande parte das atividades humanas,
da sorte humana,
de seus mistérios.
A estreiteza ridícula do espaço
no interior do armário
privava facilmente
o ator
de sua dignidade,

de seu prestígio pessoal, de sua vontade,
transformava-o em uma massa geral
de matéria,
quase de vestuário.

Os sacos

Os sacos eram
um objeto semelhante
(encenação de *No Pequeno Solar* –
título do espetáculo: *O Armário* –
em Baden-Baden, 1966).
Na hierarquia dos objetos
os sacos
pertencem
aos objetos inferiores,
e, como tais,
tornam-se
ou podem tornar-se
quase
matéria sem razão.

Teatro informal

...em minha encenação
da peça de S. I. Witkiewicz
No Pequeno Solar,
também em 1961,
em Cracóvia,
decidi empregar totalmente
o método
do "informal".
Eu utilizei meios cênicos
obedecendo
à noção
de "matéria informe",
com todos seus epítetos:
        acidental
        espontânea
        violenta
        iluminada
        fluida
        elementar
        alucinatória
        espasmódica

obsessiva
excitante
louca
relaxada
exagerada
inesperada

Encenação
em Bled

A encenação em Bled,
em 1967,
concentrou,
em sua substância "informal",
elementos da minha encenação
cracoviana de 1961.
No entanto surgiram as experiências
da época do "teatro zero" de 1963,
e finalmente, do teatro "happening".

Ilusão

Apesar de todas as
manobras
radicais,
a ilusão todavia apareceu
ao final,
realidade ilusória, ficcional,
disposição "fechada",
"virada de frente"
ao espectador.
O que
fiz
mais tarde
poderia ser definido do seguinte modo:

Renúncia da
cena

Até então, eu me esforçava
em vencer a cena,
agora, eu renunciei
a cena em geral,
quer dizer
a um lugar

que se encontra em uma certa troca
com os espectadores,
não perturbado por
uma atividade qualquer da vida.
Depois dessa renúncia,
na minha busca por um novo lugar,
eu tinha à minha disposição,
em teoria,
toda a realidade da vida.
Isso não significava de modo algum
um fim favorável,
pelo contrário!
De imediato
devo fazer uma observação fundamental
à margem
dessa nova composição de peripécias:
é que precisamente
nesse lugar
e nesse momento
(e não mais tarde)
nos encontramos
no centro
da criação,
da realização da escolha!

A escolha

A escolha
torna-se um ato
de uma imaginação audaciosa,
consentindo apenas
a eventualidade da "impossibilidade".
A escolha,
nesse caso,
não tem absolutamente traços
de um capricho feliz
em presença
de uma multitude de perspectivas.
Ela é antes parecida
a uma pancada
única
e chegando fundo.
Ela abate os imbecis
por estranhamento,
pelo absurdo

e risco.
Ela atinge sempre
uma realidade
pela forte condensação de conteúdo.

*Emprego de
uma ilusão formada*

Desejo explicar
porque não renunciei
à ilusão cênica
formada
(penso na encenação
da peça de Witkiewicz, em Bled).
Esses elementos já formados
eram necessários
nesse percurso particular,
eles tinham o papel
de um obstáculo
que condicionava
o momento da "*impossibilidade*".
A partir dessa
ilusão formada,
certas situações excêntricas
atingiram
o impossível.
Um exemplo disso é
a execução de uma cena
no maciço dos Alpes,
nas altas montanhas selvagens,
sobre uma geleira.
As montanhas, em si, não constituem
uma realidade impossível.
Os alpinistas atingem-nas facilmente.
Essa ilusão
formada precedentemente,
com sua ação, seu curso de acontecimentos,
suas personagens,
eu a empreguei de um modo totalmente livre,
eram fragmentos,
e até
fiapos,
dos quais se sentia que eles
pertenciam a
um passado,

e continham as possibilidades do futuro.
Em todo esse jogo,
onde a sucessão do desenrolar teatral
era ignorada,
a escolha perigosa
dessa realidade "impossível",
ou da situação da vida,
bem como a realização
e as conseqüências
tornar-se-ão
uma aventura extraordinária
e arriscada.

*Significação
da nova
composição*

Aos participantes
e espectadores ocasionais,
a significação admirável
dessa
aventura
repousava sobre
seu encontro com uma composição
que
se realizava na realidade da vida,
que não achava nenhum lugar aí!
Isso que é quase impensável!

*Novo
componente*

Nessa composição,
Eu queria definir
ainda um momento,
sem o qual
a composição seria
a confrontação ordinária, banal
de duas realidades,
a ilusória
e a real.
O papel desse componente
é bastante misterioso,
e não lhe retiramos
esse valor.

Um armário
caindo de dois mil metros
nas montanhas selvagens,
um cassino elegante,
enchendo-se de feno,
um bando de ovelhas galopando
em um salão,
tudo isso não tinha nada em comum
com o antigo elemento "chocante".
Tratava-se
de uma "*medida*"
excepcional
da imaginação,
com a ajuda da qual
a realidade
ordinária
"da vida"
foi "dimensionada".

Procida, 14-09-1969

AS PARTITURAS

1. [...]
2. O Quarto   *Execução: 13-08-1969, Bled*

Papéis de parede,
porteiras,
franjas,
borlas,
palmas,
divãs,
espelhos,
cadeiras douradas,
biombos,
lustres,
candelabros,
velas,
poltronas,
canapés,
pianos,
bustos,
estuques,
crianças-gêmeas,
em sacos brancos,

cantam diante de uma estante de música.
Um lacaio, muito formal, mantém-se, bem ereto,
sob um guarda-chuva negro aberto,
chove à cântaros,
torrentes escorrem sobre o guarda-chuva,
a afogueada Madame Nibek,
nua,
está deitada sobre um canapé,
cheia de pasta viscosa e grudenta,
que escorre gota a gota, lentamente, sobre os divãs;
em um canto sob uma palmeira,
Nibek, em veste de gala negra,
martiriza monstruosamente
a governanta.
Apoiado em uma coluna, o poeta
declama
suas rimas;
à porta, sob os reposteiros,
grupo comprimido
de montanheses, rudes, contorcendo-se.
Dos dois lados,
pela porta, penetra um rebanho
de carneiros e ovelhas se empurrando.
Velhos senhores importantes, vestidos à moda antiga,
de negro, e de chapéu coco,
adormecem caídos, em um sono profundo,
sobre lençóis e travesseiros,
deitados em distâncias iguais.
O dono da casa não para de martirizar a governanta.
A defunta despeja torrentes de pasta.
Chove a cântaros,
e a chuva inunda os divãs e os candelabros,
os dormentes senhores fora de moda,
os montanheses rudes, esquecendo tudo,
se contorcem,
as palmeiras,
os divãs,
os espelhos,
os lustres,
as velas que ardem,
as crianças indefesas, embaladas,
o pai sádico está cada vez mais cruel,
a mãe defunta, em uma decomposição total
\qquad de pasta,
a manada amedrontada de ovelhas,

balindo horrivelmente,
os velhos senhores dormem tranqüilamente,
o poeta, apoiado na coluna, recita,
a chuva cai...

3. Cassino

Tudo é
em um estilo monumental,
extremamente pomposo,
estatuetas de mármore,
lustres gigantes,
candelabros pesados e sólidos,
cortinas de púrpura,
luzes,
crupiês em veste negra,
mesa verde,
roleta dourada,
clientes,
senhores de negro,
damas em toalete de noite,
penteados,
pérolas,
decotes,
ou,
brilhantes,
todos reunidos em torno da mesa.
De repente,
um peão, meio despido, pés nus,
irrompe, com furor, pela sala,
arrastando enormes montes de feno,
ele tira,
empurra
com ardor, enche a sala,
de feno,
quantidades cada vez maiores de feno,
monte colossal de feno,
a sala toda está mergulhada em feno,
o rapaz, constantemente,
amontoa
sem cessar
novos feixes de feno, intermináveis,
preenche,
nivela,
os clientes estão concentrados em seu jogo,

os crupiês executam com precisão suas atividades,
o peão selvagem faz entrar
um monte de galinhas,
as galinhas soltas
cacarejam,
voam pelo ar,
enroscam-se no feno,
o peão persegue as galinhas,
cacarejo de galinhas,
gritos do peão,
as galinhas voam como loucas,
os clientes deixam bruscamente a mesa,
abandonam a roleta,
começam a perseguir as galinhas,
perseguição geral,
os crupiês tentam poupar a roleta
das galinhas que a assaltam
e da fúria geral.
Numa euforia crescente,
a perseguição
toma proporções
de uma psicose
apocalíptica,
insana.
Esgotados, os clientes
retornam um a um
a sua roleta,
tudo se
acalma
e retorna a um curso normal.
Ninguém se importa com o fato de
Nibek (personagem da peça)
começar a torturar
a governanta, sentada a seu lado,
a lhe estrangular,
a lhe amargurar,
sadicamente,
com uma paixão oculta,
ele interpreta
um papel pessoal, vital.
Em outra extremidade da mesa,
alguém
subitamente se despe
completamente,
seus vizinhos se contaminam,

fazem a mesma coisa,
automaticamente,
bem como as damas,
o jogo continua normalmente,
não interrompido
por esses acontecimentos embaraçosos.
O Poeta (personagem da peça)
começa a recitar
seu poema,
o poema se torna cada vez mais
sentimental
e ruim,
o poeta
apela para que todo mundo chore,
todos choram,
lágrimas gerais,
o poeta recita.
A fogosa madame Nibek
(personagem da peça)
que, até agora, se dedicava
passionalmente ao jogo,
entorna subitamente sobre si
um monte de pasta,
que escorre lentamente
sobre a mesa, a roleta,
os divãs
e a estatueta de mármore.
Evidentemente,
tudo
naufraga no feno,
as galinhas ocupam a roleta...

4. As Montanhas

(Execução: 07-08-1969, Bled).

Um armário despenca,
como do céu
(helicóptero)
no enorme maciço dos Alpes,
cerca de dois mil metros
de rochedos monstruosos, nus.
O armário voa
no precipício,
despedaça-se

embaixo,
sobre a geleira,
em um deserto total de rochedos.
Sobre um quadrado de veludo negro
repousam os cacos do armário
e o corpo de fogo Anastasie Nibek.
Sobre a neve
encontra-se uma poltrona *em estilo biedermayer,*
o poeta Pasiukowski está sentado aí,
com chapéu de palha
e suave figurino de flanela,
como em um quadro de Manet.
As crianças-órfãs estão, como sempre,
embrulhadas em sacos brancos.
Sem cessar, a defunta
repete em detalhes
a história
de seus amantes,
de seus amores
e de suas doenças,
essas últimas sobretudo excitam-na
de um modo irresistível,
ao redor, neve
e gelo.
O poeta tenta em vão
retomar o sentido e a continuidade
de seu poema.
As crianças-órfãs não entendem nada
disso tudo.
Um grupo de esquiadores olha,
com indiferença,
essa catástrofe
gratuita.

(Tradução de Isa Kopelman)

10. Do Real ao Invisível

HISTÓRIA DA CADEIRA

Se eu escrevo esta curta história da *cadeira*, que me serviu, em certos momentos, em minhas manipulações, não é para transmitir uma documentação. É antes a análise (*post-factum*, evidentemente) do fenômeno que me interessa: esse fenômeno que surge espontaneamente e imotivado e sua repetição no tempo me dão a sensação da continuidade e da afirmação do *acaso*, de sua continuação, o que não é um pequeno paradoxo.

Desde a introdução, é preciso sublinhar que a cadeira não era um modelo. Era o objeto de minhas manipulações. Não era tampouco um acessório. Pois eu o privei de sua utilidade. Esta *démarche* é sempre difícil, ela exige uma decisão, que não se deixa prender por nada. É um ato desinteressado e, portanto, perigoso e arriscado, absurdo em face da vida. É pura e simplesmente um ato artístico.

Para começar essa história da cadeira, devo voltar a 1943. Monto então o espetáculo *O Retorno de Ulisses*. Minhas observações levam-me à seguintes notas:
Título: "Exterioridade ou realismo exterior" – "tratamento agudo da superfície dos fenômenos, superfície que não se despreza, muito ao contrário: a gente se detém aí, unicamente nela, sem pretender chegar a interpretações e comentários internos ulteriores. Será uma observação do exterior, um realismo quase cínico, esquivando-se a

toda análise e explicação, um realismo novo, que se chamaria 'exterior'".

"Ulisses está sentado no meio do palco, sobre uma cadeira alta. A realidade do fenômeno (mais tarde, ele não estava sentado sobre uma cadeira, mas sobre um canhão) era o fato de estar sentado, o estado físico com sua própria expressão".

"O fato mesmo de estar sentado – me perguntava eu nessa nota –, sua precisão, sua acentuação, a importância que se lhe atribui, não é um valor real, verídico, por que exterior?".

A situação de estar sentado foi isolada, privada de seus laços e de suas motivações quotidianas, mas guardou e mesmo aumentou sua significação.

Essa *démarche* formal repete-se, não sem razão, alguns anos mais tarde – em 1965, creio – quando eu organizava o happening *Cricotagem*.

A situação axial era, nesse happening, a personagem sentada. Para que esse fato de estar sentado, esse estado físico fosse notado, essa pessoa se levantava regularmente e, com certa "intenção", ora com indiferença, ora com desespero, em diversos estados psíquicos, pronunciava a frase: "Eu estou sentado".

Era *o ato de estar sentado* em estado puro, não motivado, que inflava, crescia, se reproduzia, e vivia como parasita, desinteressado e esplêndido.

A cadeira, aliás, retornou mais cedo, em 1963; foi no teatro Cricot, na peça de Witkiewicz, *O Louco e a Freira*. Tratava-se para mim de criar um aparelho de dimensões bastante grande que nivelasse a ação, que aniquilasse todas as ações dos atores, todas as atividades humanas, que aniquilasse todas as ações humanas racionais e intelectuais, que funcionasse de maneira implacável, idiota, estúpida, arbitrária.

Não podia ser, sem dúvida, um aparelho importante, sério; eu devia procurar um objeto, um elemento que, nesse aparelho, se repetiria várias vezes e até centenas de vezes; que seria completamente despida de significação, que seria um objeto de grau inferior. E então veio – como do passado – a cadeira. A cadeira, que é efetivamente um objeto de categoria inferior e de uma utilidade geral. Dessa cadeira, ou melhor, dessas cadeiras (havia centenas presas por fios de ferro), fiz a máquina "aniquiladora": de que falo no Manifesto do Teatro Zero.

Todas as manipulações artísticas com um objeto têm seus objetivos metaestéticos, eu diria mesmo "meta-físicos".

Essa esfera me fascina desde há muito. Nessas *démarches*, semelhantes a rituais de magia, o objeto, familiarizado e "amansado" pela utilidade da vida, descobre de repente sua existência independente, "estranha". Prestam-se a isso os objetos mais utilitários, os de uma categoria "inferior".

Na hierarquia dos objetos, a cadeira situa-se muito abaixo. Ela é desdenhada. Sua parentela, pudicamente morta, é a última coisa que poderia assumir funções plenas de responsabilidade. O gesto que lhe dá um outro sentido é quase um gesto samaritano.

Em 1968, eu me encontrava na Iugoslávia, na localidade de Vela Luka, onde os iugoslavos haviam organizado um encontro entre artistas do Leste e do Oeste. Da França vieram Corneille, Messagier, os críticos Boudaille, Jean-Clarence Lambert, a Itália era representada por Achille Perilli; havia muitos tchecos e alguns poloneses, alguns húngaros. Os organizadores tinham previsto uma realização coletiva de mosaicos, que, mais tarde, deviam ser reunidos em um monumento comum. Como a técnica e o próprio monumento despertavam em mim certas dúvidas, nasceu daí a idéia bastante perversa de utilizar o mosaico como "embalagem" (eu fazia nessa época numerosas "embalagens" de diversos tipos), a embalagem em mosaico de um objeto qualquer. Esse objeto foi logo encontrado: a cadeira. Uma cadeira dobrável, além disso, que, não se achando em nenhuma relação racional com o mosaico, podia facilmente desmascarar e desacreditar essa técnica, atualmente anacrônica e pretensiosa. A cadeira foi "defendida" por Achille Perilli e data dessa época nossa amizade.

Os outros pintores pensavam na cadeira com desdém. Eis por que eu me dirigi aos organizadores com tanto mais insistência para que a cadeira fosse colocada em face desse monumento. Evidentemente, meu pedido não foi satisfeito; com não menos evidência, os organizadores chegaram mais tarde a uma outra conclusão, visto que a cadeira foi parar depois em um dos museus iugoslavos.

1970. A cidade de Wroclaw organiza um grande Simpósio, "Wroclaw 70". Isso parece uma manifestação concebida em grande escala. Ela anuncia, nos planos do urbanismo, a realização sucessiva dos projetos dos artistas convidados. A grande maioria dos participantes achava que Wroclaw se tornaria um novo terreno de expansão da "escultura do espaço" em materiais duráveis. A opinião dos artistas e dos críticos ligados à galeria Foksal, que puseram em questão as esculturas "do espaço", sua razão de ser na fase atual de desenvolvimento, e a noção extremamente acadêmica de obra de arte em um material durável, provocou uma tempestade de protestos. A atmosfera era tensa e repleta de presságios indistintos. Apesar de sua grande segurança, os prognósticos dos defensores de obras em materiais duráveis eram pouco claros e escondiam muitas surpresas.

Meu projeto de Wroclaw era uma espécie de monumento. Era uma cadeira dobrável, em cimento, de dimensões colossais, de 14

metros de altura aproximadamente. A mesma cadeira que estaria no teatro Cricot, em 1963, na peça de Witkiewicz, como mais tarde em Vela Luka, na Iugoslávia. Essa cadeira devia ser colossal, devia ser uma espécie de monumento; ao mesmo tempo, ela não devia dar a impressão de ser um monumento; ela devia ser posta, não no meio da praça, mas em alguma parte, no lado, em todo caso, no meio da circulação, ela devia produzir a impressão de alguma coisa *abandonada*.
Desprovida de valores e de percepções estéticas, uma cadeira, cujos valores não residem em sua existência material, mas no que se passa em vista da situação absurda em toda a realidade nua que a circunda. Pouco tempo depois, a vaga de ardor, de entusiasmo e de promessas começou a baixar rapidamente.
Algumas vezes ainda, asseguraram-me que a cadeira veria o dia.
Entretanto, sob a influência dessa cadeira, comecei a escrever.
Era o desejo de concretizar para mim o novo papel da obra de arte *sem expressão e sem percepção*.
Já de há muito que a expressão da OBRA DECORRENTE DE SEUS VALORES MATERIAIS HAVIA PERDIDO SUA SIGNIFICAÇÃO E SEU FASCÍNIO.
Essas dúvidas e essas observações, resultantes de minha própria prática, tomaram sua forma definitiva em meu "Manifesto de 1970".

Depois de tê-lo redigido, cheguei à conclusão de que a sorte material ulterior da cadeira e sua realização cessariam de interessar. Eu estava mesmo propenso a pensar que o próprio manifesto, seu conteúdo teórico, era capaz de substituir essa cadeira e muitos outros monumentos "impossíveis" cujos projetos eu perseguia.

Não me dando ainda conta de que a sorte da realização da *cadeira* estava decidida, enviei à galeria Foksal um telegrama pedindo para expô-lo na mostra coletiva do grupo Folksal. O texto do telegrama era o seguinte:

Galeria Foksal
"*Continuar,
por todos os meios possíveis,
as tentativas
de realização da cadeira
e
seguir as etapas sucessivas
do fiasco!*"

O fiasco tornava-se uma afirmação.

A cadeira, entretanto, foi construída... em Oslo.
Em 8.10.1971, realiza-se a montagem da cadeira. O homem que assumiu esta responsabilidade e decidiu fazê-la era o diretor do grande

museu de Oslo-Sonja Henje Nils Onstadt Kunstcentret – Senhor Olle Henri Moe.
A cadeira se encontrava perto do museu, sobre uma colina, dominando um fiorde, muito próxima de uma grande auto-estrada norueguesa.
A história da cadeira prosseguiu na galeria Foksal, no dia 9 de novembro de 1971. Poder-se-ia dizer que era a história meta-material da cadeira. Uma cadeira gigante, da qual somente um fragmento conseguiu lugar na galeria, encontra sua continuação não material nos *locais vizinhos*. Para introduzir na esfera dos sentidos esse "prolongamento" não material do objeto, não bastava construir uma "instalação" auxiliar, material que, por sua indiferença absoluta e por sua "não-realidade", transportaria a percepção no domínio mental.
Era preciso alguma coisa a mais: uma transgressão das normas da realidade cotidiana.
Eis por que todo esse empreendimento tinha ainda uma "via lateral" e um sentido de segundo plano, que se define no título: "Assalto".
Esses *locais vizinhos*, ao lado e no andar, eram locais de escritórios.
Fotos "topográficas", situadas na galeria, mostravam suas partes nas quais passavam prolongamentos invisíveis da *cadeira*.

A seguinte informação era igualmente importante:

"Para além do *vernissage*, no curso da duração do 'assalto', a galeria não dá autorização para visitar os locais contíguos, deixando isso entregue ao risco e à decisão pessoais do espectador".
Para justificar, do ponto de vista artístico, esse procedimento sujo, escrevi a seguinte explicação:
"Existe certo lugar e certas circunstâncias, em que nossa imaginação, considerando que ela não está submetida às regras físicas, cessa de funcionar. É um caso muito comum, e por essa razão não se repara nele em absoluto. Essa fronteira é pura e simplesmente uma parede, lugar onde termina nosso espaço vital e onde começa um outro espaço, estranho, exterior, de tal modo inacessível que nós nos permitimos mui raramente imaginar o que se passa atrás da parede. Aqui, a imaginação sofre uma derrota inesperada. Vencida, ela fraqueja, torna-se flácida, se abate, se decompõe, paralisada pelos direitos sacrossantos e pela inviolabilidade do lugar, guardado por decretos draconianos e por hábitos. Entretanto, se existe um só caso de sua impotência, nós começamos a suspeitar dela. Eu não levo a coisa evidentemente até a intrusão, o assalto, a anarquia. Limito-me a assinalar um caso, completamente despercebido, e, no entanto, geral, de frenagem automática, inaudita, quase epidêmica da imaginação".

E eis o texto final que dá uma definição

Assalto

...

Tentemos aniquilar a ilusão do objeto,
seus encantos materiais
e sua aptidão aparente
para se assimilar à vida;
tornêmo-lo estranho,
uma armadilha,
uma falsificação,
privemo-lo do passado
e da anedota que o animam,
de nossa própria participação –
e, enfim, de sua existência física.
Tentemos em seguida criar-lhe um "prolongamento"
material,
fazer de seus traços na memória,
um objeto de *sensação* real –
a memória
onde ele se torna
um "clichê" imaterial,
um conceito
uma definição,
onde não servirá para nada
o hábito da representação,
onde o olhar desliza
com certo embaraço,
sem encontrar nenhum
apoio.
Isso exige outro comportamento,
é preciso, de certa maneira,
o *"contornar"*,
executar certas
manipulações,
certas falsificações da informação
por um ato negativo,
pelo contrário...
Se queremos reter
"isso" ainda
no campo
do espaço,
do tempo
e
do olho!

MANIFESTO 1970

Preço da Existência

A obra de arte sempre foi ilegítima.
Sua existência gratuita sempre perturbou os espíritos. Mas muito cedo imaginou-se tirar partido da obra de arte. Fizeram-lhe exigências! Atenderam-nas! Aqui embaixo e... na eternidade.
Pediram-lhe provas indiscutíveis de utilidade e de submissão.
A defesa empregou toda uma armação engenhosa
>de explicações
>de justificações
>de teorias
>de dogmas
>demandando
>A APROVAÇÃO.

O aparelho desmedidamente inflado desse tribunal executava suas interpretações irrevogáveis e seus julgamentos em nome das razões supremas e das instâncias superiores.

O arrazoado foi montado pelos sábios doutores, pela História e pelos próprios acusados.
>O arrazoado afirma:
>A OBRA DE ARTE É ÚTIL!

Foi o essencial! Citar todos os fatos e todas as provas teria levado ao absurdo, tão longa seria a lista.
Com efeito, a obra de arte serviu durante milênios e ela serviu tão bem e a tantos fins que essa servidão pareceu inerente à sua natureza.
>A OBRA DE ARTE PRESTA TESTEMUNHO!
>Com efeito, ela presta testemunho:
>>da época,
>>do céu e da terra,
>>dos costumes,
>>das guerras,
>>da vaidade,
>>por vezes da verdade.

Em seguida, recorreu-se aos argumentos científicos.
>A OBRA DE ARTE = CONHECIMENTO DO REAL.
>>E de fato
>>ela o apreendia
>>o escrutinava
>>em suas virtualidades
>>ópticas, físicas e espaciais,
>>ela o reproduzia
>>no EU
>>em devaneio
>>em Alucinações

e em Sonho!
A OBRA DE ARTE ENQUANTO MODELO E IDEAL
DA LEI
DA CONSTRUÇÃO
DA FUNCIONALIDADE
DA ECONOMIA
E DA TÉCNICA

E de fato, não se poderia negar sua contribuição nada desprezível para a edificação de nosso *brave new world*.
E eis
O último estado da defesa "vitoriosa":

A OBRA DE ARTE TORNOU-SE OBJETO
DE CONSUMO!

A única compensação residia no fato de que essa interminável teoria das injunções supostamente irrevogáveis da história, de valores trucados, de autoridades esmagadoras, revelou-se totalmente impotente e grotesca na hora, única e íntima entre todas, em que se produz o ato CRIADOR. Infelizmente, os artistas foram os únicos a se dar conta disso.
ATENÇÃO
Por falta de tempo e de espaço, deixamos de lado a questão de saber quantos esforços fizeram os artistas para se libertar dessa servidão pretensamente natural, esforços sempre vãos... e qual foi o papel que, nessa gigantesca camuflagem da verdade sobre o ato criador, desempenharam diversas ideologias e recentemente o mecanismo colossal do mercado assim como
A SANTA INFORMAÇÃO
devorando tudo e expulsando tudo numa orgia pantagruélica.
CONSUMO
O processo caricatural de um consumo descarado da obra de arte, esse canibalismo espiritual praticado privadamente e em público com um apetite crescente há um certo tempo provocava em COMPENSAÇÃO
UMA ZOMBARIA CÍNICA E ACERBA,
ESCÂNDALOS pérfidos
a ignorar todas as regras do pretenso bom gosto,
o que teve um efeito fulminante sobre esse ÓRGÃO
DE DIGESTÃO desmesuradamente desenvolvido!
Assim terminava essa batalha absurda.
O MECANISMO DO MERCADO posto em movimento
funciona automaticamente
e exibe ao grande dia O CONSUMO insolente
que se manifesta por absurdos e lamentáveis REFLEXOS
DO SENSO DO GOSTO

desencadeado no passado.
A ÚNICA SOLUÇÃO
É desconcertante ver que entre as inúmeras
ATIVIDADES
ORIENTADAS PARA UM FIM
bem ancoradas na vida,
prosperando às mil maravilhas,
atividades de utilidade pública
legalizadas tendo em vista as NECESSIDADES:
BIOLÓGICA,
DA CONSERVAÇÃO
DA ESPÉCIE
/DE SUA DESTRUIÇÃO também/,
DO GOVERNO,
DO PROGRESSO, DO CONTROLE
atividades Supremas, Únicas, Herméticas, Inacessíveis e as de todos
os dias, simples, sublimes e desprezíveis, insensatas e criminosas,
atividades baseadas no direito e na necessidade
e outras a camuflar o arbitrário, o absurdo e a loucura –
é, pois, revoltante ver que nesse registro de pesadelo
não houve lugar para uma só
ATIVIDADE TOTALMENTE GRATUITA!
O próprio das atividades humanas sancionadas pela comunidade é sua finalidade.
Mas tenhamos a coragem de dizer de uma vez por todas:
A FINALIDADE NÃO É INERENTE
AO ATO CRIADOR E À OBRA DE ARTE
Em contraposição a essa evidência, procura-se criar aparências que alimentam a ilusão de finalidade, pois este foi o único argumento sempre invocado em vista de um arrazoado composto para justificar a existência da criação artística e em vista de um apelo para reconhecer o seu direito de cidadania.
A utilização paradoxal do argumento da finalidade aí, ou A AUSÊNCIA deste, foi essencial para o fenômeno da criação, não deixando de ter conseqüências.
O direito de cidadania conquistado não sem dificuldade pela criação e pela obra de arte mostra-se, no entanto, puramente convencional
ilusório,
suscetível de ser suspenso de um dia para o outro
outorgado que foi por piedade
por esnobismo
e pago muito caro, no fim de contas!
Seria ingenuidade reclamar A IGUALDADE e encerrar-se no otimismo utópico de uma COEXISTÊNCIA ideal.

A idéia de criação e de obra de arte enquanto ATIVIDADE GRATUITA LEGÍTIMA E SANCIONADA parece igualmente difícil de admitir.
É por uma ESPONTANEIDADE ABSOLUTA E GRATUITA QUE O ATO CRIADOR E A OBRA DE ARTE CHEGARÃO A SE EMANCIPAR REALMENTE!
Abandonemos as explicações e as justificações das diversas finalidades da obra de arte, pois a finalidade
>NÃO EXISTE!

Mostremos A INUTILIDADE NUA
>da atividade criadora!

Sem chocar
>nem provocar
>nem atacar
>sem agir

pois tudo isso poderia servir de argumento para a defesa.
Em conseqüência, abandonamos como se deve as posições românticas de pária, de mártir e de herói expostos ao risco artístico e à ingratidão, pois tudo isso está ligado ao protesto.
NÓS NÃO PROTESTAMOS!
>NO CORAÇÃO DA "FALTA"

A arte e sua existência fazem parte da REALIDADE TOTAL.
Todas as tentativas com o fim de separar dela a arte ou então ao contrário para nela incorporá-la
- as primeiras procurando emancipá-la do domínio da vida e lhe assegurar a autonomia – as segundas visando subjugá-la –

foram ditadas pela defesa que tinha necessidade de justificações e fizeram a arte correr os maiores riscos.
Independentemente de suas nobres intenções, tais tentativas trouxeram à luz, isolaram e purificaram esse elemento misterioso da obra de arte:
OS VALORES DA FORMA
>DA ESTÉTICA
>DO ENGAJAMENTO

Os resultados não se fizeram esperar.
Todos esses valores estão destinados a ser
RECEBIDOS

Por sua natureza estão condenados à recepção. Assim, a obra de arte é orientada para o destinatário. Procuremos seguir até o fim essa idéia que se recusa a toda tentativa de cercá-la definitivamente, como se ela soubesse que isso levaria ao seu aniquilamento.
>Toda RECEPÇÃO faz parte das atividades da vida!
>A recepção da obra de arte, mesmo uma recepção purificada, em última análise, sobretudo na época de uma crescente participação das massas, se insere na noção geral de recepção aparentada à de mercado/com todas as conseqüências que exigem funcionamento e finalidade.

Daí por que a obra de arte deve "servir" incessantemente ou ao menos constituir a "mais valia" de autonomia equívoca e duvidosa.
Daí por que, ao termo desse imenso processo, a recepção torna-se quase um
    CONSUMO BIOLÓGICO
e a atividade criadora uma
    FABRICAÇÃO!
    UMA OBRA SEM FORMA, SEM VALORES
    ESTÉTICOS
    SEM VALORES DE ENGAJAMENTO,
    SEM PERCEPÇÃO,
    IMPOSSÍVEL,
    dito de outro modo, POSSÍVEL SOMENTE PELA ATIVIDADE
    CRIADORA!
    Obra
    que
    não exala nada,
    não exprime nada
    não age
    não comunica nada
    não é um testemunho
    nem uma reprodução
    não se refere
    à realidade
    ao espectador
    nem ao autor
que é impermeável à penetração exterior, que opõe sua opacidade a toda tentativa de interpretação
    voltada para PARTE NENHUMA, para O DESCONHECIDO,
    não sendo mais que o VAZIO
    um "BURACO" na realidade,
    sem destinação
    e sem lugar
    que é como a vida
    passageira
    fugitiva
    evanescente
    impossível de fixar e de reter
que deixa o terreno sagrado que lhe foi reservado sem procurar argumentos em favor de sua utilidade
    que
    É, pura e simplesmente,
    que
pelo simples fato de sua AUTO-EXISTÊNCIA PÕE TODA REALIDADE CIRCUNDANTE EM UMA SITUAÇÃO IRREAL!

/poder-se-ia dizer "artística"/
que fascinação extraordinária nessa inesperada
REVERSIBILIDADE!

Cracóvia, 14 de abril de 1970

(*Tradução de Silvia Fernandes*)

11. Sobre a Obra de Maria Stangret

Ensaio de Wieslaw Borowski:

"A OBRA DE MARIA STANGRET, COLABORADORA E ATRIZ DO CRICOT 2"

Pintura

No decorrer de uma evolução de mais de dez anos, a pintura de Maria Stangret, passando por uma série de etapas – da arte informal às paisagens do "céu" – é inseparável de um elemento sensualista e espontaneísta. No início esse sensualismo esteve também diretamente relacionado ao ato da criação de imagem, à técnica da pintura; mais tarde, as ações e atividades eram espontâneas, assumindo o caráter de uma intervenção exterior na realidade pictórica (paisagens truncadas, pintura de árvores reais); enfim, o sensualismo adquire um aspecto "mecânico" (pintura de limiares, painéis com céu). Cada reflexão intelectual da artista sobre a pintura, seja através da ação, da manifestação ou do texto escrito, tem o caráter de um reflexo provocante, irritado, vigoroso ou de um gesto não admitindo nenhum tom patético, que engendrasse o germe de um "sistema" qualquer. Desse modo então, após o gesto "informal", que era um atributo orgânico e ainda formal do quadro, surgiu o gesto de riscar o quadro por meio de um traço espesso ou de uma cruz. Tratava-se de um gesto instintivo muito simples no seu questionamento espontâneo, um gesto puramente manual, num certo sentido ilegal, iconoclasta e desproporcional à importância do problema. De um modo intransigente e apodíctico, o gesto riscava as partes inteiras do quadro, tornando-as cor da tela e da parede. Ele se referia aos quadros nos quais retornava o tema da paisagem, introduzido pelo autor, com inteira consciência de pertencer aos fenômenos mais sancionados pela tradição pictórica.

Riscado pelo gesto impulsivo mais verídico da artista, a feitura da paisagem sobre a tela mostrou-lhe novamente a extensão livre da paisagem natural, que, de fato, durante séculos de pintura, jamais foi tocada pela cor. Na época da Assemblage de Inverno (na galeria Foksal, em 1969), Maria Stangret decidiu cobrir de pintura uma paisagem verdadeira, pincelando os troncos e os galhos de árvores diante da galeria.

Ao mesmo tempo, a artista começou a pintar as entradas da galeria, reduzindo desse modo a pintura a uma atividade comum, a um serviço prosaico, anônimo e exposto aos vestígios de passos e ao desaparecimento. Enfim, depois de 1970, a artista concentrou-se sobre a pintura do céu, criando grandes quadros executados mecanicamente pela pulverização de cor azul ou cinza. Esses quadros, sobre os quais a artista coloca verdadeira canaleta cheia de cor azul ou cinza, assumem os traços de realidade equivalente à da realidade do céu, que eles não imitam. Uma tal paisagem, paisagem real, colocada na moldura real da galeria, da paisagem ou da rua, torna-se mais chocante do que uma paisagem pictórica que não comove ninguém atualmente.

Literatura

Depois de alguns anos, Maria Stangret escreveu um *Romance sem Fim* (Romance hiperrealista, através do método do doutor Kneipp), uma espécie de colagem literária de textos extraídos de livros de uma temática pouco importante, periférica, concernente à vida prática, de guias envelhecidos, de brochuras descrevendo intrigas banais e conflitos morais, bem como de seus próprios textos concernentes às situações atuais. Nesse romance todas as hierarquias de gêneros literários foram niveladas. Trata-se mais de uma prática literária permanente do que um romance, conscientemente privado de objetivo, de composição, de construção, entretanto, com poder de fascinação e atração de uma ação perfeitamente desinteressada.

Teatro

Maria Stangret participa em todas as etapas de desenvolvimento e em experiências do teatro de vanguarda Cricot 2. É uma atriz notável, mantendo em cada espetáculo sua "própria condição", não admitindo em seus papéis nenhuma tonalidade de atriz profissional. Em 1961 ela foi uma das órfãs na peça de S. I. Witkiewicz, *O Pequeno Armário*, encenada por T. Kantor.

Em 1963: madre superiora, na peça *O Louco e a Freira*.

Em 1967-68: Tadzio-criança, em *A Galinha d'Água*.

Em 1972: "A moça embrulhada", no espetáculo parisiense *Os Sapateiros*, de S. I. Witkiewicz, encenado por T. Kantor.

Em 1966: em uma outra encenação de Kantor da peça de S. I. Witkiewicz, *No Pequeno Armário*, no "Teatro Komplexes" em Baden-Baden, Munique e Essen.

Em 1969: em uma outra encenação dessa mesma peça (*No Pequeno Armário*), no "teatro i" em Bled, na Iugoslávia.

Os espetáculos desse teatro foram filmados pela televisão de Sarrebruk (título do filme: *Schrank, Säcke und Schirme*).

Happening

Independentemente desses papéis teatrais, Maria Stangret tem colaborado com todos os happenings realizados por Tadeusz Kantor nos quais ela participou ativamente. Em 1965 no primeiro happening – *Cricotagem*, em Varsóvia e, em 1966, no happening *Linha de Partilha*, em Cracóvia – como personagem embrulhada. Do mesmo modo, no happening *Embalagem Grosseira,* em Basiléia, em 1966, assim como em 1968, no happening *Embalagem Humana*. No *Happening Panorâmico do Mar*, em 1967, em Koszalin, ela foi a moça do "borrão erótico".

(Tradução de Isa Kopelman)

▲ *Os* Bonitinhos e os Buchos *de St. I. Witkiewicz, Teatro Cricot 2, Cracóvia, 1973. Esboço para a organização do espaço público-ação dramático.*

▲ Os Bonitinhos e os Buchos. *Ao centro, Maria Stangret. Foto: J. Szmuc.*

12. Teatro Cricot 2

A ESTRUTURA E O CONJUNTO DO TEATRO CRICOT 2

Os Inícios do Teatro

Os primeiros espetáculos do teatro "Cricot 2" constituíram-se numa atividade que eclodiu com a força de uma explosão. As pessoas vinham do país inteiro para assisti-los.

O largo espaço que a imprensa da época consagrava a esse *evento* presta claro testemunho até que ponto a necessidade de um teatro de vanguarda, vivo, artístico, era premente.

A atividade espontânea do teatro "Cricot 2" tornou-se automaticamente um *golpe* dirigido contra o teatro profissional, convencional e institucionalizado, que não tinha muito a ver com a criação.

O postulado de uma *vanguarda no teatro* apresentado pelo teatro "Cricot 2", tão radical quanto na pintura, apareceu de novo vivo e atual.

Há alguns decênios, o meio teatral esforçava-se para esquecer a vanguarda, afundava cada vez mais em um conformismo confortável, divulgava a falsa opinião de que a vanguarda dos anos de 1920 nada conseguira no teatro e que, em geral, ela era impossível.

O teatro levava, quase no mundo inteiro, uma existência convencional, institucionalizada, vivendo, no melhor dos casos, dos restos da antiga vanguarda desprezada ou dos acontecimentos literários.

O teatro profissional tradicional acolheu a aparição do teatro "Cricot 2" com uma calma olímpica e acadêmica, crendo na invencível solidez de sua própria instituição.

Os mais finórios *recuperaram* rapidamente as idéias inovadoras do teatro "Cricot 2", generalizando-as, vulgarizando-as, reduzindo-as a efeitos formais pelo acréscimo de seus próprios comentários nebulosos.

A Estrutura do Teatro

O teatro "Cricot 2" rompeu com a estrutura do teatro convencional, burguês, do século XIX, no qual a criação se transformara em *trabalho*, necessário à reprodução do repertório.

De um trabalho assim concebido surgiu a noção de *temporada*, que camuflava, com seus encantos enganosos, a ausência de um desenvolvimento autêntico, de mudanças verdadeiras, ou pura e simplesmente a ausência de um movimento artístico. Uma outra conseqüência do trabalho assim concebido foi a transformação da *criação* em *produção* e a do teatro em uma espécie de *empresa*. Os criadores de literatura tornaram-se *fornecedores* de matéria-prima.

Segundo esses princípios, o tempo de trabalho da produção deve ser ininterrupto. O funcionamento do teatro deve desenrolar-se *sem interrupção* e *em ritmo*.

Essas leis, tomadas de empréstimo à economia, conduziram a *arte do teatro* à decadência.

O tempo, na concepção da criação, é completamente diferente do tempo na vida física. *Violado*, quer dizer, "regularizado" segundo as normas da vida, ele produz na arte resultados lamentáveis.

O teatro "Cricot 2" não cessou de contestar esses princípios gerais de organização aparente que, de fato, não levavam em conta as leis do processo criativo e da imaginação.

A estrutura do teatro "Cricot 2" coloca em princípio que o trabalho no teatro deve ser criação. Ela abole a separação artificial e rigorosamente obrigatória em *trabalho* e *resultado*, em *ensaios* e *espetáculo*.

Tão enraizada que é difícil imaginar uma outra, considerada por essa razão como *única* e *natural*, essa separação é, na realidade, *inconciliável* com a arte e a criação.

Independentemente dos traços específicos do teatro, a criação é sempre, e em cada domínio, antes de tudo uma descoberta do "*novo*" e do "*impossível*", é uma revolução. Ela existe *totalmente* no tempo e no espaço. Esta separação temporal e espacial, rígida e artificial:

      trabalho – resultado
      ensaios – espetáculo
      sala de ensaios – cena,
elimina a criação de maneira implacável.

No teatro "Cricot 2", os ensaios não existem exclusivamente para montar um espetáculo. Eles não são uma preparação. Eles são uma *criação*.

Um espetáculo não é um produto acabado, é um campo aberto no qual a criação continua a sua batalha. A estrutura de um teatro que postula a criação exclui o plano de produção.

A *démarche criadora* – desde o início dos ensaios até a extinção da temperatura, até o esgotamento do caráter atual – pode durar um ano ou mais. Este ponto fundamental é o que é menos aceitável no teatro convencional – empresa da sociedade de consumo que exige uma modificação incessante do repertório.

Do começo de sua existência até hoje, a estrutura e o conjunto do teatro Cricot 2 permaneceram os mesmos.

O teatro Cricot 2 não é uma instituição que funciona regularmente, como todas as instituições de utilidade pública. A raridade das manifestações de sua atividade não é resultado de dificuldades de realização, nem de um desmembramento ou de uma desorganização do conjunto, nem de uma extinção das idéias.

Ela é completamente natural.

Completamente livre, independente das convenções administrativas e de uma rotina qualquer de conduta, a atividade do teatro Cricot 2 é a criação mesma, que se baseia sempre na espontaneidade.

A montagem de um espetáculo é o resultado da necessidade imediata de exprimir uma idéia definida, que, com o tempo, cresce, infla-se e, ao fim, exige uma *exteriorização* imediata. Cada vez, ela é uma explosão de energia criativa. Pela natureza das coisas, *pouco freqüente*. Entretanto, o fato de que desde 1955 até hoje o teatro Cricot 2 existe, não como instituição, mas como idéia, em desenvolvimento constante passando por diversas *etapas*, este fato testemunha, quase demasiado poderosamente, o caráter durável desse fenômeno.

O Conjunto

O conjunto do teatro Cricot 2 compõe-se de atores profissionais, de atores "não profissionais" e de pessoas "tomadas diretamente da vida", cujo papel cênico concorda em certo sentido com seu papel na vida.

Os atores "não profissionais" são recrutados principalmente em outras disciplinas artísticas (pintores, poetas, teóricos da arte), que possuem a necessidade inata, natural, o instinto do teatro, e que chegam ao teatro por outras vias além da do ator, enriquecendo, dessa maneira, sua silhueta geral.

E eis a trupe de atores, errando no tempo, de há muito, e de lugar em lugar, homens e objetos misturados, campo insólito e escandaloso, todas as profissões são misturadas impiedosamente, os objetos são amontoados, estes objetos aos quais tiraram sua função habitual de uma maneira absurda e maldosa, os nomes das pessoas se confundem com seus papéis e não se sabe quais são mais reais:

Maria Jarema – silhueta tristemente alongada, em tricô de arlequim de circo, disfarçada de matrona suspeita e de uma conduta duvidosa, em *A Sanguessuga*.

Kazimir Mikulski, cabotino genial, amarrado por uma corda muito grossa a uma coluna, com um corpo de mulher, nu, suspenso pelos ombros, nessa mesma *Sanguessuga*. Em sua própria peça, *O Circo*, triste diretor de circo, com um esburacado guarda-chuva preto, aberto, a água a escorrer gotejante; ele sonha com uma estréia a qual jamais ocorrerá. Esadik, dançando com a trombeta do Juízo Final (em *A Galinha d'Água*).

Maria Stangret, amazona negra escondida no armário, em *O Circo*; criança em um carrinho de lixo, de ferro, em *No Pequeno Solar*; na encenação cracoviana, em Baden-Baden, no elenco de atores alemães, e no teatro "i", filmado na Iugoslávia, pela Televisão de Sarrebruck; freira com uma perna artificial (como um ex-voto) em *O Louco e a Freira*; criança nua, sonâmbula, presa a uma mesa rolante de metal, em *A Galinha d'Água*; e a "a moça embalada", em andrajos, lamentando-se, em *Os Sapateiros*.

Jadwiga Marso, estátua enigmática do sexo, sobre uma mesa de operação, em *A Sanguessuga*; Jerzy Nowak, hircano, general cínico e fantasmático, reunião de acessórios militares de pacotilha, na mesma peça.

Marian Stoikowski, múmia do papa Júlio II, coberta de ataduras, restos pontificais que não perderam de maneira alguma um extraordinário senso de humor, um fino conhecimento da arte e do amor; Maria Ciesielska, noiva inocente, sofrendo a depravação geral (sempre *A Sanguessuga*); Stanislas Gronkowski, lacaio com duas pistolas, em *A Sanguessuga* – pai, em *A Galinha d'Água*, quase soldado biologicamente a uma mochila enorme, monstruosa, que vive como parasita em cima dele – palhaço em redução, em *O Circo*; Wanda Kruszewska, severa esposa do diretor do circo; suas longas pernas brancas e suas coxas são visíveis por trás dos bastidores, pois é aí que ela se encontrava o mais das vezes, porém, quando aparecia na cena miserável e deserta, em que somente a chuva lembrava, a ponto de enganar-se, a chuva dos aplausos há muito extintos, havia nela o patético de uma tragédia antiga; Andrzej Pawlowski, um dos velhos tios gêmeos esclerosados, em *A Sanguessuga*, proprietário, além do mais, de uma "lanterna mágica", mostrando seu programa, com grande sucesso, sob o título de "cine-forma"; e a extraordinária Stenia Gorniak, esposa morta, que nunca se separa de um ataúde, em *A Sanguessuga* – bebê em uma carroça de lixo, em *No Pequeno Solar*; e Bárbara Schmidt, a segunda criança na carroça de lixo; Jan Güntner, escandalizando o público por seus pendores para o horror, poeta em *No Pequeno Solar*, louco genial, espojando-se com deleite em si mesmo e no seu ambiente; em *O Louco e a Freira*, provocando magistralmente a decomposição geral; em *A Galinha d'Água*, eterno vagabundo, carregado de malas envoltas em capas, maldizendo e examinando com uma minúcia ridícula sua bagagem absurda e sua vida; Stanislas Rychlicki, pai amoral, em *No Pequeno Solar*; Doutor Burdygiel, em *O Louco e a Freira*, aprisionado em seu traje de pesadelo, composto de uma incontável quantidade de pequenas sacolas, ligadas por um sistema complicado e absurdo de barbantes e nós: com um grande senso da perversão, realiza a devastação completa de todos os estados psíquicos; excelente ator do teatro "zero"; no fim, apache malandro, em *A Galinha d'Água*, amante terrível com voz de veludo, soldado à sua amante, não pára de cravar punhais em seus seios; Anna Szymanska, que sabe unir de maneira perfeita, em *No Pequeno Solar*, a governanta austera e a mulher publica vulgar – freira, em *O Louco e a Freira*, em equilíbrio entre a dignidade espiritual e o relaxamento sexual; moça "das colherinhas", em *A Galinha d'Água*, mantendo o público e o espetáculo em estado de tensão, por sua paixão maníaca e única, a de coletar e conservar uma incontável quantidade de colheres; e uma segunda atriz na atividade de happening puro, Bárbara Kober, "anexando", com um autêntico e louco ardor, milhares de recibos que guardava em um enorme saco de papel, passava de lugar em lugar, classificava, verificando sua quantidade, como em um pesadelo obsedante, envolvendo todo o público nesse assunto extremamente importante para ela; Walczak, preenchendo, em *No Pequeno Solar*, diversas funções, as de lacaio, de factótum, de coveiro, de babá e de carrasco; Maria Zajacowna, manejando, como esposa, mãe e amante morta, seu corpo "póstumo" com um talento extraordinário em *O Pequeno Solar*; Zbigniew Bednarczyk, em *O Louco e a Freira*, homem de profissão indefinida: informante atencioso, olheiro, carrasco, autômato sem alma e, em *A Galinha d'Água*, imponente *lady* inglesa desprovida de todo senso moral; Tadeusz Kwinta, segundo homem "com uma profissão indefinida", e Edgard, o homem das valises em *A Galinha d'Água*, um distraído extremamente vivo e ativo; os irmãos Janicki, gêmeos que se assemelham como duas gotas d'água, dois *hassidim* fanáticos e fantásticos, vestindo levitas pretas, ligados por uma longa prancha numa capa preta em *A Galinha d'Água*; e dois lacaios magníficos da época da monarquia austríaca, puxando a carruagem da princesa, em *Os Sapateiros*; e Jacek Stoklosa, Adam Marszalik e Wieslaw Borowski, a caminhar ao infinito, em *A Galinha d'Água*, em passo de exercício, como autômatos – soldados em equipamento completo, atirando com a carabina sobre condenados quaisquer; e Bogdan Grzybowicz, garçom de café vivo e excelente; E os outros garçons, Balewicz, Nagorski e Kula, e três verdadeiros garçons de um renomado restaurante cracoviano, servindo os espectadores e os atores, molhando em enormes bacias guardanapos colossais e os enxugando com paixão; e, enfim, duas galinhas d'água, Mira Rychlicka e Zofia Kalinska, trajadas à moda dos anos de 1920, em mantô, chapéu e altas botinhas de lacetes, mergulhadas assim vestidas em uma grande e imponente banheira branca esmaltada, sobre rodinhas, na água quente; mortas, desde o começo da peça, por seu amante, o que não as impede de continuar a tomar parte nesse *desfile* escandaloso cheio de aventuras.

(*Tradução de J. Guinsburg*)

13. O Teatro Impossível

Teatro Autônomo

A definição – antiga, conhecida há dezenas de anos – preserva o sabor perdido das vanguardas passadas. Evoca as grandes esperanças de nossa juventude – clima fascinante de radicalismo, não-conformismo, destruição implacável de todas as artes plásticas, de todos os valores esclerosados.

O teatro, desde o início de nosso século, colocava na vanguarda essa palavra de ordem. Ele a esquecia periodicamente – por razões diferentes, pequenas e mesquinhas, inexoráveis e ameaçadoras.

A idéia do teatro autônomo: o teatro que tende apenas a justificar o próprio fato de sua existência, por oposição ao teatro que serve à literatura, reproduzindo a vida, perdendo irrevogavelmente o instinto teatral, o sentimento de liberdade e a força de sua própria expressão.

Um tal teatro, renunciando às leis da própria existência artística, foi obrigado a submeter-se às condições, às leis, às convenções da vida: tornou-se instituição, com a criação condenada a ser apenas máquina de produção.

ALGUMAS PROPOSTAS ANTIGAS

Gostaria de citar algumas definições datadas de diferentes períodos de meu trabalho de pesquisa de um teatro autônomo.

Antes que aconteça o encontro com o texto, existe uma vasta esfera de ação puramente cênica, independente do texto – esfera plena de infinitas virtualidades, fonte de idéias, acontecimentos, peripécias, que se distingue da realidade do texto por suas particularidades não definidas e suas significações plurais.

...A realidade cênica não é a ilustração do texto. O texto dramático representa apenas uma parte do processo de transformação total, que se realiza sob os olhos do espectador...

...Minha concepção do teatro autônomo não é nem a explicação do texto, nem a tradução desse texto em linguagem cênica, nem sua interpretação ou sua atualização. Crio uma determinada realidade, com determinados concursos de circunstância, com determinadas tensões/contradições, que não têm, com o drama, nem relações lógicas, nem analógicas, nem paralelas; estão aptas a fazer explodir a carapaça anedótica do drama... (1963)

...O texto dramático, o curso da narrativa – a fábula – conduzem, inelutavelmente, à ilusão.

Tenho necessidade de dissolver, incessantemente, essa ilusão crescente, parasitária, monstruosa.

Não perder contato com o "fundo", com a realidade pré-textual, elementar, autônoma, a "pré-existência" cênica, esta Urmatéria *da cena ...* (1970)

DESDE MARCEL DUCHAMP

Na pesquisa da autonomia do teatro, não podemos restringir-nos a agir no campo limitado, profissional; não podemos atribuir a certos elementos etiquetas de pureza teatral e perseguir os outros em nome dessa pureza. Esse gênero de "chauvinismo" e de intolerância tornam-se doutrina e academicismo.

É sair do domínio teatral, completar uma ruptura – em certo sentido, trair.

Não se pode alcançar a autonomia a não ser por meio de ligações estreitas com a totalidade da arte, com o risco permanente que representam todos os seus problemas, seus perigos, suas surpresas.

A redução das pesquisas artísticas às experiências profissionais perde-se, freqüentemente, em automatismos simplificados e ingênuos.

Após o período em que o teatro era mais ou menos a reprodução da literatura, retorna-se, inelutavelmente, ao outro componente da alternativa: teatro do gesto, do rito, dos signos. Cerimonial, celebração, práticas mágicas bastante duvidosas.

Tudo isso não tem nada a ver com o conjunto complexo de problemas que a arte de hoje coloca. – arte que, desde o tempo de Dada e Marcel Duchamp, abandonou esse lugar santo e seguro, reservado há séculos à "obra de arte"; que desde os tempos do surrealismo visava a se apropriar da realidade "total".

TEATRO E LITERATURA

Em minhas pesquisas sobre a autonomia do teatro, não elimino a realidade do texto.

Não estou totalmente convencido de que rejeitando a expressão ou a pesquisa de uma nova forma dramática, que chegue a salvar o teatro do marasmo, se assegurará a ele a autonomia.

Privar o teatro de sua complexidade quer dizer simplesmente evitar as dificuldades, fugir diante deste imperativo essencial da arte: "unidade"; esquivar-se do "impossível".

Substituir a expressão literária por manipulações gestuais, animadas por pretensos impulsos espirituais, representa uma solução puramente acadêmica. Se a linguagem torna-se máscara, é preciso arrancar essa máscara. Eliminá-la ou degradá-la significaria a ruptura com o intelecto.

Significaria igualmente a ruptura com o humor, a crítica, o risco, o perigo, noções que implicam obrigatoriamente a intervenção do intelecto.

A realidade do texto forma – diante da vida – uma condensação singular de fatos, acontecimentos, situações. Tem sua estrutura e sua ficção próprias apenas a si mesma. Traz para o teatro múltiplas perspectivas mentais.

Ora, a invenção da colagem e do *ready-made* eliminou o risco, para a autonomia da obra teatral, do elemento exterior que pode constituir a linguagem.

O teatro, como as outras artes, não deveria temer a intervenção das realidades extra-teatrais.

O teatro, para evoluir e tornar-se vivo, deve sair de si mesmo – deixar de ser teatro.

Não é função da literatura desprezar o teatro teatral; é para o teatro assumir riscos – na ocorrência, aventurar-se além de sua esfera própria. Desprezar o domínio da literatura.

O TEXTO, OBJETIVO FINAL

Há muito tempo, o problema que me preocupa é o do texto, ou melhor, o da relação entre o espetáculo, quer dizer, a realidade cênica, e a realidade do texto.

Jamais considerei o texto como matéria literária e estética. A peça era, para mim, sobretudo uma reunião de acontecimentos que ocorreram realmente – e que jamais considerei como uma ficção.

A partir do momento em que começava a trabalhar sobre a encenação, essa realidade passada aparece em todos os lugares, em cada lugar, todo tempo, em circunstâncias reais, entre os objetos e os homens que me rodeavam.

A realidade do instante duplicava-se na ilusão da realidade passada.

Acontecia, em certos momentos, de essa ilusão (que eu não admitia, mas que criava incessantemente) tornar-se, ela própria, uma realidade.

A partir de uma certa fé ingênua: de que essa "qualquer coisa" havia existido realmente e que talvez se pudesse ressuscitá-la para que acontecesse mais uma vez "de verdade", pelo fato de que me era absolutamente impossível admitir essa ordem de acontecimentos, irrevogável, cruel, fixada de uma vez por todas, um comportamento teatral nato, a que dei à época – 1943 – a seguinte definição:

... Paralelamente à ação do texto, é preciso que exista uma 'ação cênica'.
A ação do texto é alguma coisa pronta e concluída.
Em contato com a cena, começa a tomar direções imprevistas. É por isso que nunca sei nada de preciso sobre o epílogo...
Em um instante, os atores entrarão em cena.
Do drama literário, restará apenas uma lembrança.

Em meu comportamento teatral, o princípio de base (de que tomo consciência cada vez mais concretamente) é o esforço empreendido com o objetivo de criar novas relações com o texto. É preciso, sobretudo, dar-se conta de que existem duas realidades e não uma só (ilusão do texto e realidade da cena); em seguida, separá-las radicalmente.

A "ação", no velho teatro convencional, está ligada ao encadeamento dos acontecimentos acumulados no texto dramático. O elemento teatral "ação" continua a seguir esse caminho estreito – viseiras sobre os olhos, os ouvidos tapados. Os resultados são miseráveis. No entanto, é suficiente desviar-se desse caminho para se encontrar no turbilhão da ação cênica pura, no elemento teatral por excelência. Este desvio representa o risco mais fascinante do teatro – sua maior aventura. É preciso proceder ao despedaçamento do texto e dos acontecimentos que o duplicam. É apenas do ponto de vista da prática cotidiana que a coisa parece impossível. No domínio da arte (nesse caso preciso, do teatro), obtém-se uma realidade incoerente, suscetível de se formar livremente.

O fato de neutralizar os acontecimentos, anulá-los, colocá-los em estado de "embotamento", jogar com eles, criar outros – libera e põe em movimento os elementos da ação teatral... (1963)
...É possível não interpretar, não representar? Estado em que o ator encontra a "si mesmo" ou luta contra a ilusão (texto), que o ameaça incessantemente, em que ele cria sua própria seqüência de acontecimentos, de situações – que se opõem aos acontecimentos da ilusão literária, ou são inteiramente autônomos. Isso parece impossível... E, no entanto, a possibilidade de ultrapassar o limiar desse impossível fascina.

De um lado, a realidade do texto; de outro, o ator e seu comportamento. Duas estruturas independentes; não existe nenhum elo entre as duas, e no entanto as duas são indispensáveis à criação de um fato teatral. O comportamento do ator deveria apenas "paralisar" a realidade do texto. Unicamente sob essa condição as duas realidades poderiam se "concretizar"... (1965)

Eu dou ao texto da peça uma importância muito maior que aqueles que pregam a fidelidade ao texto, que o analisam, que o consideram oficialmente como ponto de partida e... aí permanecem.

Considero o texto (evidentemente, o texto "escolhido", "encontrado") como o objetivo final – uma "casa perdida" à qual se retorna. O caminho a percorrer – isto é a criação, a esfera livre do comportamento teatral.

A TENTAÇÃO DE TRAIR

É evidente que o fator visual representa, no teatro, um papel preponderante. Mas o problema é mais complexo.

Durante o período construtivista e futurista, o teatro era o *terreno privilegiado das manifestações da arte*. A "decoração teatral", abandonando sua função servil, "decorar", torna-se o elemento dominante, funcional, organizando o espetáculo e exprimindo seu conteúdo. Além do mais – e isso é o mais importante – ela elevou-se ao nível de uma obra de arte autônoma, até tomar para si o risco e a responsabilidade do desenvolvimento dos movimentos artísticos radicais.

Muitos anos são decorridos desde esse período fecundo, anos durante os quais o cenário de teatro lentamente degenerou de novo, voltando a ser uma *aplicação cômoda e superficial* das formas e dos procedimentos de estilo das artes plásticas, à medida que se transformava, abandonava os riscos e as responsabilidades de uma intervenção direta e autêntica no futuro da arte.

Esse procedimento vergonhoso apenas facilita a ilustração (digamos francamente) da "encenação" pretendida, não tem nada em comum com o engajamento no conjunto de problemas que a arte coloca hoje.

Esse é um dos fatores mais importantes para que a arte teatral se torne cada vez mais formal, vazia, insignificante, arrastando o teatro numa confusão cada vez mais profunda.

Parece completamente justificada a penetração do teatro no domínio das artes plásticas, há alguns anos ponto nevrálgico da arte, submetidas a transformações violentas, turbulentas – testemunhas forçosamente contraditórias de sua vitalidade.

Eu tinha perfeita consciência de que, ao engajar o teatro de uma maneira radical e direta nos problemas que as artes plásticas colocam, lhe oferecia a tentação de trair. Eu lhe mostrava o caminho da traição; eu o incitava a abandonar ilegalmente sua morada tranqüila, a privar-se de sua carapaça protetora. Eu abandonava-o, nu e sem defesa (a arte viva está sempre desarmada), em um espaço inteiramente desconhecido.

Ao mesmo tempo, não estava aí a possibilidade de ele tornar-se independente?

A oportunidade era – ainda é – mais excepcional porque, há vários anos, a pintura abandona, sucessivamente, seus domínios sagrados, seus lugares profissionais e vai ao encontro das outras artes e da vida.

Do lado do teatro, na maior parte dos casos, os iniciadores e os charlatões tiraram disso o maior proveito...

UMA NOVA REALIDADE

A noção de liberdade na arte, definida, afirmada pela primeira vez no surrealismo, em seu programa de uma realidade total e indivisível – é o próprio princípio da nova arte.

A obra de arte, fechada em sua estrutura, resultado da criação, da expressão interior, da representação – única, isolada e, finalmente, institucionalizada – tornou-se o obstáculo principal, a barreira a transpor.

Gostaria de me deter brevemente sobre alguns momentos que constituem importantes pontos de referência em minha orientação teatral.

Em 1968, participei do simpósio Prinzip-Collage, em Nuremberg... Foi típico: o teatro estava representado apenas por artistas ligados a outras disciplinas.

A grande sabedoria do método da colagem é de colocar em questão o direito exclusivo do criador à construção da obra; ele não é mais o único a criá-la, a imprimir sua marca, a exprimir.

A admissão da realidade estrangeira, não construída, pronta, dá objetividade ao papel romântico do artista – demiurgo da forma; ela transfere o centro de gravidade dos valores sensuais e artesanais para os valores intelectuais e da imaginação.

A arte começa a anexar os territórios e os objetivos proibidos até então.

Nas peças realizadas no teatro Cricot 2 em 1955-1957, o método da colagem penetrava a totalidade da matéria cênica. O princípio: encadear os segmentos do texto contendo noções precisas de situações e comportamentos diferentes, até mesmo contrários, pré-existentes na realidade corrente, na "matéria de vida": situação despida de toda função ilustrativa ou simbólica. Tudo estava fundado na ruptura das ligações lógicas: superpunha-se, adicionava-se para criar uma nova realidade.

PALPITANTE MATÉRIA CÊNICA

Foi então que o *acaso* tornou-se o móvel essencial, o ator principal. Os surrealistas foram os primeiros a dar importância a esse "bastardo" da vida, a lhe emprestar valores artísticos. Graças a eles, um pouco mais tarde a arte informal desencadeou uma grande aventura de longa duração – aquela da matéria. Guinada importante no desenvolvimento do Teatro Cricot 2.

Excertos do programa do *Teatro Informal,* datados de 1960:

Depois de uma série de experiências visando a criar um novo método, o do "teatro informal", penetrando toda a estrutura do espetáculo, Cricot 2 apresenta uma peça de S. I. Witkiewicz: No Pequeno Solar...

...*Uma matéria liberta das leis da construção,*
instável e fluida,
escapando a todo empreendimento racional,
tornando derrisão todo esforço
de impor-lhe uma forma sólida,
destruindo a forma,
não passando de manifestação,
somente acessível por meio
das forças de destruição,
o capricho, o acaso
e uma ação rápida e violenta
– tornou-se o país da aventura para a arte e a consciência humana...

Tudo foi submetido às leis da matéria: linguagem, paixões, crueldade, espasmo, febre, agonia; movimento; organismos vivos misturados à inércia dos objetos,

total e universal, palpitante matéria cênica.

O RISCO DO REAL

Nesse sobrevôo, insuficiente, convém deter-se sobre a importância do happening e das ações que dele resultam.

Abandonadas suas prerrogativas e seu lugar privilegiado, a obra de arte encontrou seu lugar no coração da vida corrente, preservando suas faculdades de *ação livre e gratuita.* Instalando-se na "realidade pronta", o happening apropria-se de uma matéria gratuita, específica, de objetos e ações "prontos", "não estéticos" (os componentes mais simples da "matéria de vida"); ele os "precipita" de seu meio convencional e priva-os de sua utilidade e de suas funções práticas, isola-os, deixa-os viver uma vida independente, desenvolver-se sem objetivos precisos.

Esse despojamento radical dos objetos, dos acontecimentos, das ações, das situações, de suas ligações convencionais e hierárquicas, de suas intenções habituais, cria um método até então desconhecido *de expressão da realidade pela própria realidade* – não pela imitação dela.

Para o teatro, era a oportunidade imprevista e improvável de superar a noção exagerada, insuportável, da apresentação, da representação, da imitação teatral – cada vez mais coquetismo, afetação, simulação pretensiosa.

É o risco do *Real*.

NO GRANDE DIA DE HOJE

Hoje a arte tenta libertar-se do circuito institucional onde esteve encerrada há séculos; abandona seus panteões, suas galerias, seus museus, seus teatros – reservatórios seguros e isolados de cultura.

Lembrança de uma observação decisiva para o desenvolvimento do teatro Cricot 2:

É apenas em um lugar imprevisto e em um momento inesperado, em que estamos prontos a acreditar sem nenhuma reserva, que um fato pode ocorrer.

Por causa de "práticas" insistentes, o teatro foi completamente neutralizado e se tornou indiferente para nós; tornou-se menos apto a fazer viver a realidade do drama.

... Em pé diante desse edifício de "inutilidade pública", eu olho para ele – balão inflado, vazio e mudo; desde minha chegada esforçando-se, em vão, para parecer útil. Espectador sentado confortavelmente em minha poltrona, uma espécie de tortura...

Esse texto data de 1942. Período do teatro clandestino.

E vocês podem me dizer se as coisas mudaram muito daí até o grande dia de hoje?

(*Tradução de Sílvia Fernandes*)

- A Classe Morta, *Teatro Cricot 2, Cracóvia, 1975.*
- A Classe Morta. *À esquerda, Tadeusz Kantor.*
- A Classe Morta.
- A Classe Morta. *Os personagens: atores e manequins.*

14. O Teatro da Morte

ENSAIO: O TEATRO DA MORTE

Tadeusz Kantor

1. Craig afirma: a marionete deve retornar; o ator vivo deve desaparecer. O homem, criado pela natureza, é uma interferência estranha na estrutura abstrata da obra de arte.

Segundo Gordon Craig, em algum lugar nas margens do Ganges, duas mulheres entraram no templo da Divina Marionete, que guardava o segredo do verdadeiro TEATRO. *Essas duas mulheres tinham ciúmes desse* SER *perfeito a quem destinavam um* PAPEL, *que era o de iluminar o espírito dos homens com o sentimento sagrado da existência de Deus; elas destinavam-lhe a* GLÓRIA.

Apossaram-se de seus movimentos e gestos, de suas vestes maravilhosas e, com uma medíocre paródia, começaram a satisfazer o gosto vulgar da plebe. Quando, enfim, mandaram construir um templo à imagem do outro, o teatro moderno nasceu – aquele que conhecemos muito bem e que dura até hoje: essa barulhenta Instituição de utilidade pública. Ao mesmo tempo, apareceu o ATOR. *Em apoio à sua tese, Craig invoca a opinião de Eleonora Duse: "Para salvar o teatro, é preciso destruí-lo; é preciso que todos os atores e todas as atrizes morram de peste... são eles que criam obstáculos à arte..."*

2. A Teoria de Craig: o homem-ator suplanta a marionete e toma seu lugar, provocando, assim, o declínio do teatro.
Há algo de impositivo na atitude desse grande utopista, quando afirma: "Eu exijo, seriamente, o retorno do conceito da supermarionete ao teatro... e, desde que ela reapareça, as pessoas poderão, de novo, venerar a alegria da existência e render uma divina e alegre homenagem à MORTE*".*

Concordando com a estética SIMBOLISTA, *Craig considerava o homem submetido a paixões diversas, a emoções incontroláveis e, como conseqüência, ao acaso, um elemento absolutamente estrangeiro à natureza homogênea e à estrutura de uma obra de arte, um elemento destruidor de seu caráter fundamental: a coesão. Craig – como os simbolistas, cujo programa tem um desenvolvimento notável em sua época – tinha atrás de si fenômenos isolados, mas extraordinários, que no século* XIX *anunciavam uma época nova e uma arte nova: Henrich von Kleist, Ernst Theodor Hoffmann, Edgar Allan Poe...*

Cem anos antes, e por razões idênticas às de Craig, Kleist exigiu que o ator fosse substituído por uma marionete, julgando que o organismo humano, submetido às leis da NATUREZA, *fosse uma interferência estranha na ficção artística, nascida de uma construção do intelecto. As outras censuras de Kleist foram dirigidas às limitadas possibilidades físicas do homem e ele denunciava, além disso, o papel nefasto do controle permanente da consciência, incompatível com os conceitos de charme e beleza.*

3. Da mística romântica dos manequins e das criações artificiais do homem do século XIX ao racionalismo abstrato do XX.
No caminho que se julgava seguro, e de que se servia o homem do Século das Luzes e do racionalismo, eis que avançam, saindo de repente das trevas, sempre mais numerosos, os SÓSIAS, *os* MANEQUINS, *os* AUTÔMATOS, *os* HOMÚNCULOS, *criaturas artificiais que são cópias das desgraças das próprias criações da* NATUREZA *e trazem em si toda a humilhação,* TODOS *os sonhos da humanidade, a morte, o horror e o terror. Assiste-se à aparição da fé nas forças misteriosas do* MOVIMENTO MECÂNICO, *ao nascimento da paixão maníaca de inventar um* MECANISMO *que superasse em perfeição, em implacabilidade, o tão vulnerável mecanismo humano. E tudo isso num clima de satanismo, no limite do charlatanismo, das práticas ilegais, da magia, do crime, do pesadelo. É a* FICÇÃO-CIENTÍFICA *da época, em que um cérebro humano demoníaco cria o* HOMEM ARTIFICIAL. *Isso significa, ao mesmo tempo, uma súbita crise de confiança em relação à natureza e aos domínios de atividade dos homens intimamente ligados a ela.*

Paradoxalmente, é dessas tentativas românticas e diabólicas ao extremo de negar à natureza seu direito à criação que nasce e se desenvolve o movimento RACIONALISTA, *ou mesmo* MATERIALISTA – *sempre mais independente e sempre mais perigosamente distanciado da Natureza, a tendência na direção de um* "MUNDO SEM OBJETO", *do* CONSTRUTIVISMO, *do* FUNCIONALISMO, *do* MAQUINISMO, *da* ABSTRAÇÃO *e, finalmente, do* PURO-VISIBILISMO, *que reconhece apenas a "presença física" de uma obra de arte. Essa hipótese arriscada, que tende a estabelecer a gênese pouco gloriosa do século do cientificismo e da técnica, não mobiliza senão minha consciência e serve apenas à minha satisfação pessoal.*

4. O dadaísmo, introduzindo a "réalité toute prête" [realidade já pronta] (os elementos da vida), destrói os conceitos de homogeneidade e de coerência da obra de arte postulados pelo simbolismo, pela Art Nouveau e por Craig.
Mas voltemos à supermarionete de Craig. Sua idéia de substituir um ator vivo por um manequim, por uma criação artificial e mecânica, em nome da perfeita conservação da homogeneidade e da coerência da obra de arte, já não se usa hoje. As experiências posteriores, que destruíram a homogeneidade da estrutura de uma obra de arte e introduziram nela elementos ESTRANGEIROS, *por meio de colagens e* assemblages; *a aceitação da realidade "*toute prête*"; o pleno reconhecimento do papel do acaso; a localização da obra de arte na fronteira estreita entre* REALIDADE DA VIDA *e* FICÇÃO ARTÍSTICA *tudo isso tornou prescindíveis os escrúpulos do início do século, do período do simbolismo e da Art* Nouveau. *A alternativa "arte autônoma, de estrutura cerebral, ou perigo de naturalismo" deixou de ser a única possível.*

Se o teatro, em seus momentos de fraqueza, sucumbia ao organismo humano vivo e a suas leis, é porque aceitava, automatica e logicamente, essa forma de imitação da vida que sua representação e sua re-criação constituem.

Ao contrário, nos momentos em que o teatro estava suficientemente forte e independente para se livrar das pressões da vida e do homem, produzia equivalentes artificiais da vida que, por se curvarem à abstração do espaço e do tempo, estavam mais vivos e mais aptos a alcançar a coesão absoluta.

Em nossos dias, essa alternativa de escolha perdeu tanto seu sentido quanto seu caráter exclusivo. Pois se criou uma nova situação no domínio da arte e existem novos parâmetros de expressão.

O surgimento do conceito de REALIDADE "TOUTE PRÊTE", *arrancada do contexto da vida, tornou possíveis a* ANEXAÇÃO *dessa realidade, sua* INTEGRAÇÃO *à obra de arte pela* DECISÃO, *pelo* GESTO *ou pelo* RITUAL. *E isso, atualmente, é muito mais fascinante e tem mais poder no coração do real do que toda entidade abstrata ou elaborada artificialmente, ou mesmo do que esse mundo surrealista do*

"MARAVILHOSO" *de André Breton. Happenings, "eventos" e "acontecimentos" num ímpeto reabilitaram regiões inteiras da* REALIDADE *menosprezadas até aqui, liberando-as das garras de sua destinação prosaica. Esse* DESLOCAMENTO *da realidade pragmática – esse "transbordamento" fora dos trilhos da prática quotidiana – impeliu a imaginação dos homens de modo muito mais intenso que a realidade surrealista do sonho onírico.*

Enfim, foi isso que fez com que perdessem toda importância os temores de ver o homem e sua vida interferirem diretamente no plano da arte.

5. Da "realidade imediata" do happening à desmaterialização dos elementos da obra de arte.

Entretanto, como toda fascinação, depois de certo tempo essa também se tornou CONVENÇÃO *pura, universalmente, tolamente, vulgarmente colocada em prática. Essas manipulações quase rituais da realidade, ligadas à contestação do* ESTADO DA ARTE *e do* LUGAR *reservado à arte, pouco a pouco adquiriram um sentido e uma significação diferentes. A* PRESENÇA *material, física, dos objetos, e o* TEMPO PRESENTE *em que podem, sozinhos, figurar a atividade e a ação, aparentemente atingiram seus limites e se transformaram em obstáculo.* SUPERÁ-LOS *significava privar essas relações de sua* IMPORTÂNCIA *material e funcional, ou seja, de sua possível* APREENSÃO.

(Como se trata aqui de um período recente, ainda não encerrado, fluido, as considerações que se seguem referem-se e estão ligadas às minhas próprias atividades de criação.)

O objeto (A Cadeira, *Oslo, 1970) tornava-se vazio, desprovido de expressão, de encadeamentos, de pontos de referência, de marcas de uma desejada intercomunicação, de uma mensagem; não era dirigido a lugar nenhum e se tornava artifício. As situações e as ações permaneciam fechadas em seu próprio* CIRCUITO, ENIGMÁTICAS (O Teatro Impossível, *1973). Em minha manifestação intitulada* Cambriolage, *aconteceu uma* INVASÃO *ilegítima do território em que a realidade tangível encontra seus prolongamentos* INVISÍVEIS. *Cada vez mais distintamente precisa-se o papel do* PENSAMENTO, *da* MEMÓRIA *e do* TEMPO.

6. Recusa da ortodoxia do conceptualismo e da "vanguarda oficial das massas".

De forma cada vez mais forte, impõe-se, para mim, a convicção de que o conceito de VIDA *só pode ser re-introduzido na arte por meio da* AUSÊNCIA DE VIDA *no sentido convencional (ainda Craig e os simbolistas). Esse processo de* DESMATERIALIZAÇÃO *instalou-se em minhas atividades criativas, sem incluir, entretanto, toda a armadura ortodoxa da linguística e do conceptualismo. É certo que, em parte, essa escolha foi influenciada pelo engarrafamento gigantesco que entupiu essa via, daqui para a frente oficial, que constitui,* hélas, *o último entroncamento da estrada dadaísta, sinalizada por seus slogans de* ARTE TOTAL, TUDO É ARTE, TODO MUNDO É ARTISTA, A ARTE ESTÁ EM SUA CABEÇA *etc.*

Não gosto de engarrafamentos. Em 1973 escrevi o esboço de um novo manifesto, que leva em conta essa situação falsa. Eis o seu início:

"Depois de Verdun, do Cabaré Voltaire e do Urinol de Marcel Duchamp, quando o 'fato artístico' foi encoberto pelo crescimento da Grosse Bertha, a DECISÃO *tornou-se a única chance que restou ao homem de ousar algo inconcebível antes ou ainda hoje. Por muito tempo, ela foi o primeiro estimulante da criação, uma condição e uma definição da arte. Mas nos últimos tempos, milhares de indivíduos medíocres tomam decisões, sem reticências nem escrúpulos de nenhuma ordem. A decisão tornou-se uma questão banal e convencional. O que era um caminho perigoso, agora é uma estrada confortável segurança e sinalização supermelhoradas. Guias, sinais, placas indicativas, brasões, centros, congressos de arte é isso que garante a criação artística perfeita. Somos testemunhas de um* LEVANTE EM MASSA *de comandos de artistas, de combatentes de rua, de artistas de choque, de fazedores de arte, de escrevinhadores, de caixeiros viajantes, de charlatães, de representantes de firmas e agências. Nessa estrada, agora oficial, o tráfego, que ameaça nos afogar sob uma onda de grafites insignificantes e pretensos golpes de teatro, cresce cada dia mais. É preciso abandoná-la o mais rápido possível. Mas não é tão fácil! Especialmente porque ela está no apogeu – cega e afiançada pelo alto prestígio do* INTELECTO, *que inclui igualmente sábios e tolos – a* ONIPRESENTE VANGUARDA..."

7. Nos caminhos marginais da vanguarda oficial. Os manequins aparecem.

Minha decidida recusa de aceitar as soluções do conceptualismo, ainda que pareçam a única saída para o caminho que escolhi, levou-me a tentar circunscrever os fatos relatados acima, que marcaram a última fase de minha atividade criadora por caminhos marginais, capazes de me oferecer mais oportunidades de desembocar no DESCONHECIDO!

Uma tal situação, mais que qualquer outra, me dá confiança. Todo período novo sempre começa por experiências sem grande significação, perceptíveis apenas em surdina, que não parecem ter muito em comum com a via traçada; experiências particulares, íntimas, até mesmo pouco recomendáveis, eu diria. Pouco claras, de qualquer forma. E difíceis! Esses são os momentos mais fascinantes e mais plenos de sentido da criação artística.

E, de repente, passei a me interessar pela natureza dos MANE-QUINS. *O manequim, em minha encenação de* A Galinha d'Água, *de Witkacy (1967) e os manequins em* Os Sapateiros, *do mesmo Witkacy (1970) tinham um papel muito específico; eram uma espécie de prolongamento imaterial, alguma coisa como um* ORGÃO COMPLEMENTAR *do ator, que era seu "proprietário". Quanto àqueles que utilizei, em grande quantidade, na encenação da* Balladyna *de Slowacki, eram* DUPLOS *dos personagens vivos, como se fossem dotados de uma* CONSCIÊNCIA *superior, alcançada "depois da consumação de sua própria vida". Esses manequins já estavam visivelmente marcados pelo selo da* MORTE.

8. O manequim como manifestação da realidade mais trivial. Como um procedimento de transcendência, um objeto vazio, um artifício, uma mensagem de morte, um modelo para o ator.

*O manequim que utilizei, em 1967, no teatro Cricot 2 (*A Galinha d'Água*) foi, depois do* Eterno Peregrino *e das* Embalagens Humanas, *a próxima personagem a entrar naturalmente em minha* Coleção, *como um outro fenômeno de apoio a essa convicção arraigada em mim há muito tempo, de que somente a realidade mais trivial, os objetos mais modestos e mais desdenhados, são capazes de revelar, numa obra de arte, seu caráter específico de objeto.*

Manequins e figuras de cera sempre existiram, mas mantidos à distância, à margem da cultura admitida, nas barracas dos mercados, nas tendas suspeitas dos mágicos, longe dos esplêndidos templos da arte, olhados como curiosidades desprezíveis, boas apenas para satisfazer o gosto do populacho. Mas por essa razão, são eles que conseguem bem mais que as acadêmicas peças de museu, no tempo de um breve olhar, levantar um canto do véu.

Os manequins têm também um gosto de pecado, de transgressão delituosa. A existência dessas criaturas feitas à imagem do homem, de uma maneira quase sacrílega e quase clandestina, fruto de procedimentos heréticos, traz a marca desse lado obscuro, noturno e sedicioso da caminhada humana, o sinal do crime e dos estigmas da morte, ao mesmo tempo que da fonte de conhecimento. A impressão confusa, inexplicável, de que é por intermédio de uma criatura com aspectos falaciosos de vida, mas privada de consciência e de destino, que a morte e o nada enviam sua inquietante mensagem é isto que causa em nós esse sentimento de transgressão, ao mesmo tempo rejeição e atração. Exclusão e fascinação.

O ato de acusação esgotou todos os seus argumentos. O primeiro a oferecer o flanco aos ataques foi o próprio mecanismo dessa ação, levianamente considerada um fim em si mesma, e desde então relegada à condição das formas medíocres da criação artística, colocada no mesmo saco que a imitação, a ilusão enganadora, destinada a abusar do espectador, como as imposturas do manipulador de feira, como os artifícios ingênuos que escapam aos conceitos da estética, como o uso fraudulento das aparências e as práticas de charlatanismo. E, para dar algo mais de lambuja, juntaram-se ao processo as acusações de uma filosofia que, desde Platão, e com freqüência até hoje, estabelecem como finalidade da arte revelar o Ser e sua espiritualidade, em lugar de chafurdar na concretude material do mundo, nessa fraude das aparências que representa o nível mais baixo da existência.

Não penso que um MANEQUIM (*ou uma* FIGURA DE CERA) *possa ser o substituto de um* ATOR VIVO, *como queriam Kleist e Craig. Isso seria fácil e ingênuo demais. Eu me esforço por determinar as motivações e o destino dessa entidade insólita, surgida inesperadamente em meus pensamentos e em minhas idéias. Sua aparição combina-se à convicção, cada vez mais forte em mim, de que a vida só pode ser expressa na arte pela falta de vida e pelo recurso à morte, por meio das aparências, da vacuidade, da ausência de toda mensagem. Em meu teatro, um manequim deve tornar-se um* MODELO *que encarna e transmite um profundo sentimento da morte e da condição dos mortos um modelo para o* ATOR VIVO.

9. Minha interpretação da situação descrita por Craig. A aparição do ator vivo, momento revolucionário. A descoberta da imagem do homem.

Tiro minhas considerações das fontes do teatro; mas realmente elas se aplicam ao conjunto da arte atual. Há motivo para pensar que a descrição, imaginada por Craig, das circunstâncias em que o ator apareceu, por ser uma análise terrivelmente acusadora, devia servir a seu autor como ponto de partida para as idéias relativas à "SUPER-MARIONETE". *Ainda que admire o desprezo orgulhoso professado por Craig e suas diatribes apaixonadas – sobretudo quando em confronto com a decadência total do teatro contemporâneo – e ainda que faça minha a primeira parte de seu credo, em que ele nega ao teatro institucionalizado toda razão de existir no plano da arte devo tomar distância em relação às conhecidas soluções que ele adotou para o ator. Pois o momento em que um* ATOR *aparece, pela primeira vez, diante de um* PÚBLICO (*para empregar o vocabulário atual*), *parece-me um momento revolucionário e de vanguarda. Por isso vou tentar criar e fazer "entrar na história" uma imagem oposta, em que os acontecimentos terão uma significação inversa:*

Do círculo comum dos costumes e dos ritos religiosos, das cerimônias e das atividades lúdicas, saiu ALGUÉM *que tomou a decisão temerária de se destacar da comunidade cultural. Seus motivos não eram nem o orgulho (como em Craig) nem o desejo de atrair sobre si a atenção de todos, solução simplista em excesso. Eu o vejo mais como um rebelde, um opositor, um herético, livre e trágico por ousar ficar só com sua sorte e seu destino. E se acrescentarmos "com seu* PAPEL", *teremos diante de nós o* ATOR. *A revolta aconteceu no terreno da arte. Esse acontecimento ou essa manifestação provavelmente causaram grande agitação nos espíritos e suscitaram opiniões contraditórias. Certamente julgou-se esse* ATO *uma traição em relação às tradições antigas e às práticas do culto; viu-se aí uma manifestação de orgulho profano, de ateísmo, de perigosas tendências subversivas; bradou-se contra o escândalo, a imoralidade, a indecência; considerou-se o homem um padre de pacotilha, um cabotino, um exibicionista, um depravado. O próprio ator, relegado a uma posição exterior à sociedade, conquistará não apenas inimigos cruéis mas também admiradores fanáticos. Opróbrio e glória conjugados.*

Seria de um formalismo ridículo e superficial querer explicar esse ato de RUPTURA *pelo egoísmo, pelo apetite de glória ou por uma tendência inata para a exibição. Devia tratar-se de um ato mais considerável, de uma* COMUNICAÇÃO *de importância capital. Tentemos representar essa situação fascinante:*

Um HOMEM *havia se erguido* DIANTE *daqueles que ficaram do lado de cá.* EXATAMENTE *igual a cada um deles e, no entanto, (por uma "operação" misteriosa e admirável) infinitamente* DISTANTE, *terrivelmente* ESTRANGEIRO, *como que habitado pela morte, separado deles por uma* BARREIRA *não menos apavorante e inconcebível por ser invisível, como o verdadeiro sentido da* HONRA, *que só pode ser revelado pelo* SONHO.

Assim, à luz cegante de um raio, eles perceberam de repente a Imagem do HOMEM, *gritante, tragicamente clownesca, como se a vissem pela* PRIMEIRA VEZ, *como se acabassem de ver a* SI PRÓPRIOS. *Essa foi, seguramente, uma percepção que se poderia qualificar de metafísica.*

Essa imagem viva do HOMEM *saindo das trevas, seguindo seu caminho para frente, compunha um* MANIFESTO *radiante da nova* CONDIÇÃO HUMANA, *apenas* HUMANA, *com sua* RESPONSABILILDADE *e sua* CONSCIÊNCIA *trágica medindo seu* DESTINO *numa escala implacável e definitiva, a escala da* MORTE.

De espaços da MORTE *se vestia esse* MANIFESTO *revelador, que provocou no público (utilizemos um termo atual) essa percepção metafísica. Os meios e a arte desse homem, o* ATOR *(para empregar, ainda uma vez, nosso vocabulário) também se ligavam à* MORTE, *à sua beleza trágica e terrível.*

Devemos dar à relação ESPECTADOR/ATOR *sua significação essencial.* Devemos fazer renascer o impacto original do instante em que o homem (ator) apareceu pela primeira vez diante de outros homens (espectadores), exatamente igual a cada um de nós e, no entanto, infinitamente estrangeiro, muito além da barreira que não pode ser ultrapassada.

10. Recapitulação
*Ainda que se possa suspeitar de nós e mesmo nos
acusar de alimentar escrúpulos sem propósito
quebraremos nossos preconceitos e nossas crenças inatas
e, cercando a imagem para chegar a eventuais conclusões,
fincaremos os marcos dessa fronteira
que tem nome:* A CONDIÇÃO DA MORTE
*pois ela é a recuperação mais avançada, não ameaçada por nenhum conformismo,
da* CONDIÇÃO DO ARTISTA E DA ARTE.
*... essa relação particular
ao mesmo tempo desnorteante e atraente
entre os vivos e os mortos
que, há pouco, quando ainda vivos,
não davam espaço nenhum
a espetáculos inesperados
a divisões inúteis, à desordem
Não eram diferentes
e não assumiam ares de grandeza
e, por conta dessa feição aparentemente banal
mas muito importante, como se verá,
eram simplesmente, normalmente, respeitosamente
não perceptíveis.
E eis que agora, de repente,
do outro lado, diante de nós,
causam surpresa
como se os víssemos pela primeira vez
submetidos à exposição, numa cerimônia ambígua:
honrados e rejeitados ao mesmo tempo
irremediavelmente outros
infinitamente estrangeiros, e ainda,
de certa forma, desprovidos de todo significado
não levados em conta
sem a menor esperança de ocupar um lugar
pleno nas texturas de nossa vida
acessíveis, familiares, inteligíveis
apenas para nós,
mas para eles sem sentido.
Se estamos de acordo que o traço dominante
dos homens vivos*

é sua aptidão e sua facilidade
para manter múltiplas relações vitais
é somente diante dos mortos
que surge em nós
a consciência repentina e surpreendente
de que essa característica essencial dos vivos
só é possível
por sua falta total de diferenças
por sua banalidade
por sua identificação universal
que demole impiedosamente
toda ilusão do diferente ou do contrário
pela qualidade comum, aprovada,
sempre em vigor
de se manterem indiscerníveis
Somente os mortos são
perceptíveis (para os vivos)
obtendo assim, pelo preço mais alto,
seu estatuto próprio
sua singularidade
sua SILHUETA *resplandecente*
quase como no circo.

(*Tradução de Sílvia Fernandes*)

A CLASSE MORTA
(TABELA DE MATÉRIAS):

ILUSÃO
Preces guinchos! dedos.
SAÍDA REPENTINA
GRANDE ENTRADA
DESFILE.
Infância morta.
retorno aos destroços
lição sobre "Salomão"
As últimas ilusões. Grande brinde.
lição da noite.
Passeios geriátricos noturnos com velocípede-para-criança.

Prostituída sonâmbula.
velho-no-W C
mulher-na-janela.
cai adormecida.
alucinações históricas.

soldado-da-primeira-guerra-mundial.
TAREFAS fonéticas.
FAZER CARETAS
sino. freio.
entrada da mulher da limpeza.
máquina familiar.
nascimento.
berço mecânico.
grandes redes de primavera.
repetição de uma morte no circo.
os acontecimentos importantes se perdem
        no decorrer do sonho.
lição sobre "Prometeu".
incidente como um SALTO.
camelos.
declinações de DEDOS.
fingimento de sucesso.
assassino secreto nos banheiros.
explicações complicadas.
queixas escolares.
mulher-na-janela.
EXCURSÃO DE PRIMAVERA.

segunda parte

conluios com o VAZIO.
enterro em grande pompa.
dia de todas as almas bem prolongado.
orgia simultânea.
robinson colonial.
daguerreótipo histórico.
mulher-na-janela.
repetição da última corrida.

terceira parte

canção de ninar.
diálogo mudo.
limpeza de um cadáver.
ação extravagante da mulher-no-berço.
comportamento chocante do velho-das-toaletes
o velho pasmado no velocípede de criança
parte com seu velocípede, dizendo adeus a todos.

nesse momento, ele continuará
a pedalar o velocípede e dizer adeus.

adulações repugnantes.
o velho surdo
traz novidades estrondosas!
INFINITO, cada limpeza de orelha.
corrida injustificada do velho surdo
que nesse momento continuará a correr sem finalidade e sem objetivo.

dois cadáveres nus, vítimas do velho-
        da-toalete,
dão-lhe uma crise de apoplexia.
o velho-da-toalete cai morto
    em companhia de seu camarada
falecido
e eles continuarão a cair e a se
erguer eternamente, um de cada vez.
a limpeza do cadáver continua.
corrida fúnebre do soldado da primeira
        guerra mundial.
hesitação da-mulher-do-berço.
nesse momento eles repetirão por sua vez
    seus gestos cada vez mais rápidos e insensatos.
desaparição despercebida da morte/
        mulher da limpeza
da prostituta sonâmbula;

os velhos jogam cartas com a
        participação dos falecidos.
eles continuarão jogando eternamente
um retorno escandaloso.
a morte/mulher da limpeza em seu
novo papel escandaloso.
o peão passa pela eternidade com
seu hino nacional austríaco.

o teatro dos autômatos continua.

todos repetem os gestos interrompidos que não
terminarão jamais, aprisionados por eles em jamais.
a mulher-na-janela continua a olhar fixamente.

Uma Sala de Aula

jorrando das profundezas de nossa memória,
algum lugar de um recanto,
umas fileiras de pobres
BANCOS escolares de madeira...
LIVRES ressecados caindo de poeira...
em dois CANTOS a lembrança
oculta das punições depois de tanto tempo recebidas e
figuras geométricas desenhadas em
giz sobre o quadro negro...
a ESCRIVANINHA da escola, onde se faz
a aprendizagem das primeiras liberdades...
os ALUNOS, velhos rabugentos à beira
da tumba, e os ausentes... erguem
a mão em um gesto conhecido de todos
e permanecem assim petrificados...
pedindo qualquer coisa
uma última coisa...
eles saem...a aula se esvazia...
e de repente todos voltam...começa então o último jogo de ilusão...
a grande entrada dos atores...
eles todos carregam pequenas crianças como se fossem pequenos cadáveres...
alguns balançam inertes, agarrados
em um movimento desesperado, suspendido, arrastam-se como se fossem o
remorso da consciência, encarquilhados
aos pés dos atores, como se eles
rastejassem sobre esses espécimes metamorfoseados ... criaturas humanas exibindo
sem vergonha os segredos de seu passado...
com as EXCRESCÊNCIAS de sua própria
INFÂNCIA...

Dramatis Personae da "Classe Morta"

Uma MULHER DA LIMPEZA – velha primitiva – executa sem relaxar os gestos reais de sua
função. Sua futilidade no processo de
desintegração da CLASSE MORTA sugere de maneira deslumbrante, quase ao modo
circense, a natureza transitória de todas coisas.
Essas funções mais baixas deslizam

dos objetos ás personagens, essa limpeza dos
corpos revela as províncias mais distantes
da MULHER DA LIMPEZA – MORTE
Sua metamorfose final em uma monstruosa
proxeneta relaciona entre elas as idéias
mais distantes em uma re-
conciliação descompromissada mais humana:
morte – pavor – circo –
putrefação – sexo – artífice – porcaria –
degradação –
desintegração – páthos – absoluto...
A mulher da limpeza lê "as últimas notícias"... 1914...
a declaração da primeira GUERRA
MUNDIAL...
o assassinato do príncipe herdeiro da Áustria em
Sarajevo... O peão canta o hino na-
cional austríaco "Ó, deus, vinde em socorro de nosso
Imperador"...
(Nessa parte da Polônia ocupada pela Áustria a personagem de nossa graciosa soberana de
Habsburgo era um símbolo investido do encanto
dos votos de nossas avós e uma
zombaria para com esse magnífico manequim)
um PEÃO – pessoa da "classe
mais baixa", inseparável da classe da escola,
em quem afluiu toda a melancolia do tempo
passado – perfeito, pois ele estará sentado na cadeira
eternamente – e seus retornos equívocos à
vida são também uma das voltas realizadas
em classe, não é preciso levá-las a
sério...
uma MULHER-NA-JANELA. A janela
é um objeto extraordinário que nos separa do
mundo "do outro lado", do "desconhecido"...
da Morte...
O rosto derradeiro atrás da janela – deseja evocar
absolutamente qualquer coisa, deseja ver qualquer coisa
a qualquer preço; com um sentimento de aflição
absoluto a mulher observa tudo que acontece ao
seu redor, e seu comentário incessante
torna-se cada vez mais maldoso e vene-
noso; ela se transforma em Fúria e seus
encorajamentos líricos para a organização

de um piquenique de primavera acabam
em um frenesi de temor e
morte.
O VELHO-DA-TOALETE – ele está
sentado como em uma privada, nesse
lugar onde solidão beira liberdade...
ele está sentado indecentemente
a cavalo e mergulhado em contas
intermináveis (talvez ele fosse um pequeno comerciante
de uma aldeia)...
galvanizado pela dor e pelo terror ele
persegue suas disputas não claramente definidas
com Deus... sobre esse escandaloso monte
Sinai...
O VELHO-NO-VELOCÍPEDE-DE-CRIANÇA
não quer se separar de sua pequena
bicicleta, lastimável, brinquedo de infância
deformado... ele faz passeios noturnos
sem cessar nesse velocípede, mas o lugar é
curiosamente restrito a uma classe de escola,
ele gira ao redor dos bancos... e não é ele que está
sentado nesse veículo bizarro, mas uma
criança morta de braços estendidos... tudo isso
decorre durante a AULA DA NOITE
e em um SONHO...
UMA PROSTITUTA SONÂMBULA cometeu
excessos notórios ainda quando
estava na escola... ela se fazia
passar por um manequim em uma vitrine,
manequim licencioso, geralmente nu em
público... não se sabe se esses sonhos são
realizados posteriormente... agora, nesse
SONHO DA CLASSE MORTE, ela atua em seu
giro indecente ao redor dos bancos com
o gesto obceno de mostrar seus seios...
UMA MULHER-DO-BERÇO-MECÂNICO
Dos "bons giros" realizados na escola –
incidentes "expostos" lúgubre e penosamente,
"noviços", "cobertos de espinhas" sobre os quais
acontece um silêncio embaraçoso, mas reconhecidos
como formas inferiores de desenvolvimento
de adultos – são verdadeiramente matéria-
"prima" original da vida. Seu desinteresse
e sua ineficácia sobre a vida leva-os
perto das regiões da arte.

Eles contêm a nostalgia dos sonhos e
o extremo das coisas últimas. Suas execuções
vitais, "maduras",
são uma degeneração sancionada.
A
MULHER-DO-BERÇO-MECÂNICO torna-se
objeto de um prazer cruel exercido pela
classe inteira; ela é perseguida e emboscada e colocada
sobre uma máquina especial que no inventário
figura sob a rubrica de "MÁQUINA FAMILIAR".
Suas funções não têm ambigüidade.
Seria preciso destacar que nesse teatro todas as funções mentais
e biológicas são geralmente "objetualizadas"
de modo escandaloso. Nessa direção, várias
espécies de "máquinas" são utilizadas, geralmente mais infantis e primitivas,
de frágil valor técnico mas
de enormes poderes imaginários.
A "MÁQUINA FAMILIAR" é manipulada
à mão, ela provoca a abertura e
o fechamento mecânico das pernas
da culpada. Não há dúvida de que
se trata do ritual da exposição
no mundo; a MULHER DA LIMPE-
ZA/MORTE traz um BERÇO
MECÂNICO que se assemelha mais
a um pequeno caixão. Conseqüência já com-
preensível, o BERÇO MECÂNICO (dessa vez literalmente) embala
duas balas de madeira que fazem um ruído seco
impiedoso. Trata-se do prazer da
brutal MULHER DA LIMPEZA...nasci-
mento e morte – dois sistemas comple-
mentários (todos esses happenings estão ligados
de modo obscuro e enigmático aos
happenings extraídos do pietismo, cuja
função já foi discutida na Introdução).
Não é pois surpreendente que a
mesma MULHER DO BERÇO MECÂNICO
– submetida a outras "cerimônias"
estranhas, a ponto de uma
CRUCIFIXAÇÃO ritual e de lapidação
com detritos – canta uma CANÇÃO
DE NINAR que é um grito desesperado...

Advertências

As personagens da CLASSE MORTA
são indivíduos ambíguos.
Como se fossem colados e costurados juntos
com diversos retalhos e pedaços que restam
de sua infância, dos acasos experimentados em
suas vidas anteriores (nem sempre respeitáveis),
de seus sonhos e suas paixões,
eles não cessam de se desintegrar e de se
transformar nesse movimento e nesse
elemento teatral, abrindo implacavelmente
um caminho para a sua forma final, que se
arrefece rápida e inelutavelmente
e que deve conter toda sua felicidade e
todo seu sofrimento. TODA
MEMÓRIA DA CLASSE MORTA.
Os últimos preparativos para o GRANDE
JOGO com o VAZIO são feitos apressadamente.
Como tudo isso decorre em um
teatro, os atores da CLASSE
MORTA respeitam lealmente as regras
do ritual teatral, assumem papéis
em uma peça, porém aparentemente não dão
muita importância a isso, eles agem automaticamente por
assim dizer, por hábito; temos a impressão até que eles
recusam ostensivamente se apropriar desses papéis,
como se repetissem somente as frases
e os gestos de qualquer um, despachando-os com
facilidade e sem escrúpulos; essas regras
sucumbem de vez em quando como se
estivessem mau aprendidas; há
brancos e faltam numerosas passagens;
devemos confiar na
imaginação e intuição;
talvez nenhuma peça esteja sendo
encenada;
e mesmo se uma criação é tentada, ela
não tem muita importância diante do JOGO
que está para ser jogado nesse
TEATRO DA MORTE!
Essa criação de ilusões, essa
improvisação, negligente, essa bugiganga, esse
aspecto superficial, essas frases truncadas,

essas ações falhas que
são somente intenções, toda essa
mistificação, como se uma peça
fosse realmente encenada, essa "futilidade"
podem por si só convencer que possuímos
essa experiência e esse sentido do GRANDE
VAZIO e das fronteiras extremas da
MORTE.
A seqüência da sessão da *Classe
morta*, "conluios com o vazio", contém
de um modo não ambíguo o cerne teatral
desse Grande Jogo.
Seria uma *plaisanterie*
bibliofílica injustificada tentar
encontrar esses fragmentos
ausentes necessários a um "conhecimento"
completo do sujeito da intriga dessa
peça.
Esse seria o método mais simples
para destruir uma esfera tão
importante quanto o "SENTIMENTO".
É por isso que não se recomenda
conhecer o conteúdo da
peça de S. I. Witkiewicz, *Tumor
Cerebral*: foi essa peça
que serviu aos objetivos descritos acima.

(*Tradução de Isa Kopelman*)

"UMA CLASSE MORTA" DE TADEUSZ KANTOR OU O NOVO TRATADO DE BONECOS NO TEATRO "CRICOT 2" DE CRACÓVIA

O espetáculo *Uma Classe Morta* (*Umarla klasa*) de Tadeusz Kantor no teatro "Cricot-2" de Cracóvia constitui algo mais do que um novo passo à frente na exploração incessante das potencialidades da arte de vanguarda; trata-se também de um fato artístico contestando inúmeros princípios considerados comumente como próprios dessa arte. Consciente das ciladas de uma vanguarda generalizada que recupera, para realizações medíocres, as descobertas dos grandes artistas, o pintor e conhecido homem de teatro de Cracóvia aborda, em *Uma Classe Morta*, um conjunto de problemas essenciais tanto para um artista preocupado com o desenvolvimento de sua própria concepção como para um homem que procura se definir em relação ao mundo e à sociedade. A entrevista abaixo com Tadeusz Kantor realizada em diferentes fases da criação do espetáculo introduz ao leitor em um clima de debate de idéias e na própria base das pesquisas artísticas do animador do "Cricot 2".

Krzysztof Miklaszewski: O espetáculo que o senhor coloca em questão com o elenco do "Cricot-2" tem o sub-título de "sessão dramática" e o senhor incorpora aí a participação de Stanislaw Ignacy Witkiewicz. Esse lugar de participante designado a Witkacy encontra um equivalente na função do texto em que esse espetáculo se anuncia?

Tadeusz Kantor: De fato. Eu não sabia como marcar no cartaz que esse espetáculo estava baseado em uma peça de Witkiewicz, nesse caso *Tumor Cerebral* (*Tumor Mózgowicz*), pois, na realidade, essa peça está aí tristemente presente. Isso acontece como se esse texto se distanciasse e se aproximassae alternativamente, ou seja, que o espetáculo não se propõe a apresentar a peça de Witkiewicz. É verdade que os personagens e as situações estão lá, bem no lugar, mas unicamente para provocar uma tensão entre a realidade do teatro e uma realidade de invenção. Tal é o papel do texto "pré-existente", ou seja, de um texto inventado antes do espetáculo literário, dramático.

K.M.: As personagens têm os nomes que Witkacy lhes havia designado?

T. K.: Como em todos os espetáculos precedentes do "Cricot 2", as personagens da peça de Witkacy se subordinaram aos da sessão. Os bancos de *Uma Classe Morta* são ocupados por: a Prostituta-Lunática, a Mulher do Berço Mecânico, a Mulher-de-Trás-da-Janela, o Velho do Velocípede de Criança, o Velho das Toaletes, o Velho do Podofilin, os Paralíticos, o Repetente-Colador de Fazer-parte dos Falecidos. O Peão de Passado Simples e a Mulher da Limpeza-Morte que exercem uma vigilância espiritual sobre os gazeteiros mais altamente nomeados. Todas as personagens da sessão têm as características de seus homólogos da peça de Witkacy e servem-se algumas vezes do texto desse autor. O Velho das Toaletes é Tumor Cerebral, a Mulher do Berço Mecânico é Rozhulantyna etc.

K.M.: Duas personagens: o Peão e a Mulher da Limpeza completam o círculo que possui antecedentes nos personagens de Witkacy.

T.K.: Vale a pena atermo-nos na personagem da Mulher da Limpeza. Encarnando o tipo de Putzfrau (faxineira), ela maneja toda uma tralha: vassouras, vassourinhas, espanadores, pás, baldes. Ela carrega um vassourão em forma de foice. Seu olhar é perfeitamente impessoal, seus movimentos são de uma segurança e exatidão próprias de um máquina de funções repetitivas. Ela começa por limpar os objetos mas termina por fazer o mesmo com as personagens. Essa ação de faxina comporta um elemento ritual: a lavagem dos atores faz pensar nos últimos serviços oferecidos aos mortos. Isso torna-se cada vez mais flagrante na medida em que aumenta o papel da Mulher da Limpeza. Ela acaba por se assimilar à Morte, e os velhos – a uma Classe Morta.

K.M.: Uma outra personagem que o senhor evoca no decorrer da sessão é Bruno Schulz. Esse é tão mais interessante do que a primeira vez que o autor de *Sanatorium do Fazer-parte dos Falecidos* (*Sanatorium pod klepsydra*) surgia em seu teatro.

T.K.: Nossa geração inteira amadureceu à sombra de Schulz, mas em seguida muito se esqueceu dele ou antes não se evocou mais ele. Somente nos anos de 1960 que as descobertas da prosa de Shulz foram lembradas, mas essa redescoberta era essencialmente ligada às pesquisas dos autores da época. As afinidades com Schulz, a continuação de sua tradição só nos foram impostas no decorrer do atual decênio. Foi o caminho do informal ao manifesto das "embalagens" que me conduziu à "realidade degradada" – categoria que, no plano polonês, tem Bruno Schulz como um dos criadores.

K.M.: Fiquei vivamente interessado, fascinado mesmo, pelo quadro-estudo de abertura: desde a entrada, o público percebe ao fundo da classe os bancos escolares ocupados, os gestos fixos que traduzem a aspiração de cada um dos gazeteiros recitando a lição. Uma mão se ergue timidamente, uma outra segue-a, depois uma floresta de mãos que brotavam e todos, por inveja do melhor, querem recitar a lição. Isso forma uma pirâmide monumental de mãos e de torsos dominando a sala. É uma espécie de "jogo da vida".

T.K.: ...e, para ser mais preciso, uma continuação da minha experiência do "teatro zero". É por causa de um princípio análogo que aparecia o "problema do invisível" que me preocupa. Você pode perceber, pois, que tudo isso são problemas que constituem depois de muito tempo o objeto de minhas preocupações que se relacionam, como eu havia afirmado em 1963, à tendência "para baixo", tendência que tem chances de nos reaproximar da realidade.

K.M.: Ao criar e descobrir ao seu redor a "realidade degradada", Bruno Schulz escreveu: "Se se pudesse... conseguir através de um desvio reviver sua infância, usufruir sua plenitude sem limites, seria realizar uma *época genial*. Meu ideal é *chegar à infância*. Isso seria a verdadeira maturidade". O retorno do senhor à realidade da infância participa do espírito de Schulz.

T.K.: O problema é análogo ainda que para mim ele tome uma orientação diferente: são as experiências dos anos de 1960, toda uma série de descobertas, relativas à noção da morte, que me conduziram à "realidade degradada". Permita-me traduzir essa idéia em imagem, tal como desenvolvo minha sessão dramatúrgica. Aí se vê criaturas humanas entrando – indivíduos em estado de senilidade – que constituem um só corpo com os cadáveres das crianças. Estas fazem pensar em excrescências parasitas hipertrofiadas, que parecem em simbiose com esses velhos em crueza tornada fúnebre, e que são exatamente esses próprios velhos em estado de larvas, de despojos de lembranças da época da infância, esquecida e rejeitada pela insensibilidade e pelo pragmatismo que nos tornam ineptos a fruir nossa vida em sua plenitude. É o pragmatismo que anula em nós a imaginação do passado. E é precisamente minha categoria fundamental que constitui o eixo das reflexões que eu desenvolvo para esse sujeito. Consciente da mensagem da minha *Antiexposição* de 1963, eu procuro nesse espetáculo colocar em evidência nosso passado que acaba por se tornar um estoque esquecido onde, ao lado dos sentimentos, dos clichês, dos retratos daqueles que outrora nos foram caros, arrastam desordenadamente os acontecimentos, objetos, as vestimentas, as visões. A morte deles é somente aparente: basta tocá-los para que eles façam vibrar nossa memória e a rimar com o presente. Essa imagem não é nem um pouco produto de uma nostalgia senil, mas traduz a aspiração de uma vida plena e total que abarca o passado, o presente e futuro.

K.M.: Em sua conhecida carta a Stanislaw Ignacy Witkiewicz, Schulz define a "realidade degradada" introduzida em *As Lojas de Canela* (*Sklepy cynamonowe*) da seguinte maneira: "A substância da realidade lá de baixo está em estado de fermentação permanente, de germinação, de vida latente. Não existem objetos inanimados, duros, circunscritos em limites precisos. Tudo ultrapassa-os para deixar o campo que eles circunscrevem".

T.K.: Para completar essa citação, tenho a acrescentar que a visão de Schulz influenciou o modo de pensar de toda minha geração. Mas ao mesmo tempo, estamos em 1975, o que requer que incorporemos o novo. Essa corrente anti-construtivista "destrutiva" e "escandalosa" deve levar inegavelmente à noção da morte, que parecia nesse contexto como um objeto que escapava à imaginação, como um "objeto encontrado".

K.M.: Durante os dez últimos anos de sua atividade, o senhor apresentou e inspirou inúmeras obras que tinham como objetivo subverter a unidade da obra de arte. A "realidade pronta" apropriada ao happening, a anexação da vida e da realidade através de ritos, manipulações e decisões artísticas – todas essas manifestações de sua "decolagem" da realidade vivida acentuavam, nos espetáculos do "Cricot 2", a necessidade de uma evolução da arte do teatro.

T.K.: Como toda fascinação, essa também degenerou em convenção que, praticada sem inteligência, terminou por se vulgarizar e se generalizar. As manipulações quase rituais da realidade associadas à contestação do estado da arte e do lugar que lhe é reservado (coisa que fizemos em *Os Bonitinhos e os Buchos – Nadobnisie i koczkodany*) começaram a tomar progressivamente uma significação e um sentido diferentes. A presença material, física, do objeto e o presente no qual a ação se insere, foram revelados com um peso excessivo e chegaram ao seu limite extremo.

K.M.: Ao dizê-lo, o senhor tem igualmente em mente sua experiência mais recente no "Cricot 2"?

T.K.: Sim. *Os Bonitinhos e os Buchos* ainda honravam a convenção que eu havia adotado em *A Galinha d'Água (Kurka wodna)*. Quero dizer que a presença física do objeto, por exemplo, a de uma banheira cheia de água quente em *A Galinha d'Água*, se constituiu em um elemento extremamente importante. A presença física implicava o presente; tudo devia acontecer "aqui" e "agora", entre os espectadores, no clube Krzystofory. Ultrapassar esses limites era despojar essas estruturas de sua validade material e funcional, de sua virtude comunicativa. O objeto, por exemplo, a Cadeira de Oslo, tornava-se vazio de sentido, desprovido de expressão, de correlações, de referências, de sintomas de comunicação, de sua mensagem; ele estava virado para o nada e mudava de armação. As cenas enigmáticas do "teatro impossível" fornecem o exemplo de um fenômeno diferente: as ações e as situações se fechavam em seu próprio circuito, perdendo toda comunicação com o mundo exterior. Em minha manifestação, chamada de "assalto" (*cambriolage*), produziu-se uma irrupção ilegal na zona em que a realidade palpável se prolongava em seu "invisível". Diante dessas experiências, o papel do pensamento, da memória e do tempo se afirma com força crescente.

K.M.: De maneira geral, o senhor insiste freqüentemente no fato de que, ao pensar o teatro, o senhor pensa a arte. O que me interessa é a tenacidade com a qual o senhor tem vazado a lingüística e o conceitualismo.

T.K.: Você tocou em um dos pontos essenciais de minha autodefinição. A certeza que me tomou progressivamente foi a de que a vida só pode ser reivindicada na arte pela ausência da vida. Esse processo de desmaterialização se consolidou na minha atividade sobre um caminho que contornou toda ortodoxia da linguagem e do conceitualismo.

K.M.: Atualmente, quando essa dupla ortodoxia é generalizada graças a uma aceitação geral e a uma moda, é preciso ter coragem para opor-se a isso.

T.K.: A multidão enorme que se engajou nessa via hoje oficial, e que ainda é para muitos; trata-se, na realidade, do último torço da corrente dadaísta com as palavras de ordem da arte total: tudo é arte, todos são artistas, a arte está na cabeça etc.
Não suporto a multidão. Já em 1973 esbocei um manifesto que considerava essa falsa situação. Eis o seu início: Após Verdun, o Cabaré Voltaire e o *Water-Closet* de Marcel Duchamp, quando a voz dos artistas foi abafada pela mordaça, a decisão tornou-se a única chance e audácia do que era ainda impensável; funcionou por muito tempo como estímulo primeiro da arte que ela condicionava.
Ultimamente, a decisão tornou-se o apanágio de milhares de indivíduos medíocres sem escrúpulos nem contenção. Assistimos a um deboche da decisão que resulta banalisada e submetida a convenções, fenômeno ao qual eu me referi durante longos anos.
Essa pista perigosa tornou-se em uma auto-estrada confortável dotada de um sistema sofisticado de advertência e informação. Guias, vade-mécums, painéis luminosos, painéis indicativos, sinais, centros, unidades artísticas se propõem a assegurar um funcionamento "perfeito" da arte. Somos testemunhas de uma coleta em massa de para-artistas, de combatentes de rua, homens-artistas manuais, artistas fatores, epistolistas ambulantes, prestidigitadores (*jongleurs*) forasteiros, proprietários de escritórios e agências. O tráfego nessa auto-estrada tornada oficial se intensifica a cada dia, fazendo pesar a ameaça de uma maré alta de grafomania e de atos de significação quase nula... Importa, pois, deixar essa auto-via o mais rapidamente possível; porém isso não é nada fácil sobretudo no apogeu de uma "vanguarda generalizada" apadrinhada pela autoridade do intelecto, e ela própria protegendo muito bem tanto os sábios quanto os imbecis.

K.M.: Os cadáveres das crianças que carregam os Velhos que encontram sua classe, são manequins. Semelhantemente, o Peão recebeu sua réplica-manequim. O recurso aos bonecos não é fortuito em sua atividade....

T.K.: Sim, não é fortuito embora tenha surgido sobre uma senda menor de minhas investigações. Sempre acreditei e creio que uma fase nova tem início a partir de fatos sem muita importância que, inicialmente, passam despercebidos por não oferecerem relação manifesta com a corrente já reconhecida. O manequim em minha encenação de *A Galinha d'Água* (1967), os manequins em *Os Sapateiros* (*Szewcy*, 1970) tinham um papel muito específico: eles constituíam uma espécie de prolongamento não-material do órgão suplementar do ator que funcionava como o "proprietário". Utilizados em massa em minha encenação de *Balladyna* de Slowacki, os manequins duplicavam as personagens vivas. Eles eram como que dotados de uma consciência superior, adquirida "após a completude de sua vida". Esses manequins já traziam um estigma manifesto da morte.

K.M.: Aqui devemos evocar o *Tratado dos Manequins* (*Traktat o manekinach*) de Bruno Schulz. A semelhança do corpo humano com um objeto material, pela "essência do material privado de todo traço psíquico" – como dizia Schulz – leva sem dúvida à criação do manequim. O museu de gesso na escola, a confusão, as vitrines da rua dos Crocodilos – tanto quanto as imagens dos Manequins das *Lojas de Canela* os quais, representando a vida, conservam a imobilidade que lhes é contrária. É um dos aspectos da concepção de Schulz. O segundo – é o caráter corporal da mulher que, por natureza, é uma espécie de manequim. E finalmente, a terceira questão: "Ficamos encantados – diz o Pai de *O Tratado* – com o baixo preço, a mediocridade e a má qualidade do material".

T.K.: Se eu reato conscientemente com Schulz, é justamente por esse terceiro aspecto. O Manequim que eu utilizei em 1967 no teatro "Cricot 2" foi depois de *Peregrino Eterno* (*Wieczny Wedrowiec*) e de *As Embalagens Humanas* (*Ambalaze Ludzkie*), uma nova personagem fez sua aparição em minhas "Coleções", de acordo com minha convicção de que somente a realidade de instância inferior, os objetos mais pobres e despojados de prestígio, são capazes de revelar sua qualidade de objetos em uma obra de arte.
Os manequins têm, eles também, sua zona de Ultrapassagem.

K.M.: Uma zona ligada ao seu nascimento e a sua evolução?

T.K.: Sim. A existência desses objetos, executados à imagem do homem, de um modo que beira o "sacrilégio" e que parece ilegal, é na realidade um procedimento herético, uma manifestação de Lado Tenebroso, Noturno, Revoltado da atividade do homem, do Delito e do Traço da Morte como fonte de conhecimento. E daí eu passo a uma proposta que me pertence...

K.M.: ...e que se poderia chamar de Novo Tratado dos manequins?

T.K.: O sentimento confuso e inexplicável que através do intermediário desse ser humano que se assemelha ao homem vivo, desprovido de consciência e de destino, nos conduz à temível mensagem da Morte e do Nada, está na origem, simultaneamente, da ultrapassagem, da rejeição e atração. Da acusação e fascinação. A aparição do Manequim concorda com minha convicção cada vez mais íntima de que a vida só se deixa expressar na arte pela ausência de vida, pela referência da morte. Isso que, para Schulz, era somente um pressentimento, comigo, "enriquecido" pela experiência da época que matou o autor de *As Lojas de Canela*, recebe uma concretização material.

E, o que é mais essencial: o Manequim, em meu teatro, deve tornar-se um modelo pelo qual passa o sentimento vivo da morte e da condição dos mortos. Um modelo para o ator vivo.

K.M.: Em 1907, Edward Gordon Craig preconizou seriamente o retorno da supermarionete ao teatro ao afirmar que uma vez que ela reaparecesse ganharia a afeição das pessoas que poderiam daí em diante se alegrar novamente com os ritos antigos, se prostrar diante da Criação, honrar a felicidade da existência e prestar uma homenagem divina de alegria pela Morte.

T.K.: Não creio que o Manequim possa substituir o ator vivo como queria Craig e também Kleist. Para prová-lo, eu examino a imagem tão sugestivamente descrita por Craig da aparição do Ator, imagem que denuncia as circunstâncias nas quais o ator vivo caçou a supermarionete do teatro. Ou para mim o momento em que o ATOR surgiu pela primeira vez diante do PÚBLICO foi, para empregar a linguagem da nossa época, revolucionário e vanguardista. Em meu manifesto *O Teatro da Morte* (*Teatr ŚMIERCI*), que acompanha a sessão de *Uma Classe Morta*, procuro atribuir à história uma imagem na qual o desenrolar dos acontecimentos toma um sentido oposto àquele exposto por Craig. A decisão de se desprender de uma Comunidade de culto, o ato de RUPTURA, não se deixa explicar pelo egotismo, o desejo de glória ou a fraqueza oculta pela cabotinagem. É nesses termos que descrevo essa situação fascinante em meu *Teatro da Morte*: "FACE A FACE com os que restaram desse lado de cá, surgiu um HOMEM que se lhes ASSEMELHAVA TRAÇO POR TRAÇO, e que era, no entanto, por uma espécie de *operação* misteriosa e genial, infinitamente DISTANTE, terrivelmente ESTRANHO, como um MORTO, separado por uma DIVISÓRIA invisível e todavia redutível e inimaginável, cujo sentido verdadeiro e o horror nos afigura um sonho. Eles viram repentinamente, como na luz cegante de um clarão, a IMAGEM tão tragicamente clownesca quanto a DO HOMEM, como se eles tivessem visto PELA PRIMEIRA VEZ, como se eles tivessem visto ELES MESMOS. Era certamente uma SUBVERSÃO, poderia se dizer, metafísica. Essa imagem viva do HOMEM emergindo das trevas, caminhando incessantemente para frente, era

uma MENSAGEM penetrante de sua nova condição humana, exclusivamente HUMANA, com suas RESPONSABILIDADES e sua CONSCIÊNCIA trágica aplicando, para medir seu destino, uma escala inexorável e última, a da morte".
É essa situação que me importa, é sobre ela que eu construo todo o espetáculo. Esse instante de subversão do qual eu falo tem sido banalizado e utilizado no decorrer de longos séculos de tradição, e não tem mais nenhuma importância hoje em dia. Porém eu tenho a reivindicar esse instante inicial de subversão, ambição talvez excessiva. Graças à "operação" da qual eu faço alusão na parábola que diz respeito à proximidade com Craig, intercalou-se uma distância entre o ator e o público, análoga àquela que se estabeleceu entre o vivo e o morto. Quando se avista na rua um homem cair sob o efeito de uma morte súbita, estabelece-se entre ele e o observador uma divisória que esse ressente pela primeira vez, e é pela primeira vez que ele vê esse homem. E tal é o caso do ator, esse ser que nos parece traço por traço e que é ao mesmo tempo infinitamente estranho, por trás de uma divisória sem franquia.
Trata-se de um canal mais essencial do que o de referência da arte e de sua criação a uma noção inimaginável, coisa muito difícil e quase impossível, mas não será a utopia mais fascinante?

K.M.: Creio que a força de atração da realidade desse espetáculo será tanto maior e verificável quanto, na civilização européia das sociedades de consumo, parece se aproximar o momento de uma tomada de consciência da noção da morte, no sentido que lhe deram o romantismo e o barroco, e com a intensidade que ela assume nas civilizações do Extremo Oriente e do Próximo, na arte americana e latino-americana.

Conversa registrada por Kryzysztof Miklaszewski
(*Publicada em* O Teatro na Polônia, *Varsóvia, 4-5, 1976*)

MEU LIVRO DE PRECES LAICAS

A CLASSE MORTA
no decorrer do tempo
deixou de ser teatro
Ela se tornou
m e u l i v r o d e p r e c e s l a i c a s
Eu acho
lições das ciências mais raras,
mandamentos quase divinos
avisos heréticos,
respostas que insultam o espírito são, pragmático, construtivo e

leal,
conselhos salutares e infames,
indicações contra tudo
consolação,
esperança,
e a liberdade.

(*Tradução de Isa Kopelman*)

▲ Onde estão as Neves d'Antanho?, *Genebra, Salle de Plainpalais, 1983*. Foto: Jacquie Bablet.
▲ Onde estão as Neves d'Antanho?, *Paris, Centre Georges Pompidou, 1982*. Foto: Jacquie Bablet

15. A Barraca de Feira

ONDE ESTÃO AS NEVES D'ANTANHO?

O gênero da ação apresentada:

Cricotagem

Como procedimentos próprios à arte visual
tais como colagem, montagem e outros.
A cricotagem é uma espécie de ação que tem suas
origens na experiência do Teatro Cricot 2
e no método do jogo de ator que foi
inventado e é praticado nesse
teatro.
A cricotagem não é um happening; quer dizer que
não possui "f o r m a a b e r t a" capaz
de absorver a participação dos espectadores
e de admitir sua eventual influência sobre
a ação.
A cricotagem não é tampouco uma performance,
gênero tão espalhado no mundo inteiro
na hora atual em que
a s a t i t u d e s c o n c e i t u a i s,
a b s t r a t a s
e p u r i s t a s

se manifestam no
espaço real
e se exprimem pelo
corpo humano
acompanhado de toda a bagagem de sua
biologia
e de seu naturalismo.
Para preservar a pura abstração de todos os
perigos
destes estados "impuros":
biológicos,
emocionais,
psíquicos,
expressionistas –
a performance postula
uma significação mínima.
No curso do tempo esta significação
mínima, de uma importância considerável na origem,
tornou-se um meio universal
aplicado sem nenhum risco e cada vez mais
enfadonho.
A cricotagem não renuncia nem à emoção, nem a uma
forte tensão.
A cricotagem opera na realidade.
Os fragmentos, restos ou vestígios arrancados
a ela
pelo poder da
imaginação extrema
que insulta o bom senso,
estão acoplados em tal grau e com tal
força
que a todo momento correm o risco
de romper-se
e de correr para
a catástrofe.
Essa impressão
de catástofe ameaçante
deve preceder sua recepção.
Resta o problema do símbolo.
As personagens, as situações, os elementos
da ação não são símbolos.
São antes
caricaturas
que provocam um curto-circuito
e roçam o impossível.

Ainda que essas caricaturas sejam o reflexo das significações da vida, elas não respondem de modo algum à expectativa de uma solução habitual e lógica.
Constituiria uma simplificação imperdoável tentar explicá-las por essas significações.

Cricotagem Onde Estão as Neves d'Antanho?

Seqüências

1. A linha reta
2. O Grande Geômetra e o Pequeno Medidor
3. Um disfarce escandaloso
4. Contanto que nossa rua esteja tranqüila!
5. Os excessos dos comediantes
6. O Coveiro enlouquecido
7. Nossa Aldeia está em chamas
8. Núpcias prematuras
9. A Trombeta do Juízo Final
10. A entrada dos Grandes Atores
11. Eu serei mais branco que a neve
    Et super nivem dealbabo
12. Os ecos
13. Este Senhor que nós conhecemos bem

Lugar

Idéia de palco-pista. Dos dois lados arquibancadas. Tipo de palco empregado pela primeira vez em 1957, por ocasião de meu espetáculo *A Galinha d'Água* e, em 1972, para *Os Bonitinhos e os Buchos*.

Na cricotagem *Onde Estão as Neves d'Antanho?*, este palco adquiriu uma significação mais completa, mais radical.

O palco, situado diante da platéia – pouco importa que seja em forma de "palco a italiana" ou então "aberto" – ele se inscreve sempre em um espaço limitado, o mais das vezes quadrado.

Ultrapassagem ou anexação do espaço; por exemplo, os deslocamentos de um lado ao outro – de frente para trás, frente, centro: todos esses movimentos respondem ao desenvolvimento da ação, indissoluvelmente ligada à fábula.

É possível mesmo afirmar que são as exigências impostas pelo relato e pela fábula que fizeram nascer esta forma de palco.

Em compensação, a pista, cujas extremidades escapam ao olhar dos espectadores, torna-se o domínio do movimento, o qual já é em si próprio um conteúdo suficiente e autônomo. Ela pode significar tudo o que se queira: vitórias, derrotas e quedas, cruzadas e marchas eriçadas de dificuldades, procissões e vagabundagens, fugas desatinadas e retornos dolorosos, esperanças, desesperos, destinos desconhecidos, nascimentos e mortes, coisas pequenas e grandes, todas as virtudes e todos os crimes.

O mais estranho é que essa pista não pode ser chamada de lugar, pois não se trata de uma figura geométrica fechada.

Pode-se compará-la antes a uma *linha* que avança e que se perde. Aqui, o *tempo* conta mais do que o espaço.

A via não tem fim.

Embora haja no teatro, dos dois lados, bastidores (negros), sente-se realmente que se trata somente de aparência de uma ordem oficial, pois o fio, que os atores estendem entre esses vestígios cênicos, desaparece por uma ponta na abertura através da qual foi estendido e de lá, quem sabe, ele pode estender-se ao infinito e no passado. Na outra extremidade, podemos dizer que esse fio passa para a eternidade, pois a Morte (esqueleto humano), que está sentada numa cadeira, o agarra com um gesto autoritário, inflexível. É desta maneira pobre e morna que foi traçado aqui o percurso da vida, do nascimento à morte, do nada ao além, do outro lado.

Todavia, para evitar o *páthos*, preferi denominar essa seqüência de A LINHA RETA.

1. O fio é, provavelmente, muito, muito longo. Os homens que se dedicam à faina de estendê-lo estão vestidos de branco, de papel. Como todo mundo sabe, o papel está inevitavelmente sujeito a sofrer rasgões. Esse é inclusive o seu destino. Ora, esse *papel aí*, apesar de movimentos violentos e choques furiosos, permanece intacto. Dá a impressão de ser indestrutível. Esse fenômeno contrário à natureza do papel, esta resistência de uma matéria tão frágil tem, sem dúvida, uma função misteriosa, e sua alvura de neve se associa estreitamente ao título do espetáculo. Mais ainda: o papel emite um sussurro que acompanha obstinadamente todos os acontecimentos ao longo do espetáculo. Esse sussurro apenas perceptível, ridículo mesmo, assumirá ao fim uma significação totalmente outra – um sentido trágico.

O próprio ato de puxar o fio suscita numerosas dúvidas. Não se sabe muito bem o que esses homens puxam. É possível mesmo que o fio seja puxado pelos dois lados, a saber, pelo lado "outro", invisível para alguém Desconhecido, e por este lado aqui por personagens miseráveis. Pode ser também que estas últimas não estejam puxando o fio e que, ao contrário, o fio esteja puxanda-as. Com efeito, eles dão a impressão de estarem como que fixados nele, de terem sido aí enxertados; como se não pudessem se desprender dele.

Em compensação, não há a menor dúvida sobre o fato de que aqueles que estiram a corda não são atores de "teatro de Estado ou municipal" – estes falsos templos da arte – mas da trupe de comediantes de uma lastimável barraca de saltimbancos, este *verdadeiro teatro das emoções*.

Seu aspecto barulhento, seu comportamento podem desagradar a estetas profissionais, pretensiosos. Vestidos como em um circo, representam diante de um público todos os sentimentos humanos, o sofrimento, os tormentos, a miséria, a esperança, as exaltações fugazes, o medo, a asneira...

E, como acontece no circo, há uma personagem que podemos chamar de domador.

Quando "o primeiro da enfiada", que fecha a ponta da corda (é o "começo" ou o "fim"?) chega, à custa de um último esforço, na ponta da pista e prende o fio na mão levantada da Morte, a LINHA RETA está traçada e ela faz doravante a lei, rigorosamente. Nada poderá escapar à sua dominação. A direção que ela indica torna-se a única possível, a única que se possa imaginar e admitir. E aqueles que traçaram essa linha, como que "enfiados" nela, agarrando-se-lhe de maneira espasmódica como se estivessem em vias de afogar-se, empurrando-se para frente, arrastados por um instinto cego, às pressas, em pânico; eles se amontoam caindo uns sobre os outros, para frente e para trás, para frente e para trás...

2. O "primeiro da enfiada" ficou perto da cadeira em que está sentada a Morte, hirto e empertigado. No genérico, ele é apresentado como o Grande Geômetra. Ele permanece de pé, sobranceiro evidentemente, espera poder começar seu jogo tão importante.

Na outra extremidade, um amontoado de corpos humanos, as "vítimas do fio".

Um deles se arrasta, encontra em alguma parte um metro de alfaiate, de madeira, e começa a medir com método, uma após outra, as partes do corpo de seus companheiros, aquelas que nunca se medem. Ele as mede com uma idiotia e uma crueldade crescentes, e salpica seu gesto absurdo de gargalhadas, de chacotas moduladas segundo todas as entonações possíveis.

As vítimas dessa estranha mensuração lhe escapam enfim, fugindo. O medidor, sempre zeloso e com seu metro debaixo do braço, seguindo lealmente a LINHA RETA (sempre gracejando); ele se aproxima do Grande Geômetra e deposita o seu instrumento, seu

acessório, o metro de madeira, nas mãos estendidas daquele que é provavelmente seu legítimo proprietário. Satisfeito consigo mesmo (e gargalhando) o Medidor volta para trás
e desaparece.

O Grande Geômetra começa sua demonstração.
Com seu metro de madeira ele mede a LINHA RETA.
Ele o faz com uma destreza pouco comum. Em sua atitude e em seus gestos, há alguma coisa de um prestidigitador-equilibrista, que se exibe nos exercícios de sensação bem conhecidos, há alguma coisa nele da lição perfeitamente suada e da seriedade do profissional, e também da habilidade das vendedoras que medem os cortes de tecido e de passamanaria.

Após uma cena talvez bastante pesada – sofrimentos, desesperos e fracassos – após as exibições insuportáveis do Medidor depravado, eis enfim a Abstração, pura, purista e refrescante.

Mas ninguém deve rejubilar-se muito depressa. Apesar da pureza da linha que domina sempre e a despeito da autoridade do Grande Geômetra a todo momento imprevistos e paixões devastadoras vêm estender emboscadas.

Com efeito, eis que, tendo chegado a meio-caminho, o Grande Geômetra se afasta da linha: este desvio é uma impureza. Algo se estragou nos cálculos tão precisos do Grande Geômetra; ele começa a ficar apressado, ele se enerva e sua pronúncia, até então impecável, torna-se – horror! – uma gagueira.

As cifras se misturam e o enervamento professoral se desrecalca em epítetos cada vez mais grosseiros, em imprecações e gritos obscenos; as cifras são substituídas por vociferações berrantes, como as de um cabo que comanda o exercício de recrutas: um, dois; um, dois...

Ele desaparece, deixando os espectadores numa confusão e numa incerteza totais.

Porém, mal desaparece e ei-lo já de volta. Ele corre, rápido, ladeando a LINHA RETA, animado por nova confiança; agita os braços com fervor, grita qualquer coisa, como se quisesse remediar sua ação frustrada.

3. Ele se aproxima do Esqueleto sentado na cadeira.

A Morte é judaica. Ela está revestida de um cafetã hassídico, preto. Cobre-lhe o crânio um solidéu do qual pendem cachos laterais de cabelo. O Grande Geômetra renunciou, com certeza, a suas exigências puristas. Sentimos que o teatro está a ponto de escorregar para peripécias imprevisíveis, a fim de chegar a suas predestinações trágicas. Em um instante, o Grande Geômetra vai converter-se no grão-sacerdote.

Eis a cena seguinte: *vestidura*.

Não queremos esconder o fato de que estamos no teatro.

Será uma espécie de ritual da Morte, ritual que anuncia a guerra e a exterminação da humanidade.

Mas o Grande Geômetra guarda ainda algo do antigo prestidigitador-comediante. Ele despe suas vestimentas brancas e permanece quase nu. Ele arranca a manga direita do cafetã hassídico e, no mesmo lance, o osso do antebraço da Morte.

Ele ergue bem alto a manga, mostrando-a triunfalmente ao público, extrai dela o osso, mostra-o, passa o seu próprio braço pela manga vazia e repõe o osso no lugar. Depois enfia o resto do cafetã. Por fim, põe o solidéu na cabeça; seu gesto é como um gesto de coroação.

Somos assim testemunhas da transformação do Grande Geômetra em Rabino.

Com um passo rápido, o rabino dirige-se para a saída, está manifestamente apressado. Ele desaparece. Reaparece no mesmo instante, mas desta vez segura pela mão uma espécie de duplo dele mesmo, o Pequeno Rabino.

Os dois avançam como em sonho.

Eles se detêm, voltam para trás, aceleram o passo.

Eles desaparecem no pânico. Talvez se salvem...

4. Mas, antes do grande extermínio, a vida ainda se mantém ordenada e pacífica, normal e prosaica...

Eis que aparece o "Indivíduo Barrigudo". Avança a passos miúdos, quase saltitando, infinitamente satisfeito consigo próprio e com o mundo; olha à sua frente e de lado, com segurança. Mantém os braços dobrados trás das costas, ocultos por longas mangas que, por um motivo obscuro, estão costuradas uma à outra.

De lá onde se encontram provavelmente as mãos, pende um cordel ao qual está preso um pacote bastante grande, de forma quadrada, cuidadosamente embrulhado em papel branco (também ele) e amarrado com um barbante.

O Indivíduo Barrigudo detém-se de repente, pois sente que alguma coisa bate com intermitência nas suas panturrilhas. Ele se volta, desconfiado, a fim de olhar atrás de si. Não tendo visto nada de especial, prossegue no agradável passeio, distribuindo sorrisos para todos os lados.

Mas os pequenos estalos sobre as panturrilhas não cessam. O Indivíduo Barrigudo detém-se de novo, reflete. Vê-se que seu cérebro trabalha intensamente. Depois, bruscamente, olha para trás, de um lado e depois de outro, como se quisesse pegar a coisa em flagrante. Tranqüilizado, pois não havia constatado nada de anormal, continua confiante o seu caminho. Naturalmente, a LINHA RETA o conduz à predestinação que a gente sabe.

Desta vez, porém, alguma coisa bate contra suas pernas de maneira bastante nítida.

O Indivíduo começa a girar em círculo. Sua confiança em si e no mundo desapareceu. O pacote cai no chão. O Indivíduo Barrigudo se inclina com dificuldade, põe-se de joelhos, olha espantado para o pacote, desata o barbante, abre o papel branco da embalagem e encontra uma caixa, branca também. Agora ele tenta reembrulhá-la no papel e refazer o pacote.

Vemos que o passeio, que prometia ser tão agradável, termina em complicações inesperadas. Uma embalagem banal mostrou, de repente, o absurdo do mundo. Já sabemos, de antemão, que o Indivíduo Barrigudo não logrará vencer tais complicações, não conseguirá refazer a embalagem. Ele enrola o papel de um lado, depois de outro, alisa-o, sorrindo garante ao público e a Dois Passantes (idênticos como duas gotas d'água) que o observam desconfiados, que tudo está em vias de se arranjar. Com uma mão o Indivíduo segura o pacote, com a outra ele tenta virá-lo, uma vez, depois mais uma vez ainda. Já está certo de conseguir o seu intento quando puxa uma ponta de papel excedente e eis que tudo se desfaz de novo: sobre o papel desdobrado, a inocente caixa parece zombar dos esforços do pobre diabo.

Essa delicada operação manifesta o absurdo das ações humanas; ela não exigiu tentativas renovadas; seu *malogro* forneceu o resultado com uma precisão pouco comum.

Tudo isso se repete ao infinito. O Indivíduo Barrigudo se põe a rastejar, empurrando com dificuldade o pacote diante dele, e a multidão se rejubila, assim como os Dois Passantes (idênticos como duas gotas d'água) que o controlam e o repreendem, e alternadamente o encorajam ou o mergulham no desespero.

Enfim, quando a paciência de todos está esgotada, eles jogam o Indivíduo, como um saco, atrás dos bastidores.

Mal ele acaba de desaparecer quando chega um outro, em seu lugar, o Indivíduo dos Jornais.

Ele caminha como o outro; carrega uma massa de jornais debaixo do braço e nos bolsos. Ele lê, segurando bem perto dos olhos um jornal enorme. Ele avança, detém-se: manifestamente, o que acaba de ler não lhe agrada, pois atira raivosamente o jornal no chão. Os Dois Passantes (idênticos como duas gotas d'água) o recolhem com rapidez e exclamam "Oh... oh", ou "Ah... ah... Veja, veja!"

para concluir em seguida que de fato não há nada aí de interessante, e exclamar:

"Blá... blá... blá..."

Mas eis que um outro jornal é atirado no chão, raivosamente. A cena se repete. O Indivíduo que lê joga fora os jornais. Os outros os recolhem, os lêem e exprimem ruidosamente espanto, reprovação e enfado. Tendo recuperado os jornais, estão com os braços cheios deles, braçadas de jornais. Enfim, quando parece não haver mais, em todo o derredor, senão papel de refugo, os Dois Passantes (idênticos como duas gotas d'água) repelem o Indivíduo que lê para lá de onde veio e desaparecem, por sua vez.

5. Eles retornam, no entanto, no mesmo instante, mas em um "papel" diferente. De nossa parte, já nos fartamos de ver apenas passantes prosaicos e gestos da vida comum. Estamos à espera de algo insólito, de sensacional, Os Dois Passantes estão, desta vez, com mitras de bispo na cabeça. É como se não tivessem tido tempo de se vestir inteiramente. Como se os acontecimentos que os acossavam os tivessem perturbado na importante metamorfose pela qual passavam.

Incomodados, embaraçados, abrem os braços, como para desculpar-se por sua vestimenta incompleta. Eles separam ainda mais os braços, murmuram qualquer coisa que pretende significar: "não há", "não há"...

Atrás deles, aparece uma nova personagem, meio casada com seu véu de noiva, meio meretriz. Espantada e envergonhada, ela caminha de um lado para o outro, parece embaraçada, como se fosse inútil, "desajustada" aos outros...

Subitamente, nada mais tem sentido, tudo se dissolve, soçobrando no SONHO.

6. Algum outro irrompe na "cena".

Ele pega uma *pá* enfiada em um monte de terra em forma de tumba. Como em sonho, corre sem descanso, para cá e para lá. Atrás dele se precipitam Dois Curiosos que encontraram por fim o fato sensacional que procuravam: correm atrás do Coveiro-Maníaco que se entregou à estranha ocupação de remover túmulos. Eles se esforçam para compreender as motivações e a natureza de semelhante mania. Correm atrás do homem, observam-no atentamente enquanto este apanha pazadas de terra, eles examinam os torrões, e assim ao infinito... Como acontece sempre nos sonhos, esses comportamentos estranhos, insólitos, terminam por si sós. A "cena" fica vazia. Um instante mais e reina o silêncio. Temos consciência de que somente agora o espetáculo propriamente dito vai começar e que tudo o que se passou até aqui era apenas um pálido prelúdio.

7. Diversas pessoas irrompem agora no palco, carregando baldes. Só um deles contém água. Estas pessoas dispõem os baldes segundo a LINHA RETA. Aquela cujo balde está cheio de água, derrama-a no balde de seu vizinho. Outras pessoas aparecem correndo, com baldes. Agora, os baldes são numerosos. As personagens vertem a água automaticamente, sistematicamente, e não se compreende por que o fazem, pois eles não se salvarão, eles não salvarão suas casas e eles não poderão extinguir os incêndios.

Eis que o Rabino entra correndo com o Pequeno Rabino. As abas de seu cafetã flutuam, o que lhe dá o ar sinistro de um Anjo Exterminador. O pobre Pequeno Rabino corre, louco de terror; segura a cabeça entre as mãos erguendo os frágeis bracinhos.

O Rabino grita: "Nossa cidadezinha está ardendo!" E lamentações ecoam em todas as línguas do mundo:

"Unser Städtchen brennt!"
"Our city is burning!"
"Nas gorodok goreet!"
"Nuestra aldea esta em llamas!"
"La nostra cittadina è in fiamme!"

Este lamento se amplifica até ao limite do suportável.

Entra então uma personagem que, no genérico, é designada por "Aquele Senhor que conhecemos muito bem".

Ele usa botas, um capote militar cujo corte é conhecido, casquete militar com a parte anterior levantada bem alto. Não lhe falta senão a cabeça da morte. Mas não julgamos necessário citar o nome que semeava terror em todos os guetos do mundo. Seria de um efeito demasiado fácil e completamente desgastado. Procedemos por um outro caminho bem mais árduo. Através da imaginação. Mais ainda, através da imaginação de uma criança. "Aquele Senhor" não é trágico por causa de seu uniforme símbolo da morte, mas porque o seu papel é interpretado por uma *Criança* da linhagem das Crianças Trágicas. A criança quer ser terrificante. Ela se disfarça. Seus pesados sapatos são por demais grandes para ela. Ela avança a passo de marcha, bate os tacões e de vez em quando ela se balança sobre as pernas, crendo dar-se assim importância.

De resto, nessa Barraca de Feira, tudo é como em um teatrinho de crianças.

O Velho Rabino e o Pequeno Rabino fogem, em pânico.

O incêndio não será extinto.

"Aquele Senhor" acaba sua marcha, pára de balançar-se e desaparece nos bastidores.

8. Entra o Noivo carregando uma valise preta. Ele a deposita no chão. Ele abre a maleta. Seus gestos são precisos até os mínimos detalhes. Querem produzir efeito, são os gestos dos mágicos profissionais no circo.

O noivo tira seu paletó branco. Ele está agora meio nu. Ajoelha-se perto da valise. Tira de lá o que pretenderia ser uma camisa de cerimônia, mas de forma "simplificada", como as que empregavam outrora os dândis de subúrbio que não podiam se dar o luxo de ter uma camisa custosa para combinar com um fraque. O "objeto" compõe-se de um plastrão rígido, de um colarinho alto engomado, de um grande número de cordões e colchetes que servem para manter juntas todas estas peças separadas: sob um paletó abotoado, estes pedaços simulam uma camisa inteira.

O Noivo não veste paletó, pois provavelmente não possui nenhum; ele põe o plastrão, o colarinho, os punhos, os numerosos cordões, prende os colchetes, exibindo ao mesmo tempo complacentemente cada um de seus gestos ao público; dobra para fora as pontas do colarinho, retira da valise uma gravata de elástico, faz uma demonstração de sua elasticidade, põe a gravata, por fim tira da maleta um chapéu branco verniz e o coloca na cabeça com um gesto típico de um dândi de subúrbio. Resta-lhe ainda estender no chão um pequeno colchão preto, munido de cintos cuja função nós iremos descobrir logo mais. Tudo parece indicar que o Noivo está em vias de se preparar para a cerimônia de núpcias. Falta apenas a Noiva.

Ei-la! Morte! O Noivo a arrasta qual um manequim; depois, com a maior delicadeza, deposita-a sobre o colchãozinho, arruma-lhe com cuidado o véu, por fim pega os cintos e apertando-os e começa a puxar.

9. O Velho Rabino entra correndo, acompanhando do Pequeno Rabino. A cerimônia não pode realizar-se sem os sacerdotes.

Chegando a este ponto, ocupamo-nos da "Trombeta de Jericó". A máquina assemelha-se a um patíbulo ou a uma forca, e um pouco também a uma máquina de guerra dos tempos bíblicos, que servia para o sítio das cidades.

Um montão de engrenagens, de pequenas rodas dentadas, de correias que acionam a Trombeta, em uma fúnebre embalagem negra. A Trombeta ergue-se muito alto, depois volta a descer lentamente. Dela saem as notas do Hino do Gueto, cujo autor é o bem conhecido compositor judeu, Gebirtig.

O Rabino puxa a máquina vetusta do Juízo Final, enquanto ressoa o Hino trágico.

O Noivo puxa brutalmente a Noiva. As núpcias confundem-se com os funerais.

10. Durante este sonho entre a vida e a morte, eis de volta os Dois Passantes que nós já conhecemos (idênticos como duas gotas d'água), desta vez inteiramente trajados de cardeais, com mitras de púrpura e chapéus solenes. E, para intensificar o clima alucinado da cena, os Cardeais dançam um tango argentino, com todos os seus passos complicados.

Tudo isto não tem nada de blasfematório.

O Diretor da Barraca de Feira os acolhe com todas as honras.

O tango ressoa majestosa e fogosamente mesclando suas notas aos sons lúgubres do Hino do Gueto. O Noivo arrasta o corpo de sua noiva, o Rabino faz funcionar a Trombeta do Juízo Final, os Cardeais executam as rebuscadas evoluções do tango argentino.

O sonho continua.
Em um instante, tudo cessará de existir.
No meio da pista jaz o corpo sem vida da Noiva.

11. O final se aproxima.
Aparecem no palco todos os Comediantes da Barraca de Feira. Como no início.

Eles começam a desenrolar um imenso *véu* branco, *nupcial*. Este véu é feito do mesmo papel branco que as vestimentas brancas dos Comediantes.

O véu se estende ao infinito, por todo o comprimento da pista. Erguido por todos os Comediantes e puxado com uma paixão e uma cólera crescentes de um lado e do outro,

como em um ritual bárbaro,

sacudido por movimentos convulsivos, ele baixa progressivamente até cobrir enfim

o pobre corpo sem vida da Noiva.

12. O ruído confuso do papel, que os alto-falantes amplificavam desmesuradamente, torna-se semelhante aos outros sons, os quais por seu turno se fazem cada vez mais nítidos. Nenhuma dúvida mais é possível: é o martelar das botas de um exército em marcha.

13. E somente agora é que aparece "Aquele Senhor que conhecemos muito bem".
Ele começa a marchar.

▲ Onde Estão as Neves d'Antanho?, *Paris, 1982. Foto: Jacquie Bablet.*

▲ Onde Estão as Neves d'Antanho?, *Genebra, 1983. Foto: Jacquie Bablet.*

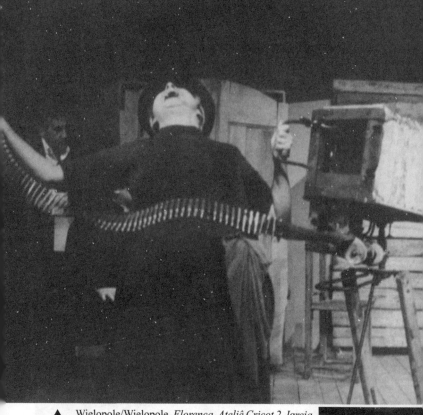

▲ Wielopole/Wielopole, *Florença, Ateliê Cricot 2, Igreja Santa Maria*, 1980. Foto: Jacquie Bablet.

▼ Wielopole/Wielopole, *idem*, "A Última Cena". Foto: Jacquie Bablet.

WIELOPOLE – WIELOPOLE

A Ilusão e a Repetição

Durante muitos anos exaltei a realidade e isso por razões múltiplas. No entanto, no fundo do jogo eu sentia que havia alguma coisa de sagrado sobre o qual não se devia falar com as palavras da linguagem quotidiana. Era uma esfera absoluta. Tratava-se pura e simplesmente da verdade.

É por isso que rejeito o conceito de ILUSÃO (ou ficção); talvez também porque eu temia ceder-lhe. Com efeito, esse conceito exercia sobre o meu espírito uma atração muito forte.

Mas voltaremos a isso.

Digamos que sou o seu adversário resoluto.

Esta afirmativa, talvez sumária, facilitará a descrição dos acontecimentos.

Pois já se pode perceber certa ambigüidade, certa confusão, uma simplificação excessiva do problema.

É preciso recorrer então a digressões, esclarecimentos, retificadores.

Este, em particular, pode ser o mais significativo!

O que é importante não é a recusa em si da *ilusão, mas as razões que motivam tal recusa.*

O fato de não se ter em conta esta distinção conduz a juízos superficiais que, com o tempo, se mostram sempre nocivos. Reduzimos a um denominador comum fenômenos aparentemente similares sem levar em conta o fato de que o resultado da equação é completamente falso: é assim que é criada a desinformação.

Um exemplo:

os adversários da *ilusão*, na época da Grande Reforma do Teatro e da Vanguarda do começo do século XX, rejeitaram a *ilusão* porque condenavam o *realismo* e o *naturalismo*. Em minha própria concepção do teatro, recuso a *ilusão* em nome da *realidade* que, ao contrário, eu aceito e celebro: a REALIDADE à qual, durante séculos, convenções rígidas negaram o direito de tornar-se um elemento real da obra de arte. Somente a FICÇÃO e a REPRODUÇÃO, naturalmente fiéis, eram autorizadas.

Esta realidade bruta, não elaborada "artisticamente",

arrancada à vida mesma,

é o OBJETO REAL,

que tomou o lugar do "objeto artístico".

Esta não é uma pequena diferença, como prova a comparação!

Os acontecimentos e a história seguiram o seu curso como sempre imprevisível.

Ao realismo, ao naturalismo (e naturalmente à *ilusão*), a vanguarda dos anos vinte opôs

a INTERPRETAÇÃO (é assim que a definiam no teatro).

Na época era a única saída possível

A arte da primeira metade do século XX conheceu um grande número dessas "interpretações". Mas não é isso que conta.

O próprio princípio da *interpretação* (conservo o termo em geral empregado na linguagem teatral da época: com certa licença poética, poder-se-ia aplicá-lo a todas as tendências artísticas da primeira metade de nosso século, mesmo àquelas que recusavam toda efusão lírica) – o princípio da *interpretação* tornou-se, portanto, pouco a pouco, o imperativo categórico da arte.

Todo mundo o invocava.

Todos lhe faziam referência sem o menor escrúpulo para legitimar suas próprias realizações!

O malogro cada vez mais evidente dessa atitude, que fora radical, e de seus medíocres desenvolvimentos,

reforçou minha fascinação pela REALIDADE, tão estranha a todas as diferentes tendências da INTERPRETAÇÃO, da ABSTRAÇÃO e da CONSTRUÇÃO.

E de novo os acontecimentos seguiram o seu curso, como sempre, de uma maneira inesperada.

E eis a seqüência de meus choques e de minhas transações com a REALIDADE e com a ILUSÃO:

após longos anos e muitas experiências de *anexação* da *realidade* (da vida) cuja a intervenção radical na estrutura da obra de arte, nos happenings, nas ações e nas manifestações, eu considerava necessária – a REALIDADE começou a me incomodar por sua materialidade. Em minha atitude influiu incontestavelmente o fato de que massas de exploradores medíocres tenham se "engajado" nesses domínios outrora inexplorados e perigosos.

A verdade tornava-se uma moda insuportavelmente fastidiosa.

Era preciso encontrar uma nova profundidade.

Em certa época, não crendo demais na ortodoxia, eu afirmava que a realidade não pode existir por si mesma, que lhe é necessário sempre alguma coisa que a põe em perigo: a *ilusão*.

Agora descobri algo que vai ainda mais longe: a *ilusão*, para além da significação corrente do termo, possui um aspecto *metafísico*. A função que durante muito tempo lhe fora atribuída, por servilismo para com a natureza e a realidade da vida, não é de maneira nenhuma sua *essência*.

Esse aspecto *metafísico* da *ilusão*,
que *não havíamos ainda mencionado*, é
a REPETIÇÃO.
Quase um *ritual*.
O *gesto* ancestral do homem que, no limiar da história,
queria afirmar-se.
Fazer qualquer coisa uma segunda vez,

de uma maneira artificial
"por sua própria conta" – sua conta humana –
repetir alguma coisa feita anteriormente pelos Deuses,
expor-se a seu ciúme e à sua vingança,
enfrentar os riscos,
ir ao encontro da catástrofe que se prepara
sabendo perfeitamente que se trata de ações inúteis,
sem perspectiva alguma,
"para uma só vez",
desprovida de qualquer clara significação final,
de qualquer eficácia
na vida,
um ritual
situado, parece, do outro lado da vida,
em uma relação de *conivência com a morte*.
Digamo-lo aberta e claramente:
este obscuro procedimento que é a REPETIÇÃO
é um protesto e um desafio.
Poder-se-á acrescentar facilmente que é
o núcleo da arte!
É ao mesmo tempo a idéia que subentende nosso espetáculo
que traz um título significativo:
WIELOPOLE – WIELOPOLE.
Como tudo no teatro
sofre seu encanto e sua poesia.
É por isso talvez que "no mesmo lugar" eu acrescentaria este
breve *apêndice*
e esta nota teatral.
A ILUSÃO coloca a realidade em uma órbita diferente.
Os poetas diriam na órbita da poesia.
Talvez se trate de um *espaço diferente, outro*.
E de um tempo absoluto, que nada tem a ver com o nosso.
Talvez a poesia seja o signo desse *outro* mundo,
que gira numa órbita diferente,
para além das paredes de nosso *quarto*.
Esse DESLOCAMENTO se faz a partir de um método especial
que parece inspirado pelo mundo da infância:
através da REPETIÇÃO.
A repetição conhece muitas variantes.
A mais profunda é uma espécie de *eco*.
O mesmo que aquele que existe *aqui*, porém imaterial.
É certa consciência, experimentada subitamente, do desmoronamento.
E da *morte*.
Outra variante:

O gênero de *aprendizagem* (fixar na memória).
A memória, justamente, que desloca a realidade para o passado
que morre continuamente.
Outra variante:
se conseguíssemos comprimir o *tempo*,
teríamos uma *repetição* perfeita, infinita,
terrificante, desumana,
pois nosso bom velho "tempo solar", "aplicado",
e adaptado ao nosso organismo,
não estaria em condição de nos proteger da percepção simultânea,
da ETERNIDADE E DO VAZIO.
Quer dizer, da morte.
Dou outros exemplos desse gênero de repetição, pois eles dão
aos atores toda uma série de possibilidades de criação, de JOGO.
Mais uma variante ainda (mas não a última):
a repetição-macaquice. Hábitos das crianças.
Divertimentos sem fim, não desprovidos de profunda significação.
É a arma mais poderosa contra a pseudogravidade tacanha.
Perigosa para a vida. Nós o sabemos por tê-lo aprendido
da história.
A criança protege a vida, ela estabelece suas condições.
O artista faz o mesmo!
A repetição subtrai à realidade sua função vital,
sua significação vital, a força das atividades da vida prática.
Após essa operação (realizada há muitíssimo tempo,
pela primeira vez,
certamente depois de uma descoberta genial)
a realidade torna-se impotente e inútil para a vida prática,
mas por aí ela adquire uma força colossal
no pensamento, na imaginação, isto é, na esfera que
decide
da dinâmica da vida humana e de seu DESENVOLVIMENTO.
Operação genial!

O Espiritualismo

Quando esse espetáculo se encontrava ainda em sua pré-história, na época bendita em que o espírito não estava ainda sobrecarregado com os problemas práticos ligados à sua realização, quando se viajava nas livres regiões da imaginação – no universo de minhas idéias produziram-se todas as espécies de modificações, de deslocamentos, de mudanças, como se eu mudasse o *interior de* meu *quarto*.

A palavra *espiritualismo* sempre provocou em mim uma reação de suspeição.

Eu não sei se o intelecto foi verdadeiramente essa glândula que fez nascer em mim a paixão por uma vanguarda radical, ou que construiu talvez somente um abrigo, uma defesa contra a organização absurda de nosso mundo e o lodaçal da cultura do pós-guerra.

Em todo caso esse conceito foi para mim de grande auxílio nos momentos difíceis. Mas sem dúvida o mundo é mais complexo do que se tenderia a crer.

Nesse mundo da razão tudo começou a esboroar-se.

O poder ilimitado atribuído à inteligência começa a mostrar falhas e defeitos, a ter conseqüências fatais.

E isto tanto na vida quanto na arte.

Mas, sobretudo, na arte.

Volto, portanto, ainda à minha infância, quando no curso de longos passeios eu procurava a solidão a fim de aprender "de cor" *A Lição* de Maeterlinck. Com efeito, é nessa idade que se aprende tudo "de cor".

Espiritualismo e Espiritualização

(É óbvio que eu me refiro sempre ao domínio da arte. Deixemos a vida de lado. É um negócio pessoal e que não é feito para dar uma razão de ser à nossa arte, ao menos enquanto vivemos.)

Na reflexão sobre minha nova obra, assumir o espiritualismo como postulado era uma decisão arriscada, na medida em que ao mesmo tempo ela se ligava ao tema do *Evangelho* como o único meio de expressão. Esse grande mito, como se fosse semelhante ao da Arte Pura, que nutriu através dos milênios nossa cultura, quer dizer, nossa própria existência, digerido através das diferentes épocas, incessantemente regenerado, foi repelido por nosso século à extrema periferia da civilização da Santa Técnica, do Consumo e da Política.

No entanto, nem tudo está perdido.

Periferia não significa em absoluto ruína ou degradação. No meu léxico pessoal não existe o termo Realidade de grau inferior.

É o terreno reservado (ilegalmente) à Arte.

E por conseqüência a todos os valores humanos mais elevados.

É aí que a periferia encontra seu nível mais elevado.

As explosões desse mito que se produzem nos locais mais inesperados ocorrem, no fim de contas, em zonas que não são outra coisa senão *periferias*, precisamente.

Falando a linguagem da arte e da poesia: no pobre patiozinho no canto doloroso em que escondemos nossas esperanças mais secretas, nossa imaginação, nossa "humanidade" ameaçada, nossa *personalidade*.

E – provavelmente – não é senão lá que podemos nos salvar.

O Quarto

O quarto de minha infância
é escuro, uma TOCA atravancada.
Não é verdade que o quarto de nossa infância
permanece ensolarado e luminoso em nossa memória.
É somente nos maneirismos da convenção literária
que ele se apresenta assim.
Trata-se de um quarto MORTO
e de um quarto DE MORTOS.
É em vão que tentaremos pô-lo em ordem:
ele morrerá sempre.
Entretanto, se conseguimos extrair dele fragmentos,
ainda que sejam ínfimos,
um pedaço de divã,
a janela, e além o caminho que se perde bem no fundo,
um raio de sol sobre o assoalho,
as botas amarelas de meu pai,
as lágrimas de mamãe,
e o rosto de alguém atrás do vidro da janela –
é possível então que o nosso verdadeiro QUARTO de criança
comece a se dispor,
e talvez consigamos assim acumular elementos
para construir
nosso espetáculo!
A JANELA é importante!
Além, como já foi dito, um CAMINHO que se perde na distância
e, no fim, um PRÉDIO COR DE ROSA DE VÁRIOS ANDARES.
É por trás desse canto de rua que minha mãe desaparecia,
quando partia
por um longo período,
atrás dessa curva
que era o FIM DO MUNDO.
É difícil de definir a dimensão espacial da lembrança.
É lá o quarto de minha infância,
que eu disponho sempre
ao mesmo tempo que seus habitantes, de resto.
Estes habitantes, são minha família.
Eles repetem todos ao infinito suas atividades,
como se tivessem sido impressos sobre uma placa fotográfica,
para a eternidade.
Eles as repetirão até o fastio,
concentrados no mesmo gesto,
sempre com o mesmo trejeito,
eles repetirão essas atividades banais,

elementares, neutras,
desprovidas de toda expressão,
com uma exatidão maníaca, obtusa,
com uma ostentação terrificantes,
com obstinação,
pequenas atividades que preenchem nossa vida...
"ineficazes",
pois repetidas,
como se elas não visassem a nenhum objetivo preciso,
como se não tivessem nenhum senso de causa e efeito,
isoladas,
autônomas
(mas é justamente disto que se trata),
das falsificações desprovidas de vida
que tiram sua realidade e sua importância
(felizmente enganadora)
dessa insistência REPETIÇÃO.
De outra parte, é esta talvez a verdadeira especificidade da LEMBRANÇA:
esse ritmo de *pulsação*
que volta incessantemente,
que termina no nada,
e que é *vão*...
Resta ainda um lugar: ATRÁS DA PORTA,
Assim como no fundo e nas fronteiras do QUARTO
um outro espaço
em outra dimensão,
em que se reúnem as lembranças de infância,
em que fermentam as lembranças em vão evocadas,
um *interior* da imaginação, inacessível,
nesse canto,
atrás do armário,
no celeiro,
atrás da porta,
em um pobre pátio,
em que morrem os *objetos*,
e em que se pode ainda descobrir muitos segredos esquecidos.

Agência de Locação de Caros Desaparecidos

Na lembrança
não existe pessoas francas e magnânimas.
Digamo-lo abertamente: o fato de evocarmos as lembranças
é suspeito.
É pura e simplesmente uma agência de locação.

A lembrança trabalha com personagens "alugadas".
Trata-se de indivíduos suspeitos, de criaturas medíocres e equívocas à espera de alguém que os "alugue" como domésticos, "por hora".
Emurchecidos, sujos, mal vestidos, raquíticos,
degenerados, desempenham realmente mal o papel de pessoas
que nos
são,
amiúde,
próximas e queridas.
Um tipo equívoco disfarça-se como se tivesse sido chamado a fingir
que é
meu pai.
Minha mãe evidentemente é desempenhada por uma rapariga
de rua,
meus tios são simples vagabundos.
A viúva do honroso fotógrafo de nosso povoado,
que preserva com firmeza a boa reputação do Ateliê Fotográfico
"A Lembrança",
é normalmente uma mulher repugnante que faz a arrumação
no necrotério paroquial.
Do padre nem vale a pena falar.
Sua irmã não passa de uma porcalhona.
E finalmente o tio Stasio, lúgubre figura de Deportado,
não passa de um mendigo a tocar o realejo.

O Exército –
Os Soldados – O Indivíduo Militar

A razão que me leva a ocupar-me desta *espécie humana*
nada tem a ver com o patriotismo,
nem com o antimilitarismo,
nem com a luta pela paz,
nem com não importa qual programa político ou social ou outro.
Censuras me poderiam ser feitas
pelos anarquistas,
pelos antimilitaristas crônicos,
pelas testemunhas de Jeová,
pelos dadaístas e pelos surrealistas (se estiverem vivos),
por manifestantes de todas as opiniões,
e mesmo de parte dos Schweik e dos Inválidos,
e finalmente de parte do Soldado Desconhecido.
Com efeito, a razão pela qual eu me ocupei
desta condição humana excepcional
tem um caráter puramente formal e artístico.

EXÉRCITO. Massa. Massa mecânica ou vivente, não se sabe,
centenas de cabeças todas semelhantes,
centenas de pernas semelhantes umas às outras,
centenas de braços todos semelhantes.
Em fileiras, diagonalmente dispostos,
regulares
cabeças, pernas, mãos, braços, botas, botões, olhos, narizes, bocas,
fuzis.
O mesmo movimento executado de maneira idêntica
por centenas de indivíduos idênticos,
centenas de órgãos
dessa monstruosa geometria do rigor.
O EXÉRCITO
que marcha em grupos de quatro
em formação
e com uma cadência ditada pelos passos e pelas ordens:
esquerda! direita!
composto de indivíduos nos quais nós nos reconhecemos,
que pertencem ao mesmo gênero que nós: o gênero humano;
eles são nós mesmos!
mas são ESTRANHOS!
Como se nós nos víssemos pela primeira vez,
de perfil,
isto é, mortos,
é por isto que o EXÉRCITO (em marcha) nos atrai tão fortemente.
Sua condição dura e inexorável como a morte
nos revela nossa própria imagem.
Separada do resto do gênero humano
separada de nós, os CIVIS – ESPECTADORES
separada com base em uma lei tão inflexível
que ela parece a da morte:
barreira incompreensível para o espírito humano.
Essa condição insólita manifesta-se da maneira mais
evidente quando o EXÉRCITO se desloca, e mais exatamente:
quando ele marcha em formação
em grupos de quatro,
e no passo.
Os CIVIS (= OS ESPECTADORES)
não marcham jamais
em formação,
em grupos de quatro
e no passo.
Tudo é simplesmente vergonhoso!
E é exatamente esse estado que, da forma mais visível,
um pouco à maneira do circo,

cria essa barreira.
Mais nítida que o próprio palco.
O EXÉRCITO.
Ele nos ladeia
como em um sonho
horrivelmente ESTRANHO.
É a mesma ESTRANHEZA que têm no sonho
as silhuetas das pessoas
que não mais estão vivas.
Foto de CONVOCADOS – lembranças dos mortos.
Escolhidos e marcados pela morte,
contaminados pelo bacilo da morte,
desconhecido e fulminante,
que os torna capazes de dar morte a indivíduos do
mesmo gênero
e a eles mesmo de morrer sob comando.
Predestinados a "tombar no campo de honra"
E O UNIFORME!
Este desejo atávico dos homens,
este imperativo da morte
que nivela todas as classes sociais de uma maneira
terrivelmente poderosa.
Nas fotos dos "convocados"
vemos misturados entre eles,
como no JUÍZO FINAL,
senhores, camponeses, intelectuais.
Todos esperam que o uniforme suprima todas essas inúteis
diferenças.
Nessa insólita condição
ferve literalmente um instinto primitivo,
uma espécie de atração masoquista ao nivelamento.
Nas velhas fotos que mostram a partida dos convocados,
para o fronte,
nas plataformas das gares, vemos rostos sorridentes,
marcados por uma excitação
que se poderia dizer sexual, corpos jovens, e fortes,
que se mantêm bem eretos,
doravante apartados de suas sutis e complexas
relações sociais, culturais e familiais...
Subitamente tudo se torna simples, fica-se nivelado,
subordinado
o verniz da cultura cai...
Vemos criar-se uma língua de vulgaridade ostensiva, obscena,
brutal, cínica...
Finalmente pertencemos à *espécie*!

O EXÉRCITO
... Concentrar-se somente em uma propriedade do EXÉRCITO,
aquela que é a mais importante, que não se torna evidente
senão jogando as características mais conhecidas e as marcas
distintivas
transmitidas pela literatura, pelas reportagens e pelos filmes:
– horror da guerra, trincheiras, argila, lama, piolhos, sujeira,
ferimentos, gangrena, amputações, morte...
– e ainda: sargentos-sádicos, coronéis-esclerosados,
generais-lúgubres
esmoleres da morte...
– e mais ainda: encanto das armas, assaltos, paisagens dos
campos de batalha
bandeiras estalando ao vento, vento da história,
panteão e Soldados Desconhecidos...
Após ter renunciado a esses efeitos, a redução consistiria
na observação, antes limitada, mas que me parece filosoficamente
substancial, e que oferece novas possibilidades de jogo:
a de que o EXÉRCITO constitui uma ESPÈCIE HUMANA inteiramente
à parte,
separada de nós, os CIVIS – ESPECTADORES
por uma barreira
que é rigorosamente proibido transpor,
sob pena de uma condenação, tão impossível de imaginar quanto
a morte.
... Pensando em um novo espetáculo que, após *A Classe Morta*,
representaria a evolução para uma nova etapa, tentei sobretudo encontrar um NOVO MODELO para o ator, que possa lhe dar novas possibilidades
de ação. O instante da descoberta provocou em mim uma excitação
extraordinária e ela me levou a uma nova pista: uma súbita fulguração
à vista de uma foto-lembrança de convocados, provavelmente tirada
antes de sua partida para o *front*, imagens cinzentas, dolorosas, *imobilizadas face à morte*, prefigurada por esse terrificante uniforme.
O EXÉRCITO.
Dois caracteres profundos inscritos na condição do EXÉRCITO são
idênticos àqueles que desde séculos marcam a imagem do ator: o primeiro é o da SEPARAÇÃO, por assim dizer IRREVOGÁVEL e ABSOLUTA
(como para os mortos).
DIFERENCIAÇÃO em relação a nós, os CIVIS – ESPECTADORES,
a tal ponto que a fronteira assim criada sugere o sentimento
que ela é INFRANQUEÁVEL, sentimento que não se percebe plenamente senão no pesadelo onírico.
O segundo caráter é a terrificante tomada de consciência,
sempre na alucinação do sonho,
que essa diferença concerne a indivíduos pertencentes

à nossa
própria espécie
quer dizer, NÓS MESMOS,
a consciência de que estes ESTRANHOS, estes MORTOS, são NÓS,
e que é com esta imagem que devemos
nos CONFUNDIR!
O EXÉRCITO (é difícil dizer: soldado, no singular)
e
O ATOR.

A FOTOGRAFIA DOS CONVOCADOS
... Alguma parte, em um canto do quarto, atrás do armário
INDIVÍDUOS DE UMA ESPÉCIE ESTRANHA se encolheram,
nesse quarto da infância,
que não existe mais doravante a não ser na memória...
Dão-se aí exercícios, marchas, manobras...
É possível mesmo que esse pobre quarto se tornará
um terreno de enfrentamento e um campo de batalha...
Esses HABITANTES CLANDESTINOS,
que posam para uma fotografia,
como se estivessem MORTOS,
entram portanto na história e na eternidade.
... Sua dolorosa condição:
a vida que dura este único e só momento,
como se através do maravilhoso, mas também do terrificante
e assassino processo da FOTOGRAFIA, eles tivessem sido
privados do passado e do futuro.
Como se tivessem sido privados tanto do passado,
diferente para cada um dentre eles,
quanto da vida futura, cheia de surpresas e de encanto...
Para justificar sua existência,
eles dispõem somente desse curto instante
durante o qual tomam a pose...
... O procedimento cênico não deverá visar a representação
das peripécias dessas personagens no desenvolvimento natural
de sua vida prática;
nós não admitimos, aliás, a *representação*!
Nós criaremos nós mesmos essas peripécias,
nós as suporemos; nós as desenvolveremos
nós *ressuscitaremos* essas personagens, nós lhes ordenaremos
que ajam como se elas se encontrassem numa estrada secundária,
sobre os trilhos desativados
da vida e da memória.
... Nós seremos excessivamente pacientes e prudentes.
Cada rosto, colocado atrás de uma lupa,

fala da vida de cada um dentre eles,
cheia de peripécias, de surpresas,
de alegrias, de desespero, de terror...
E aqui, de repente – nessa foto – eles se congelaram
numa única expressão
de um só instante...
Não será fácil para eles mover-se, sair desse torpor, dessa aceitação extenuante de uma vida feita de um SÓ E ÚNICO INSTANTE.

Eles se acostumaram a isto, eles não compreendem o que se exige deles, apenas com um grande esforço é que eles compreendem, que apreendem, que eles se lembram...

Esse penoso exercício dura muito tempo até que eles recuperem
a força necessária
para REPETIR AINDA UMA VEZ SUAS VIDAS, ACERTAR SUAS QUESTÕES NÃO RESOLVIDAS E DEIXADAS EM SUSPENSO, RELIZAR SEUS SONHOS DESTROÇADOS
por esse *retrato congelado*...
Eles se empenham na tentativa com dificuldade,
não conseguem o seu intento,
está claro que eles esqueceram,
eles se enganam
desanimam,
"morrem" de novo
e assim ininterruptamente
ao infinito...

A Memória da Criança

Quando pinto um quadro, seu processo de composição é pautado por uma "vontade" única, que, uma vez concluída a obra, se denomina homogeneidade da forma, unidade e assim por diante.

Na criação de um espetáculo teatral é muito mais difícil respeitar e guardar essa unidade.

As imagens, as idéias ligadas ao espaço, ao movimento, à ação, afluem tão numerosas durante o ensaio (e nisso a "vontade" dos atores, os atos individuais exercem uma grande influência) que é necessário ter uma consciência muito forte do próprio objetivo (que, aliás, se perde continuamente no horizonte) para não fazer divagar a própria imaginação que deve ser, neste caso, controlada de maneira muito severa.

Tudo isso é tanto mais essencial em um espetáculo em que não há texto literário (um drama escrito) em relação ao qual (qualquer que seja a atitude que eu possa ter com respeito a esse texto e qualquer que seja a função que ele possa desempenhar no curso do processo de formação do espetáculo) a gente possa encontrar pontos de referência que ajudem na "pilotagem".

Considerando esses perigos, que se assemelham aos riscos de encalhe e naufrágio de uma expedição marítima, descobri um sistema para utilizar uma "bússola" muito especial.

Assim –

quando queremos reconstruir nossas recordações de infância (e tal é o sentido deste espetáculo), nós não "escrevemos" um relato segundo os modelos da literatura, uma trama baseada na continuidade.

Eu descobri que isto não é mais do que uma mentira.

Ao passo que o que me interessa, aqui, é a verdade, quer dizer, uma estrutura que não seja "cimentada", "mantida" por junturas, por conexões, por acréscimos estilísticos e formais.

Esta reconstrução das recordações de infância deve conter somente esses momentos, essas imagens, esses clichês que *a memória da criança* retém, efetuando uma triagem na massa de fatos reais, escolha que é excepcionalmente essencial (artística) porque inteiramente voltada para a VERDADE.

A memória da criança não guarda
senão *uma só característica*
das personagens,
das situações, dos acontecimentos,
dos lugares e do tempo.
... Papai chega (de licença)
ele pragueja continuamente
e faz sua bagagem...
... Mamãe que vai embora agora
e desaparece,
a seguir: nostalgia...
Como única lembrança da vida de certas pessoas,
minha memória
fixou apenas uma única expressão, um único traço.

... No curso da criação do espetáculo, e de seus desenvolvimentos,
este método tornou-se uma verdadeira limitação.
Magnífica limitação!
Eis a "bússola" de que se falou há pouco.

Do Outro Lado da Ilusão ou a Barraca de Feira[1]

Há um momento particular, no teatro, em que entram em ação malefícios perigosos e venenosos, quando as luzes se apagam e quando todo o público saiu, no palco tudo se torna cinzento, longínquas paisagens transformam-se em tralha banal, colada sobre alguma coisa.

---

1. Extraído do manuscrito Le Lieu théâtral.

Uma vez tirados, os costumes e os acessórios – eles, que um momento antes eram maravilhosos e resplendentes – revelam agora sua natureza: uma mistificação barata e miserável – quando morrem sentimentos e gestos que um instante antes eram tão vivos, tão apaixonados, e que haviam sido tão aplaudidos. É possível que então desejemos errar uma vez mais sobre o tablado, como em um cemitério, procurando os traços daquilo que, ainda vivo há poucos minutos, nos comovia.

Mas tratava-se de *ficção*.

É por isso que o simbolismo era tão atraído pelo encanto dos cenários e costumes pobres, em papel, pelo *páthos* dos Pierrôs melancólicos e dos saltimbancos que escondiam, sob suas máscaras de parada e seus gestos "distintos", suas rugas, suas desgraças, sua trágica condição humana.

Cena, BARRACA DE FEIRA, mundo vazio, como a eternidade em que a vida se ilumina justo em um instante, como uma ilusão. Miserável barraca.

À entrada, um velho Pierrô decrépito, o rosto maquilado embebido de lágrimas: em vão ele procura sua Colombina que há muito tempo retornou ao seu pobre albergue.

Retorno à Barraca de Feira

Antes que as lembranças e a imagem dessa cena desapareçam para nunca mais voltar, antes que esse pobre Pierrô se distancie para sempre, quero exprimir alguma coisa que poderá, talvez, definir da maneira mais profunda e mais simples minha abordagem do teatro. Muito embora, no curso dos diferentes períodos que se sucederam, nas diferentes "etapas" e "paradas" de meu caminho eu tenha escrito sobre os marcos limites dos lugares: Teatro Informal, Teatro Zero, Teatro Impossível, Teatro da Realidade Degradada, Teatro Viagem, Teatro da Morte, em alguma parte no plano de fundo havia sempre esta mesma BARRACA DE FEIRA.

E todas essas denominações nada faziam senão proteger a estabilização oficial e acadêmica. Era, aliás, um pouco como os títulos dos longos capítulos nos quais eu triunfava dos perigos que espreitam neste caminho que conduz sempre ao DESCONHECIDO e ao IMPOSSÍVEL.

Durante quase meio século, a pobre Barraca de Feira, relegada ao esquecimento, permaneceu aí, escondida atrás das idéias puristas, as revoluções do construtivismo, as manifestações surrealistas, a metafísica da arte abstrata, os happenings, os ambientes, os teatros abertos, conceituais, os antiteatros, as grandes batalhas, as grandes esperanças e grandes ilusões, e, ao mesmo tempo, as catástrofes, as decepções e as piruetas de pseudocientistas.

Após tantos conflitos e muitas etapas franqueadas, hoje vejo claramente o caminho já percorrido e compreendo por que sempre recusei com tanta obstinação um *status* oficial e institucional. Ou melhor: por que foram recusados com tanta obstinação a mim e ao meu teatro os privilégios e as condições decorrentes dessas posições sociais. Porque o meu teatro sempre foi uma Barraca de Feira. *O verdadeiro Teatro da Emoção.*

(*Tradução de J. Guinsburg*)

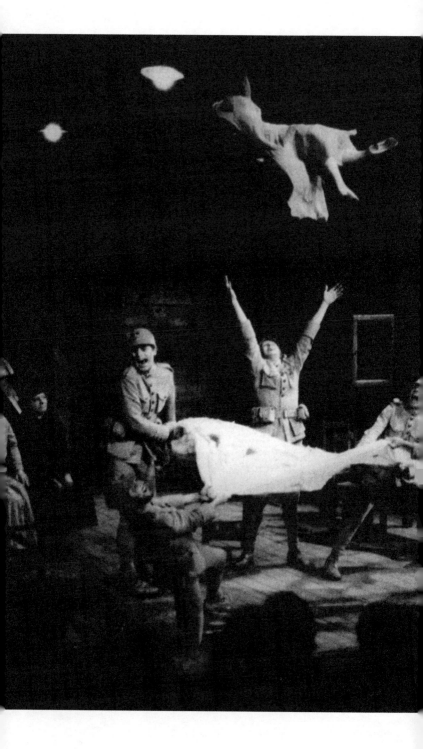

▲ Wielopole/Wielopole, *idem*. "*A Violação da Casada*". Foto: Jacquie Bablet.

16. O Artista

A MORTE DA ARTE

Sempre, em cada época, ou quase, houve a queixa e se disse que a cultura está em vias de acabar.

A arte também.

Mas tais previsões não se verificaram.

Eram falsas? Ou eram sintomas de decadência?

Ou talvez haja na arte algo que desde a origem a faça condenada, certa condição de tal modo frágil, tão distante da boa saúde que toca a moléstia incurável e a nostalgia desse estado ao qual se chega somente pela porta que conduz à morte.

A SITUAÇÃO DO ARTISTA

A "situação" do artista é excepcional.

Para me explicar sobre esta frase aparentemente banal, preciso escrever muitas outras frases e fórmulas.

Não é que eu coloque a situação do artista muito acima das outras situações em que todo homem pode encontrar-se – das mais simples às mais complexas, inclusive as situações "sem saída".

Mas a situação do artista é incomparável, ou melhor, se por ventura temos de compará-la – é possível que devamos recorrer às regiões mais baixas.

A situação do artista é l i m i t a d a.

Nessa limitação, há algo de essencial para ela, algo que nos atrai e ao mesmo tempo a torna inacessível e incompreensível para quem quer que queira julgar facilmente, na superfície.

Não está excluído que essa limitação, esse e n c e r r a m e n t o, seja um dos critérios importantes da verdade.

Em minha infância eu fazia t o r t a s de papel.

A torta era plana. Mas eu não me apercebia disso. Eu a cortava. Bem mais tarde somente é que percebi que lhe faltava /F A L T A V A/ alguma coisa, para que ao menos eu pudesse cortá-la. Isto não me levou a deixar de fazer tortas de papel e a ser banido desse estado excepcional e feliz que era o meu até então e que equivalia sem nenhuma dúvida à "s i t u a ç ã o" do artista.

Esta f a l t a é precisamente limitação. Limitação evidentemente "aos olhos do

   mundo"...

É preciso sem dúvida pagar muito caro por esse dom excepcional de "o p e r a r" f o r a da vida.

A situação do artista é semelhante à de alguém que, caminhando em perseguição de um objetivo muito importante, percebe de súbito que esta ação de avançar

   tornou-se o essencial de sua missão e sua razão de ser, e que –
   procurando uma saída ou antes uma passagem –
   vê cada vez mais portas fecharem-se diante dele;
   há algumas que ele mesmo deve fechar
   cumpre-lhe tentar alhures,
   e continuar a avançar
   com essa certeza pavorosa de que tudo esta simplesmente v a z i o,
   que o essencial de sua *démarche*
   é constituído por esta atividade de f e c h a m e n t o
   que é s e p a r a ç ã o
   e r e j e i ç ã o
   daquilo que tenta continuamente preencher este vazio com
   a assim chamada r e a l i d a d e,
   a qual usurpa o direito à generalidade obrigatória
   e à exclusividade de motivações...
   E é apenas no momento da catástrofe,
   quando essa realidade sancionada se esfarela,
   se vê comprometida e desmascarada, quando ela formula
   em sua própria linguagem
   este juízo sobre ela mesma: tudo isso não passava de ficção,
   quando de maneira inexplicável se abolem mutuamente
   contradições e alternativas –
   que a "situação do artista" roça a descoberta de seu segredo,
   mas já é muito tarde.
   Pode acontecer, também, que ninguém se aperceba disso.

PROFISSÃO DE FÉ

Permiti-me, Juízes Supremos,
de vos apresentar meu credo solene,
meu desafio e minha provocação. Eu me permito
lembrar-vos que o método fundamental (se posso
exprimir-me com algo tão patético) de meu trabalho é e era
o fascínio com a realidade que denominei REALIDADE
DO GRAU MAIS BAIXO. É ela que explica meus quadros,
minhas Embalagens, meus Objetos Pobres e também
minhas Personagens Pobres,
as quais, como outros tantos filhos pródigos, retornam
na miséria a suas casas natais.
Eu desejaria no fim aplicar esse método a mim próprio:
Não é verdade
que o homem moderno
é um espírito que venceu
o MEDO...
não é verdade...
o MEDO existe:
o medo diante do mundo exterior,
o medo diante do nosso destino,
diante da morte,
diante do desconhecido,
o medo diante do nada,
diante do vazio...

Não é verdade
que o artista é um herói
ou um conquistador audacioso e intrépido
como quer uma LENDA convencional...
Crede em mim
é um HOMEM POBRE
sem armas e sem defesa
que escolheu o seu LUGAR
face a face com o MEDO.
Com toda consciência!
É na consciência
que nasce o MEDO!

Estou em pé
diante de vós
JUÍZES SEVEROS MAS JUSTOS
estou em pé
acusado

e imerso em meu MEDO...
E há uma diferença entre os antigos dadaístas,
dos quais sinto ser o descendente, e eu:
Levantai-vos –
Gritava Picabia
O GRANDE ZOMBADOR
Vós sois acusados!
E eis minha correção – hoje –
a esta invocação outrora impositiva:
Sou eu que sou juiz e acusado
estou em pé diante de vós
e preciso procurar
razões e provas
– não sei bem –
de minha inocência
ou de minha culpabilidade...
Estou de pé,
como outrora, como no passado,
na escola, na minha classe...
e digo:
eu e s q u e c i
eu sabia, eu sabia,
eu vos asseguro, Minhas senhoras e Meus senhores...

(Alocução pronunciada por Tadeusz Kantor perante o Júri Internacional quando lhe foi conferido o Prêmio Rembrandt da Fundação Goethe).

Ó, Senhor!
concede-me
este instante
único e *raro*
leve como um sopro
invisível
como
um *buraco* negro
que permita criar
no INFINITO
algo
que consiga ser
FINITO
como a morte
A obra de arte

(Tradução de J. Guinsburg)

Cronologia

1915 T. Kantor nasce em Wielopole, voivodia de Cracóvia.
1939 Termina seus estudos na Academia de Belas Artes de Cracóvia, onde ele notadamente é aluno de cenografia de Karol Frycz, amigo e admirador de Edward Gordon Craig.
1942 Cria em Cracóvia um teatro experimental clandestino sob a ocupação alemã. Encena *Balladyna,* de J. Slowacki (1942) e *O Retorno de Ulisses,* de S. Wyspianski (1944).
1945 Inicia uma atividade regular de cenografia que durará quinze anos, criando assim os cenário e figurinos para cerca de cem espetáculo através da Polônia para os teatros de Varsóvia, Cracóvia, Opole, Lodz etc... Entre suas principais realizações: *O Cid,* de Corneille (1945), *As Escadas Desabaram de Nossos Olhos,* de W. Karczewska (1946), *Santa Joana* de Shaw (1954), *Medida por Medida* de W. Shakespeare (1956), *Antígona* de J. Anouilh (1957), *Rinocerontes* de Ionesco (1960), *Don Quixote* (1962).
1947 Viagem para França.
1948 T. Kantor organiza, em Cracóvia, a primeira exposição de arte polonesa moderna depois da segunda guerra mundial. Ele é nomeado professor da Academia de Belas Artes de Cracóvia.
1949 Ele é demitido de seu posto.
1955 Viagens a Paris e Viena.
T. Kantor funda o Teatro Cricot 2 onde encena *O Polvo* de Witkiewicz (figurinos de Maria Jarema) no bar da Galeria

Krzystofory que se torna o principal local de atividade e criação do Cricot 2.

1957-1958 Na cena do Cricot 2, T. Kantor cria sua primeira "embalagem" por ocasião da ralização de *Circo* de K. Mikulski.

1960 T. Kantor publica seu manifesto do Teatro Informal.

1961 Ele realiza, no Teatro Cricot 2, *No Pequeno Solar* de Witkiewicz.

1962 Manifesto "Embalagens".

1963 Realização de *O Louco e a Freira* de Witkiewicz, com o Teatro Cricot 2.

Apresentação de sua "Exposição Popular" (antiexposição) na Galeria Krzystofory.

Publicação em Cracóvia do "Manifesto do Teatro Zero".

1965 Primeiro "happening-cricotagem", em Varsóvia, com o grupo de artistas da Galeria Foksal.

1966 T. Kantor realiza *O Armário* e, em seguida, *No Pequeno Solar*, de Witkiewicz, em Baden-Baden.

Happening *Linha de Partilha*, em Cracóvia.

Happening *Grande Embalagem* em Basiléia.

1967 *A Carta*, "happening-cricotagem", em Varsóvia.

*Happening Panorâmico do M*ar às margem do Báltico.

1968 Happening *A Lição de Anatomia Segundo Rembrandt* relacionado ao filme *Kantor ist da.*

Realização, no Teatro Cricot 2, de *A Galinha d'Água* de Witkiewicz (Cracóvia).

Renomeado professor da Academia de Belas Artes de Cracóvia.

Manifesto do "Teatro dos Acontecimentos".

1969 Novamente demitido desse posto.

"O Teatro Impossível". Realizado na Iugoslávia.

1970 Publicação do "Manifesto 1970", em Varsóvia.

Exposição "Multiparte", "Manifesto Multiparte".

1971 *A Galinha d'Água* é apresentada no Festival Internacional de Nancy, depois no Teatro 71 de Malakoff.

1972 Turnê do Teatro Cricot 2 pela Grã-Bretanha com *A Galinha d'Água* (Edimburgo).

T. Kantor encena *Os Sapateiros* de Witkiewicz no Teatro 71 de Malakoff.

1973 T. Kantor realiza, com o Teatro Cricot 2, *Os Bonitinhos e os Buchos* de Witkiewicz, em Cracóvia, e em seguida o espetáculo é representado em Edimburgo etc...

1974 ...em Nancy, Paris, Roma e Essen antes de ser apresentado em Shiraz no âmbito do Festival.

1975 T. Kantor cria, com o Teatro Cricot 2, *A Classe Morta*, em Cracóvia, e publica o manifesto "O Teatro da Morte" (Galeria Foksal, Varsóvia).

1976 Apresentação de *A Classe Morta* em Edimburgo, Londres, Amsterdã.
1977 Apresentação de *A Classe Morta* no Festival Internacional de Nancy, e no Festival de Outono (Paris).
1978 *A Classe Morta* pelo mundo (Florença, Milão, Sidnei, Zurique etc...).
T. Kantor recebe o Prêmio Rembrandt 1978 atribuído pela Fundação Goethe de Basiléia.
1979 *A Classe Morta* de Nova York a Estocolmo e Cracóvia.
Criação em Roma, pelo Teatro Cricot 2 (Palácio das Exposições) de "Cricotagem" *Onde Estão as Neves d'Antanho*?
Depois de um acordo com o teatro regional toscano, Tadeusz Kantor e o Teatro Cricot 2 começam o trabalho sobre *Wielopole – Wielopole*.
1980 Criação de *Wielopole – Wielopole*, na igreja Santa Maria de Florença. Turnê do espetáculo.
Criação de duas "cricotecas", em Florença e Cracóvia.
1981 Apresentação pelo mundo de *Wielopole – Wielopole*.
1982-1983 Apresentação em turnê de *Wielopole –Wielopole*, *A Classe Morta*, *Onde Estão as Neves d'Antanho*.
1984 *Wielopole –Wielopole* em turnê. Importante exposição de Tadeusz Kantor na Casa de Cultura de Grenoble.
1985 Criação de *Que Eles Arrebentem, os Artistas*, em Nuremberg.
1990 Morre a 8 de dzembro, em Cracóvia.

Breve Bibliografia Seletiva

Tendo como eixo os textos de Kantor (obras, artigos, entrevistas) e a seu respeito, essa bibliografia reduzida não leva em conta as críticas consideravelmente numerosas consagradas aos seus espetáculos.

1. TEXTOS DE T. KANTOR

a) Obras:

Le Théâtre de la mort, textos reunidos e apresentados por Denis Bablet, Lausanne: L'Age d'Homme, 1977.
    (Edição italiana: *Il teatro della morte*. Materiali raccolti e presentati da Denis Bablet, Milano: Ubulibri, 1979).
Wielopole – Wielopole, Milano: Ubulibri, 1981.
Métamorphoses, Paris: Chêne; Hachette – Galerie de France, 1982.
La Troupe Cricot 2 e son avant-garde, textos de T. Kantor, prefácio de D. Bablet, brochura publicada pelo Centro Georges Pompidou, Paris, 1983.
Wielopole – Wielopole, Cracóvia Wroclaw: Wydawnictwo Literackie, 1984.

b) Entrevistas de T. Kantor:

Krzysztof Miklaszewski "Le Théâtre autonome de Tadeusz Kantor", em *Le Théâtre en Pologne*, Vasovie, jan. 1973, p. 3-9.
"Teatr" i "Rozmowa z Tadeuszem Kantorem", em *Kultura*, Varsovie 12-8-1973.
Philippe du Vignal, "Tadeusz Kantor entretien", em *L'Art vivant*, Paris, jun. 1974, p.28-29.

Teresa Krzemien, "L'Objet devient acteur. Um entretien avec Tadeusz Kantor", em *Le Théâtre en Pologne*, Varsovie, 4.5-1975, p. 35-38.
Ph. du Vignal, "Tadeusz Kantor, retour à Wielopole, ce spectacle a 1980 ans", em *Atac Informations*, Paris, n. 111, out. 1980, p. 14-16.
"Un entretien avec Tadeusz Kantor. Du Théâtre clandestina u Théâtre Zero", conversa registrada por Raymonde Temkine, em *Comédie-Française*, Paris, dez. 1980, p. 25-28.
"Kantor-présent", entrevista de T. Kantor por Anne Ubersfeld, em *théâtre/public*. Gennevilliers, n. 39, maio-junho 1981, p. 59-62.
"Let the Artists Die?" entrevista de Tadeusz Kantor a Michal Kobialka, em TDR; *The Drama Review*, outono de 1986, n. 30.
"Tadeusz Kantor. Réponses à onze questions", Jean Duvignaud, Françoise Gründ, em *Internationale de l'Imaginaire*, primavera de 1989.

2. TEXTOS SOBRE KANTOR, SUA TRAJETÓRIA E SUAS CRIAÇÕES ARTÍSTICAS

a) Livros:

A Journey Through Other Spaces – Essays and Manifestos, 1944-1990 – Tadeusz Kantor. Editado e traduzido por Maichal Kobialka. Berkeley University of Califórnia Press, 1993.
T. Kantor, *Le Théâtre Cricot 2, La Classe morte, Wielopole- Wielopole, textes de T. Kantor*, estudos de Denis Bablet e Brunella Eruli, reunidos e apresentados por Denis Bablet, *Les Voies de la création théâtrale*, v. 11, Paris: Editions du CNRS, 1983.
W. Borowski, *Tadeusz Kantor*, Varsovie: Wydawnictwa Artystyczne i Filmowe, 1982.
Cricot 2. Immagine di un Teatro, fotografia de Romano Martinis, citação e desenho de Tadeusz Kantor, introdução de Edo Bellingeri, Roma: Le parole gelata, 1982.

b) Dossiês:

em *Travail Théâtral*, n. 6, jan.-mar. 1972, que inclui:

D. Bablet – Entretien avec T. Kantor	50-60
D. Bablet – Quelques dates	61
T. Kantor – Naisssance du Cricot 2	62-63
T. Kantor – Manifeste du "Théâtre Zéro"	64-73
T. Kantor – *La Poule d'eau*, partition du 1er acte	73-96
T. Kantor – La Condition d'acteur	97-99

Dossiê estabelecido por C. Olivier pela ocasião da apresentação de *Os Bonitinhos e os Buchos*, no Teatro Nacional de Chaillot, Paris, 1974 (Ronéotype).

c) Principais artigos:

W. Borowski, "The Theatre of Tadeusz Kantor Cricot 2", no Programa de *A Galinha d'Água* de Witkiewicz, Festival de Edimburgo, 1972.

W. Borowski, "Les happenings de T. Kantor", em *Le Théâtre em Pologne*, Varsovie, maio 1973, p. 8-16.

W. Borowski, "Le Théâtre Cricot 2", no programa de *Os Bonitinhos e os Buchos* de S. I. eitkiewicz, Paris, Teatro Nacional de Chaillot, Paris, 1973.

W. Borowski, "Function of the Text in the Plays of T. Kantor", no Programa de *Os Bonitinhos e os Buchos*, Edimburgo, 1973.

W. Borowski, "Les Gracieuses et les guenons mis em scène par T. Kantor au Théâtre Cricot 2 de Cracovie", em *Le Théàtre em Pologne*, Varsovie, janeiro 1974, p. 3-7.

W. Borowski, "The History of the Emballage", no Catálogo da exposição "Emballages Kantor", Lodz, 1975.

D. Calandro, "Experimental Performance at the Edimburgh Festival", em *The Drama Review*, New York, dezembro 1973, p. 53-68.

A. Rechard Soglinzzo, "Tadeusz Kantor and the Teatre Cricot 2 of Cracow, Poland: annexing reality", em *Theatre Annual*, 193, John Cabot International College, Rome, p. 54-76.

"*La Classe morte* comme une bouffée d'air frais", K. Puzyna, T. Rozewicz et A. Wajda s'entiennent à propôs de "La Classe morte" de Kantor (tradução do polonês por Zofia Bobowicz, reprodução da revista *Dialog*, n. 2, fevereiro 1977), em *Les Cahiers de l'Est*, Paris: Editions Albatros, n. 12-13, 1978, p.63-79.

J. Klossowicz, "Le Théâtre d'émotions de Tadeusz Kantor", em *Le Théâtre em Pologne*, Varsovie, março 1981, p. 3-4.

J. W. von Goethe Stiftung, Verleihung des Rembrandt-Preises 1978 anTadeusz Kantor, Krakow am 8 Abril 1978. Textos de T. Chruscicki, M. Porebski, A. Hentzen, T. Kantor.

"L'art est um délit", Irena Malinska, em *Le Théâtre en Pologne*, n. 1, 1998.

Filmografia

1. FILMES

Kantor ist da (encenador, pintor e autor de embalagens polonês), autor e realizador: Dr Dietrich Mahlow, preto e branco, 16mm, duração 47'56", produção Saarländischer Rundfunk, 1969.

Säke, Schrank und Schirm (Sacos, Armários e Guarda-chuva), (O Teatro Happening de Kantor), autores e realizadores: Dr. Dietrich Mahlow, T. Kantor et Franz Mon, preto e branco, 16mm, duração 88'56", produção: Saarländischer Rundfunk, 1973.

Le Vestiaire d'après Les Mignons et les guenons (sujeito: S. Witkiewicz), encenação T. Kantor. Realização K. Miklaszewski, 43', colorido, produção Poltel (Televisão Polonesa), 1976.

La Classe Morte, "sessão dramática" de Tadeusz Kantor, realização A. Wajda, 75', colorido, produção Poltel (Televisão Polonesa), 1976.

Tadeusz Kantor, Die Familie Aus Wielopole, realização de Michael Kluth com a colaboração de Dieter Mendelsohn (W. D. R.) roteirista do filme, 50', 16mm, colorido, produção Westdeutscher Rundfunk, 1980.

Le Théâtre de Tadeusz Kantor, concebido e realizado por Denis Bablet, 2h. 25, 16mm, colorido, produção CNRS/ Audiovisual, Arcanal, Ministère de la Culture.

2. DOCUMENTÁRIOS EM VÍDEO

Entrevista com Tadeusz Kantor. De la formation à "La Classe morte", autor: D. Bablet, 1h. 50, Sony Umatic ¾, colorido. Co-produção Serddav/ CNRS-Festival de Outono, 1977. Turnê no T.N.P. de Villeurbanne.

- *"La Classe morte" de Tadeusz Kantor*, realização: F. Didio, F. Luxereau sob a direção de D. Bablet, 1 h. 30, Sony Umatic ¾, colorido. Co-produção Serddav/CNRS-Festival de Outono, 1977. Turnê no T.N.P. de Villeurbanne.
- *"La Classe morte" de Tadeusz Kantor*, realização: D. Bablet, J. Hanich, 1 h.30, VHS, preto e branco, co-produção Groupe de recherches théâtrales et musicologiques du CNRS/Teatro Regional Toscano. Duas versões, 1980. Turnê a Prato, la Fabricone.
- *"Wielopole – Wielopole" de Tadeusz Kantor*, realização: D. Bablet, J Hanich, 1h. 30,VHS, preto e branco, co-produção Groupe de recherches théâtrales et musicologiques du CNRS/ Teatro Regional Toscano. Duas Versões, 1980. Turnê em Florença, Teatro Cricot 2, Igreja Santa Maria.
- *T. Kantor Peintre. Entretien*, autor/realizador: D. Bablet, 1h.50, ¾ Sony Umatic, colorido. Imagens: D. Carr-Brown, som: F. Didio, montagem: G. Bardet, assistente de direção: J. Bablet. Co-produção CNRS/ Audiovisuel – Groupe de recherches théâtrales et musicologiques du CNRS – Cellule audiovisuelle de Ministère des Relations Extérieures, 1983.

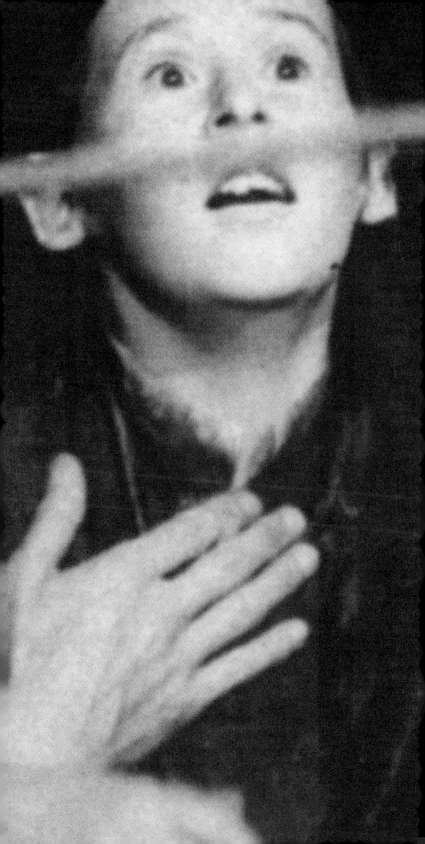

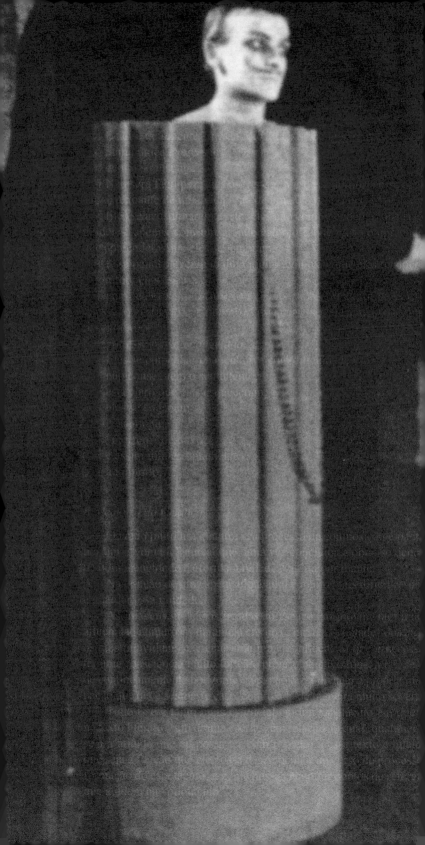

Este livro foi impresso em São Paulo,
nas oficinas da Gráfica Palas Athena
para a Editora Perspectiva S. A. em outubro de 2008